中研院近代史研究所口述历史系列

池孟彬先生口述历史

访问/纪录 张 力 曾金兰

九州出版社 JIUZHOUPRESS | 全国百佳图书出版单位

图书在版编目（CIP）数据

池孟彬先生口述历史 / 张力，曾金兰访问、纪录.
--北京：九州出版社，2012.10
（中研院近代史研究所口述历史系列）
ISBN 978-7-5108-1740-3

Ⅰ. ①池… Ⅱ. ①张… ②曾… Ⅲ. ①池孟彬
（1902～2002）—生平事迹 Ⅳ. ①K825.2

中国版本图书馆CIP数据核字(2012)第237248号

池孟彬先生口述历史

作　　者	张　力　曾金兰 访问、纪录
出版发行	九州出版社
出 版 人	徐尚定
地　　址	北京市西城区阜外大街甲 35 号 (100037)
发行电话	(010)68992190/2/3/5/6
网　　址	www.jiuzhoupress.com
电子信箱	jiuzhou@jiuzhoupress.com
印　　刷	三河市东方印刷有限公司
开　　本	680 毫米 ×970 毫米　16 开
印　　张	19.25
字　　数	272 千字
版　　次	2013 年 4 月第 1 版
印　　次	2013 年 4 月第 1 次印刷
书　　号	ISBN 978-7-5108-1740-3
定　　价	42.00 元

出版说明

台湾中研院近代史所，从建所至今，几十年来共采写和出版了二百余种“口述历史”。近代史所的学者制定了严格的口述史操作规范,并进行采访和撰写,使类似史料层面的“回忆录”和“纪实”，上升为可供专业人员研究的“口述历史”。他们的访问对象涉及当代军事、政治、经济、文化等各方面的重要人士，请其自述生平，为现代史研究留下了一系列珍贵的口述记录。

九州出版社“中研院近代史研究所口述历史系列”，是上述二百余种“口述历史”的精选集，也是海峡两岸出版交流中心的重点引进出版项目。本系列以简体字出版，对原书注文体例和文字错误进行了必要的订正。原版本的丛书弁言和前言，介绍了该丛书的缘起、价值和意义等情况，简体版将其主要内容附于书前。

该书访谈对象的某些政治立场、观点和看法，我们并不认同，但为了保留史料，便于参考研究，在编辑过程中，我们对文中对我党我军的诬蔑性语句和称谓进行了中性处理，内容仍保留原貌；个别之处，有所节略；对于文中一九四九年十月一日以后使用的“民国”纪年，改为公元纪年；对于文中一九四九年十月一日以后的台湾当局相关机构、职务等，加以引号。本系列图书供近现代史专业读者参考使用，望读者在阅读时注意辨析书中的一些内容。

九州出版社

2013年4月

弁　言

口述历史访问计划，中研院近代史研究所在筹备时期，即由筹备主任（嗣任首任所长）郭廷以拟订进行，其目的在访问当代军事、政治、外交、文教、经济、社会等各方面的重要人物，请其自述生平，为现代史保留忠实而深入的纪录，以备历史学者之研究。自一九五九年十月起迄一九七二年九月止，参加访问工作者先后有沈云龙、王聿均等二十二人，接受访问者七十余人，成稿六十六份，约四百八十万言。

口述历史资料，其重要性不亚于文献档案。民国以还，内乱外患交相迭乘，史料损失，不可胜计。对历史真相的了解，需要参证当事人口述之处甚多，这些笔录，对中国现代史的研究将有莫大的帮助。本所于一九八二年开始征得应访者（或其家属）同意，陆续刊印访问纪录，列为口述历史丛书。一九八四年春在所长吕实强推动下，成立口述历史组，恢复访问工作。

本所访问人员力求应访者尽情畅谈，所成笔录文稿保留口述原意，不予刻意修饰。初稿送应访者校订后视为定稿。惟应访者记忆难免有所疏误，或有涉及价值判断、个人恩怨、政治立场，而纪录或语意不清，印刷或有手民误植，尚祈读者赐函指正。

中研院近代史研究所口述历史组谨识

一九九四年八月

前言

池孟彬先生，字敬超，民国七年十一月生于福建省林森县。世代书香，幼年随父宦游京、晋、吉林等地。少年时期，双亲相继弃养，承先祖“读书报国”之庭训，由大伯督修两载，十九年入上海南洋中学，二十年考入马尾海军学校第六期航海班。二十六年海校毕业，于永绩舰见习时，首遇敌机，初尝抗战滋味。后分发至辰溪水雷制造所见习，了解水雷特性，随即派赴湖南沅江及皖南至德一带，担任长江中游的布雷游击工作。

三十二年秋，奉召赴渝参加海军赴英留学考试，时因故延至翌年十月始举行。录取后，十一月抵英，先后在皇家海军学院，枪炮、航海、通信、鱼雷等专科学校，进行为期四年的训练课程。期间多次在英海军之航空母舰与驱逐舰上见习，为接收灵甫舰而准备。三十六年十月担任灵甫舰枪炮官兼副长，翌年五月我国正式接收重庆、灵甫，两舰随即自英回国，于八月中抵沪，旋奉调为左营海军士兵学校中校教育处长。

一九五四年一月，获蒋中正“总统”亲批，接任太康舰舰长，于防卫大陈时之鲠门头门海域作战、台山列岛作战、协助大陈撤退等役，均勇敢沉着，不负使命。一九五六年任海军总部人事署署长，一九五九年奉调“驻美大使馆”海军“武官”，一九六五年返国接任“国防部”连络局局长，一九六九年任海军指挥参谋大学校长，一九七〇年任海军官校中将校长，一九七二年任“国防部”参谋本部中将次长，一九七四年任海军总司令部中将副总司令，一九七六年军职停役，外调台湾航业公司总经理，一九七八年任阳明海运公司暨招商局总经理，一九八一年升任阳明海运公司董事长，一九八八年届龄退休，仍兼海运发展协会理事长，一九九四年三月正式退休。

先生在事业的各阶段，无论军职或航运界，均廉洁严正，尽忠职守，与人相处，亦和谐圆融，然而对于一切人事请托，均严予拒绝，故能戮力从公。从原先的军事到企业商人乃至平民角色，虽则身份数变，均以“做什么，像什么”的理念从事，因而一生淡泊名利，不忮不求。于其届龄退休，离开阳明公司董事长一职时，同仁以“知人之明，用人之能，待人之诚，容人之量”誉之，可为先生人格之写照。

此一口述访问，承台北经济文化办事处驻美国波士顿办事处前处长李大维先生（现为“外交部”政务次长），于一九九五年七月十八日在其任所引介，得以顺利展开。是年九月张力自美返国，先进行三次初步访问，再与曾金兰继续合访，合计三十二次。期间中研院经济研究所刘素芬、董安琪教授曾参与一次访问。先生为一温文敦厚长者，对其口述内容，则力求翔实可信，不时提供相关资料照片，以为佐证。本册访问纪录对于了解民国海军史与台湾航运发展史，应有相当之参考价值。

张　力　曾金兰

一九九八年四月六日

目　录

访问时间：一九九五年九月十三日至

一九九七年八月二十二日

访问地点：台北市民权东路池宅

访问次数：三十二次

访问纪录：张　力（中研院近代史研究所副研究员）

曾金兰（曾任中研院近代史研究所助理）

一、家世与早年教育

一代书香

余姓池，名孟彬，字敬超，民国七年十一月廿一日生。远祖世居河南孟津，法灵公携眷南迁至闽，为开闽一世祖，至祖父时已是第十五世。先祖最初居于闽省闽侯县（今林森县）洋里乡仙门村，该村位于山腰间，距福州有几十里路。我对当地印象不深，海峡两岸可以通信后，我写信请福州的弟弟孟熙回仙门村看一看，从他来信的描述，我才知道一些。该村等于是池家村，全为同祖子嗣，以往从村里到福州需要翻山越岭，现已有公路开通。今村内有廿八户人家，约二百多人，年轻一辈皆出外谋事，只余老弱留在村中。在村子附近山上有池家的三座祖坟，一座为一世祖法灵公墓，另一座为其夫人，第三座则是十一世祖孙武公的墓，较新。至于法灵公为何未与夫人合葬，据闻因法灵公在外经商，逝于外地，遗体运回乡时，家人怕不是他的真尸，故将之另葬一墓。我们还有祠堂，此为先祖父任翰林时回乡修建，并将祖先墓茔重新修葺。祠堂在“文化大革命”时，惨遭“破四旧”波及，祠牌、供桌和家谱都被烧毁，故现今池家谱系仅存一世祖、先祖父、父亲这几世系谱，其他皆已散佚不清。祠堂中现存有两样东西，一件是先父写的对联：花拥山城红杏子，月登贝阁紫萝蓝。另一件是红缎制的供桌围裙，上面绣有祖父和叔祖父的名字，大概是他们二人去考进士时特地敬献的。因仙门村土地贫瘠，所产米粮仅够自足，十三世祖久达公乃迁到闽都（福州）定居。

先祖讳伯炜，字子膺。清光绪十八年（一八九二）中进士，授翰林院庶吉士，后在广东做过知县及府道。他写得一手好字，考科举时的试卷原由大伯保存，但日本人侵占福州时，大伯将之交给一位堂妹，要她带出来交给我，但堂妹出来后就忘了，放在家里，被小孩拿来当字帖临摹，最后就弄丢了，真是可惜。我于一九九五年赴美探亲，偶然在美国哈佛大学（Harvard University）的哈佛燕京图书馆见到先祖池伯炜中进上的名册及当时的状元科举试卷，保存在《闽侯县志》内，真是难得。遗憾的是，祖父五十余岁即逝，据弟弟告诉我，他幼时看见父亲对祖父所遗之清朝官服格外珍惜。

仲佑叔祖是祖父唯一的亲兄弟，他中过举人，也在广东任过县官，民国以后在北京政府海军部做秘书（按：民国二年八月廿二日，海军部任之为总务处副官），后来升任上校文官。国府定都南京，叔祖因年迈去职。他在海军部供职期间所编之《海军大事记》，使用者众，我认为这本书，因皆系使用当时部内所存档案编纂而成，故真实性很高。

祖父治家严谨，以“读书报国”四字为庭训，因此父亲昆季四人，书都念得不错，可说是书香世家。大伯兆清中过举人，民国以后在海军总部当秘书，升至中校；二伯兆仪文章亦佳，中过秀才，担任教习，民国以后为政府公务员，他和大伯都是旧式教育出身。至于父亲幼时虽念过古书，但却毕业于福建法政学堂（据弟弟回乡探访乡老所言，父亲到过英国、日本，这个说法不一定确实，因为乡人以为他会讲英文和日文，就认为他到过英、日两国；就我所知，父亲并未出洋留学），与另一位过继给叔祖的四叔父兆佳，完全是新式教育出身，尤其四叔后来在海关任事，相当洋化。因此可以说自叔祖到叔伯、父亲都经历过民国以后的人事，服过公职。

随父宦游京晋吉林

先父讳兆修，专习法政，略通英、日文，尤擅长书法、雕刻，于法界素负盛名，故公余之暇，求字、求印者众。幼时我见父亲刻图章，完全不需打稿，站着即可完成。父亲做这些都是不收费的，有时候不认识的人也来求字或刻印，拿五十块大洋来求，但父亲太忙，匀不出时间。我第一次跟随父亲到北京时才两三岁，他先去山西太原府任事，故暂将我们寄住仲佑叔祖家。

叔祖家在九条胡同，他在海军部任职的薪津尚佳，家中生活很好，我

民国十一年随父亲在山西太原府所摄之全家福。左一为大哥孟雄，左二为母亲林氏，左三为父亲兆修公，手抱者为三弟孟熙，右为孟彬。

民国十三年父亲在吉林省城任职，母亲不幸去世；后父亲迎娶继母张氏，照顾我兄弟三人。左起孟彬，继母张氏，孟熙，父亲，孟雄。

们住在第三进，有一个很大的院子。仲佑叔祖因原配去世，娶了两位姨太太，原希望能得一子嗣，然所出皆系女孩，故祖父将四叔过继给叔祖，以承继香火。此次在北京约待到我四五岁左右，当时四叔已有一子三女，加上我和哥哥孟雄（长我二岁），以及二个年纪与我相仿的姑母，一共七八个孩子，因此叔祖便请了一位教古书的先生，在家成立私塾，教我们《三字经》、《百家姓》、《千字文》等基础启蒙，同时每天练写九宫格的大楷习字描红。

在叔祖家期间，我们这些孩子的教育全委由教书先生负责，平时则由母亲管教，叔祖因为事情太忙，无法照管我们。那时家中有十几口人，吃饭时大人一桌、小孩一桌；所用菜肴非常简单，平时午饭都是吃北京有名的大白菜加上几片白肉和萝卜，这是所谓的大锅菜，晚上则各加几个菜色。每天下午胡同里面有卖红豆包子，早上大人会给每个孩子两三个铜板，等卖包子的来叫卖，我们即买包子当点心。

九条胡同靠近东四牌楼，小时候我们常在大门口买切糕和小包子；那时觉得大门好高，门口两旁还有两尊石狮。前几年我趁赴厦门开会之便，至北京访问，但因为时间紧凑，只能利用访问后休息到晚饭前的半个小时，找人陪我坐车到九条胡同走一趟，想重温幼时情景；但到了门口，仅一棵大树尚在，门前石狮已经没有了，许多印象都不一样，心里非常失望；我们住的第三进，也不敢进去看，且时间也不够，因为头一进就隔了多户人家，所以我只在外边路上看看就离开了。

父亲在山西太原府是当法官，同时兼任山西太原法政学院教师，因薪俸优渥，后来就接我们到太原共聚。那时我们生活不错，家里也请了佣人。父亲公余之时，我和大哥常跟在他身边，父子生活非常快乐。赴晋期间，旅途上也曾住过窑洞，里面冬暖夏凉，非常舒适。

我在山西小学上过短时间的课，一两年后，父亲又奉调吉林法院。因往来皆坐有篷的驴车，我们小孩倒不觉得苦，先母林氏则系书香家庭出身，小姐体质，不耐往来颠簸之苦，故我们行经北京时，父亲乃先赴吉林报到，母亲带着我和哥哥孟雄又暂住叔祖家。我们在北京停留一两年，仍旧在叔祖家读私塾，之后父亲即接我们到吉林，依然以驴车为交通工具，我还记得经过了山海关。

到吉林后，由于父亲在法院的待遇仍不错，而且母亲身体也不好，故家中仍请了佣人，也有褓姆。此时我已到入学年龄，父亲秉承祖父庭训，常以“读书报国”四字相勖勉，督课甚严。

我和哥哥进入吉林省立模范小学，此时我对学校课业兴趣极浓。吉林的地方特色很有意思，冬天下雪，大街上被大雪覆盖，人们即用耙犁当交通工具。耙犁是由两根像雪橇一样的木棍，上面架一块板子组成，底下没有轮子，人坐在板子上面，由小骡子拖着走。小耙犁有时候也由人或狗拉，通常由狗拉，是一种交通工具。当时我们住的城里有条通天街，街两旁的水沟加盖木板，比路面高，是人行道，走在上面咿咿哑哑作响，很有意思。因为街面被往来的耙犁压得很平了，我们小孩子就用自制简陋的冰鞋，拉条绳子，在街上就滑着上学。其实所谓的溜冰鞋，只是用一根粗铁线弄弯套在鞋底，利用铁线光滑的特性，在冰雪上滑；而绑条绳子是怕滑行时铁线冰鞋滑掉，我们可以拉着再穿回去。冬天孩子们上学多用这种方法从家里溜到学校，很快就到了。溜冰上学的乐趣，至今记忆犹新。后来我到英国留学时溜冰刀鞋，其原理和我们小时候的溜冰有一点像，不过冰刀鞋较不稳，得控制熟练才能稳住。

双亲弃养

吉林模范小学办得不错，我和哥哥在此读了四年书，三弟孟熙也在此期间出生。原本体质孱弱的母亲，因为生产，身子更坏了。孟熙三岁多时，母亲又有身孕，然不幸感染肺炎去世。

父亲和母亲的感情非常好，母亲的去世，父亲打击甚大。开吊后，父亲将母亲的棺木暂厝吉林停棺待葬所，租一个小隔间停棺，待时局较为平静，再设法运回南方安葬。依照吉林的风俗，我们又在母亲棺木的脚尾附上一口小棺材，这是准备给母亲肚子里的小弟弟用的，我们经常去上香、烧纸钱。

母亲在世时，父亲做事非常积极、负责、精力充沛，但自母亲去世后，父亲即变得非常沮丧，身体日益衰弱。我们兄弟还小，有褓姆照顾，但父亲却没人照顾。虽然我们在东北毫无亲友，但父亲和同事间的感情甚为交融，长官也极为赏识，最后大家劝他再续一房，孩子也有寄托。父亲考虑再三，才决定续弦。

继母张氏是吉林人，为乡间颇有田产的笃实农家之女，年约三十岁。继母为人和气，体型微胖，和新的外祖父母都非常欢喜我们兄弟，经常请我们吃饭、到他们家玩。我的个性是三兄弟中比较开朗的一个，做事从来不记在心里，总是很高兴，所以继母也特别喜欢我。虽然我们和继母相处得很好，但父亲总是闷闷不乐，一直想念逝去的母亲。不久，父亲的忧郁症使他的身体日走下坡，精神萎靡不振，在此情况下，继母也很沮丧。后来家中亲友、长辈建议父亲携眷南返养疴；民国十五年，我们举家迁回南方。

南下途经北京，我们停留很短一段时间，此时父亲也病了；母亲的灵柩，虽然因为交通不便无法一并运回，我们想总有一天时局稳定了，我们这些孩子也长大了，再将母亲的灵柩运回安葬，但时局却愈来愈紧张，尽管父亲还可以做一些事，但是身体已经不行了。

回闽最痛苦的是继母，北方人到福州，完全听不懂福州话，加上父亲身体不好，孩子又小，她自己也生了一个弟弟孟超，两头照顾实在吃不消，身体也快拖垮了。因为继母为人和善，故长辈亲戚都很同情她，建议变卖一小部分祖产，让继母先回吉林，把小弟带大，父亲则另外请人照顾。她的父母也来信要她回去，所以继母就返回吉林。开头还有信件往返，到二十年“九一八事变”发生，日本占领东北后，音讯就断了。后来听说停存先母灵柩的停棺待葬所也被日本人烧掉，找不着了。得知此事，我心中非常难过，但人在外地也没办法，国家局势如此，实在无力回天；这是我一生中最感愧疚、也最痛苦的事。

回闽后，父亲气血日衰，不幸于民国十七年弃世。父亲病中，无法兼顾我兄弟三人之学业，当时住在南京的大伯父兆清公，认为我应以课业为重，召我至南京继续念书。不久大哥孟雄也自行外出求学发展，后投入陆军，升至中校营长，于参加抗战期间，不幸阵亡。而三弟孟熙陪伴父亲度过晚年，随之离家出外发展，在恶劣的环境中自立自强。我赴南京后，家乡音讯全无，待取得联系时，父亲已安葬多时矣，又使我内心感到无限的愧疚与痛苦。

初到南京时，我已是小学快毕业了，大伯的汉文很好，在家教我写字，督修两年。后来有位远房堂兄池敬炳，毕业于交通大学，在上海公路局做事，叫我到上海考南洋中学。当时交通大学原有附属南洋模范中学，校誉很好，但不容易进去；而在上海龙华路另有一所有名的南洋中学，也不错，因此堂哥叫我去考，我就去了。那年我十二岁，考入上海的南洋中学。

就读上海南洋中学

南洋中学正式入学前，要先修一年补习科，补习科念的英文是《泰西五十轶事》，这些都要背的，至今我仍记得第一课的课文是：Long long ago, there was a wise and good king...... 补习科修完后有个测验，看学生是否够资格入南洋中学。所以能录取进入此校，学生的英文程度都很好。

在念补习科时，因堂兄住在法租界的弄堂里，我们这些十几岁的孩子，课余都踢小皮球。这是当时上海很流行的运动，一队七个人，一个守球门、两个二门、一个中锋、三个前锋，两队比赛的游戏规则与足球差不多，等于是小型足球。我在补习科时，小皮球即踢得很好，后来成为学校校队。我的名字上过《上海时报》，那时对足球非常喜爱，有时李惠堂、周贤言比赛，我们还逃课去看。

南洋中学的校长是王培孙先生。因为该校是私立的，学费昂贵，堂兄筹措有困难，正好海军学校第二期举行全国招生，大伯写信要我报考，我遂到南京应试。

二、马尾海校“八年四”

投考海校

民国二十年六月，马尾的海军学校举行第二次全国性招生（第一期在民国十九年），报考资格只要具有初中程度即可。但是却有很多初中没毕业的或是初中毕业、高中生、大学一年级学生也去报名，可以说是抢着考，当然被刷下来的也不少。那时我想反正是报国，而且日本侵我日亟，投笔从戎正好可遂久怀的报国之心，乃赴南京报考。

到南京会考前，由各省事先自行考选十五名，然后再将录取的十五名以公费送到南京考试。我的情况比较特殊，因为甲午战时，我有位伯父池兆滨为镇远舰的见习学生，两军开战时，担任舰上瞭望哨，不幸为日军炮弹击中牺牲，故我以烈士后裔的身份，直接到南京考试，不需经过省政府，也不在十五名之内。当时以这种身份报考的人并不多，但还是要与参加各省公费保送的考生一起考试。录取全按成绩决定，整体而言，挑选是相当严格的。

第二期共录取九十五人，到学校后，先分三个普通班，上国文、英文、历史、地理等初高中程度的课程。三个月后举行甄别考试，通过甄别考试者才算正式录取。原来九十五人，经过甄别考试，刷了三分之一强，剩下六十几人，分成航海和轮机两班。

看相分班

过去航轮分班系依据成绩，但我们这期却特别奇怪。当时校长是杜锡珪上将，以上将当海校校长，这是从来没有过的。我们入校前，海军学校校长夏孙鹏少将因病于四月开缺，六月我们考入海校，七月海军部请以杜锡珪上将为海军学校校长。杜校长对学生非常重视，我们这几期的同学对于有这样的校长，都感到非常荣耀。分班时，杜校长即为我们看手相和面相，依据手相和面相来分班，成绩丝毫不发生作用，至于他根据什么道理，我们也不知道。分班完毕，航海班有三十几人，轮机班则有二十余人。当时谁也不敢不服气，因为大家觉得他很了不起。盖杜氏为江南水师学堂毕业，武昌之役起，随舰队参加长江之役，后归顺革命军；民国以后，历任黄郛、许世英、胡惟德、颜惠庆、顾维钧等内阁之海军总长；国府奠都南京，于十八年十月特派其为考察各国海军专员，十九年十月返国，撰有《考察列强海军报告书》三十余万言。对国家与海军兴替贡献卓著，而且杜氏为人公正客观，在海军中的辈分也高，因此很多海军人士崇拜他，认为较杨树庄、陈绍宽更令人心服。

课程和教官

海校前三年的课程与一般高中、大学无异，集中在英文、国文、数学、地理等课，因航行上的需要，地理观念尤其重要。数理课则从代数、三角、弧三角、高等代数、解析几何、微积分等，自简易渐入高等。第四年数学即需学毕，且自第四年起偏重海军课程，正式上天文、航海课。天文和航海都与三角、弧三角有关，必须打好基础。课堂上全用国语，因为教官多为海校的前期学长，他们虽多为福建籍，但都能讲很好的国语。外籍教官则在第二、三年开始讲授少量的天文、航海知识，上课则用英文。当时海校的英籍教官有二，航海教官为孟罗（Monro），轮机教官是克礼（Kelly），他们二人均于民国十九年聘任；民国廿二年八月，孟罗教官回国，改聘英国海军少校戴乐尔（Tayler）接任航海教官。英籍教官都住在学校准备的房子，对他们很优待，不过他们教书确实教得好，很细心，若同学不懂而发问，教官都会详加解说。

靠泳技赚取零用金

在校五年，不放寒暑假，一般学校的寒假时间，我们只放几天年假；暑假因为抗战军兴，我们也无家可归，学校用小炮艇载我们到靠近马祖的川石岛进行游泳训练。这种训练每天都去，我们把面食、馒头放在沙滩上，然后跳到海里游泳，等到中午才上岸用餐，吃完再回到海上，所以我们的游泳技术都下错。

学期中各项所需均系公费，但没有零用金。那时校内有洗衣部门，我们必须自己拿钱去洗。此外，星期天买零食、牙膏、牙刷等都要自费，开头家里一年还寄十块或十几块钱给我，但渐渐就没有了。学校既然有饭给我们吃，零用金就不发。因为没有后援补给，我没钱可用，乃利用泳技，赚取零用金。当时海校设有游泳奖金，鼓励学生游泳，游三千公尺为满分，每加四百公尺发奖金一块钱，每学期考试，限定四小时，随便你游。我每年都参加，到第四年时，游到一万一千多公尺，拿到二十多块钱奖金。那时一块钱可以买很多东西，这二十多块钱维持我一年花费还有剩余。可以说我是靠游泳奖金来维持零用钱的收入。

两位益友

平时住校，四个人一间房。当时与我同房者，除一位是安徽人外，其他两位何树铎和黄发兰是浙江温州人，他们二人闲时即用温州话聊天，温州话和福州话一样难懂，但我听久也听懂了。这两位同学对我课业的帮助很大，因我初中未毕业考进来，进入海校虽然也很用功，但毕竟只是猛用功而已；何树铎和黄发兰是同学，考进来时是大学一年级，开头一两年的课他们都学过了。我在地理、国文、英文方面都不成问题，唯独数理课颇感吃力，因此一下课，只要上课不懂的地方，他们就替我补习。第一年考试我的成绩在后面，第二年考试进步一点，第三年就考到中间了，以后我的成绩都维持在中等或中上程度，完全是他们二人的协助。何树铎与黄发兰的成绩一直名列前茅，何于廿六年奉派赴德留学。黄发兰后来因为手部神经麻痹，写字操作困难，致遭退学。

海校的足球队

我的成绩维持在中等时，参加运动的时间就多了。因我是班上的足球队长，我的个性积极好强，想让班上的足球队在班际比赛夺得锦标，所以每天早上都催班上足球队同学起床，到田径场上跑步十几圈，以培养耐力。跑完步后洗澡、吃饭、上课，到了运动时间即练踢。班际比赛不分年纪，按年班分，我们的对手是比我们高一班的轮机班及航海班（民国十九年全国第一届招生），虽然只相差一年，但他们的个子却高多了。我们头一、两年都不行，第三年、第四年我们个子长高一点，就想争锦标，结果我们靠

雄峙闽江口之五虎岛，对岸即马尾海军官校暑期游泳之处（摄于民国廿三年夏）。

民国廿三年夏，马尾海校第六届五位同学在沙滩边，仿五虎岛之形势合影。左起刘纯巽、黄发兰、池孟彬、叶溁、何树铎。

民国廿二年冬，在马尾海校办公大楼前（右后为寝室）集合检查服装仪容，以备放假外出。

技术和体力，终于夺得班际锦标，我也被选为全校足球队队长。

当年海校的足球队是相当有名的，福建省代表队、福州外商联队、外国舰队（在福州驻泊的外国军舰以英、美两国军舰为主）、及协和大学校队，都是我们的竞赛对手。海校的田径队也很强，王先登的三铁——铁饼、铁球、标枪——在福州是有名的，曾获得省运动会三铁冠军。

廿五年，青岛海校廿六年班（宋前部长长志那班）实习巡洋舰课时，曾到马尾海校参观访问，我们之间也曾举行过足球友谊赛。他们这一年班与我们同时进校，同时毕业，所学课程也相似，所以比较接近。我们两班彼此接触交谊后，无形中增进了许多了解与认识，以后共同服务军中也就方便多了。

开革事件

承问及早年第一届全国招生录取后的轮机班王先登等人，于结业前被开革事件，据我所知，我们在校时，每天早上都要站队点名，他们都轮流当我们及下年班（相差三年，民国廿三年十月才添招航海班学生陈简等五十名，实到四十八名）的队长。但廿五年六月某日，他们那班不知什么道理，迟到了，训育主任周宪章中校系留英归国（十八年十月赴英，廿一年十二月返国），做事一板一眼，对学生管教非常严格，见他们不来，他就站在那里等，无非要他们快点来，若再不来就要开革了。但该班已经快要毕业，班上同学个性亦非常强，硬是不来，训育主任觉得很没面子，拍一个电报给海军部长陈绍宽，欲照章开革，十一月三日陈绍宽批准，并呈报军事委员会备案，因此他们班上三十位同学即全部开革。其中夏新、吴宝锵、云惟贤三名，因为担任下一年班的队长，按时到场，故未被开革。王先登他们就这样被开革，我们觉得非常可惜，同学四、五年的感情，舍不得他们离开。由于他们快毕业，欧阳格在镇江的电雷学校便收容了其中一部分。他们到电雷学校后，每当我们相遇时，一如往年在马尾海校时一样，彼此有说有笑，感情仍然很好。后来我们偶尔开同学会时，他们也都会来参加。

王先登后来任海军第一造船厂厂长、机校校长、中船公司董事长等职，今仍健在，住台北市。其他同学后来也都在海军或民间任职，为国家社会奉献。如袁铁忱也曾任第一造船厂厂长、基隆港务局局长、长荣制造货柜公司副董事长等职。晏海波也曾留学英国，后任海军总部公工署署长、基隆造船公司及中船公司总经理等职。

舰课巡洋

第二期航海班毕业廿七人，轮机班毕业十九人，期间因课业不及格、品行和身体不适被刷掉一些，其中以成绩不及格者占多数。完成校课五年后称为修业，修业后即开始上舰课，此时就不会有人被刷，因为通过校课后就等于是笃定了。舰课等于是大学毕业后的实习，分配到通济舰或平海舰。毕业证书则分校课、鱼雷、枪炮和舰课四种，校课相当于大学的理学士文凭。轮机科学生则入工厂实习。

廿五年夏校课毕业，以少尉航海员派通济军舰见习，学习船艺、航海（巡航沿海实习）、通信、舰队操演及各种舰上训练一年。

通济舰造于前清光绪二十年（一八九五），由福州船政局所建，系专造的练习舰，已经非常老旧。当时舰长为孟绣椿，副长蒋亨湜，大副郑克谦，队长欧阳宝。舰上员兵原有百余人，我们这些见习的学生有特别的学生舱，每人分配一个大木箱（locker）盛装个人换洗衣物，睡觉用的吊铺也放在这个箱子里，晚间取出吊挂就寝，晨起收入箱内。

舰上有各式枪炮，但此时我们主要在学习航海技术。航海教官皆为留英回国的优秀军官，我们的教官是陈瑞昌，他后来派赴美国任海军副武官。见习同学原有廿七名，民国廿六年四月，海军部选派班上前十名同学邱仲明、林濂藩、何树铎、刘纯巽、廖士斓、欧阳晋、刘震、卢如平、蒋菁、王国贵等赴德留学，我考第十二名，未取。故舰课只剩下十七位，后来黄发兰因手疾退学。舰课在使我们习于风涛海浪，刚开始上船时，只要风浪一大，船上桶子就特别多，以便于我们呕吐。呕吐过后要吃饭，吃了再吐，吐了再吃，不到半年就习惯了。所以晕船不是海军的克星，人人都会晕船，不会晕船的人是由于耳膜神经的禀赋有关。俞大维先生与蒋经国先生都不会晕船，一九五四年我任太康舰舰长时，他们二位经常坐太康舰来回于大

民国廿五年冬任少尉军官，在通济训练舰，航经福建铜山港时，与时任陆军少校电信官的长兄孟雄合影。

陈、基隆间。他们两人很有意思，有时风浪大的时候，仍在驾驶台上与我们谈天、看海图，谈笑自若，非常平易近人。

舰课沿大陆沿海自南向北巡航，凡遇港湾即下锚或停泊。在海南岛的海口港时，我们跳下海，在船旁游泳，我游得稍微远一点，结果被海蜇皮（水母）下面的长须卷伤及后背和腿臂，其痛楚犹如为群蜂所螫，苦不堪言。我咬着牙游上船，到甲板上时，痛得满地翻滚，有经验的老船员拿明

民国廿五年秋，马尾海校第六届航海班同学舰训时，在浙江嵊山列岛拍摄渔船停泊时之阵形。

矾水浇我，酸碱中和，慢慢地就不痛了。

离开海口，续往广州航行。广东海军首长为陈策，我们到达黄埔，由黄埔海校校长、教官及当地军区官员接待，带领我们参观黄埔海军学校，该校的设备及规模均较马尾海校小，当时广东海军也没什么大船，以鱼雷快艇为主。参观期间，我们与黄埔的同学相处很愉快。

之后又停泊汕头、汕尾、东山各港。东山港港湾形势极佳，山上有颗大风动石，用手轻推好像就会动，实际上却极坚固，据闻以往曾有商船以绳套在石上，欲将此石拖下，却徒劳无功，风动石遂成为该港名胜。

离开东山，续经铜山、平潭、马尾、象山诸港。象山港形势极佳，国父孙中山先生于其实业计划中即提出欲开发象山港之议。民国二十年间，海军总部亦曾计划将象山港建立成海军的主要军港及基地，但准备工作未就，日军即侵扰不已，故计划未实现。我们巡航进入此港，发现该港水域既宽且深，唯一的缺点是后面的通路为山所阻，尚未开发，若将此通路开通，与南北衢道连接，象山港就是个完美的港湾了，较中国沿海其他港湾为优。

离象山港，于普陀稍停，此岛形势亦佳。继之在舟山群岛、宁波等地稍作停留。

巡航印象最深刻者，是汕尾港因驻有英国海关，管理严格认真，环境亦非常清洁。

回航返南京后，正好新造的平海舰有赴菲之行，陈绍宽总司令拟率同本班同学前往，以增巡航经验与见闻。然越数日，不知是何原因，赴菲之行取消，我们乃于平海舰实习三个月后，复返通济舰。西安事变时我们正好在平海舰，事变当天，平海舰奉令作备战状态，舰上栏杆都放下，以为应变。

舰课结束，廿六年夏到南京草鞋峡水鱼雷营训练，学习水雷、鱼雷、无线电收发等，计半年。之后到福州与马尾之间的鼓山受枪炮训练，也就是借用杨树庄上将的墓园，进行枪炮专科训练约一年，于廿七年六月毕业。

民国廿五年冬，马尾海校第六届航海班同学，与英籍航海教官戴乐尔少校，在通济训练舰上出海实习后合影。

舰课、鱼雷、枪炮等训练完毕，同学仅余十六名。之后个别派到船上实习半年，我先后奉派至永绩、楚谦、克安各舰，担任枪炮员、航海员、航海官等职。

在海校的训练课程，校课、舰课、鱼雷、通信和枪炮共八年，加上招考进来的三个月普通课训练，及一个月的假期，共八年四个月；轮机班同学虽与我们不同，他们于廿六年十二月校课毕业，派赴马尾造船所实习厂课，之后派赴各舰见习，前后亦整整八年四个月，因此海军官校的学程被称为“八年四”即是这个道理。黄埔和青岛海校据我所知也是一样的。

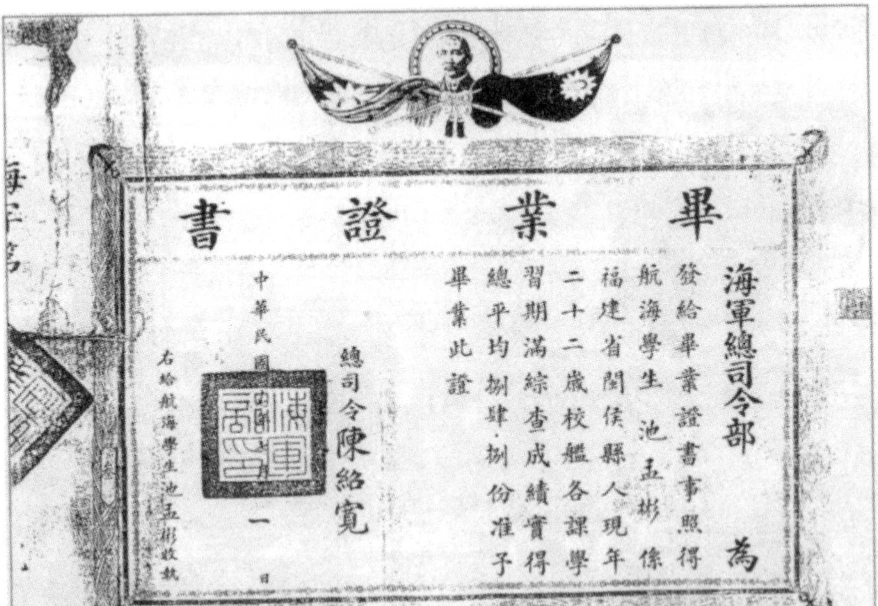
畢業證書

海軍總司令部　為
發給畢業證書事照得
航海學生池孟彬係
福建省閩侯縣人現年
二十二歲校艦各課學
習期滿綜查成績實得
總平均捌肆.捌份准予
畢業此證

總司令陳紹寬

中華民國　一　日

右給航海學生池孟彬收執

马尾海军学校毕业证书

三、抗战前期布雷工作

永绩见习遇敌机

民国廿七年七月四日，我派赴永绩舰见习，同一舰上有几位航海班与轮机班才毕业的同学，我派在船头担任枪炮副，负责一个机关炮。上船不到一星期，即遇日本飞机来袭。那时日本飞机数量多且装备强，我国空军根本无法匹敌，故日机即自武汉、田家镇沿长江轰炸停泊江上的我国船舰，以挫我抗敌能力。中山舰即于此时在荆口被炸。

在永绩舰遭敌机头一次来袭时，我因刚毕业，年纪虽轻，胆子却大得很。当警报响起，大家各就部署岗位，我在船头瞭望，看见船的左后方有三架飞机低空飞来，我以为是日本飞机，后来发现机上青天白日的徽号，才知为我机，这三架飞机从永绩舰上空快速飞过。我机过后，我们预测将有日本飞机追击，果不其然，不久后面跟来一批六架飞机，亦在船的左后方低空飞过，他们一来，我们即开始射击。前三架敌机往下投弹，其中一颗在船头右前方二十余公尺的水面上爆炸，那时我莫名其妙地跌倒在甲板上。飞机过后，大家站起来，彼此一望，发觉对方的脸都黑了，原来炸药的粉末飘散，使大家都“蒙尘”，不禁相视一笑，也不懂得怕。起来赶紧检查船体是否损伤，幸无大碍。

第二次敌机来袭，炸弹离船很近，虽未直接命中，但船体破损漏水，有几位士兵轻伤。因海军没办法修，原先中央的计划也是阻塞航道，故舰长曾冠瀛上校指挥将永绩靠岸搁浅。十月廿八日，永绩舰被日本飞机炸沉。

十一月二十日我奉调楚谦舰，两个多月后，楚谦也在新堤、监利之间的城陵矶附近遭日机袭击，亦未直接命中，人员损伤不大，搁浅在江边。我上岸无处投宿，时楚观仍在，只好在楚观暂住两个礼拜。

廿八年二月，我奉派任克安运输舰代理航海副，升中尉。同年六月，奉派到宜昌海军第六分队布设定雷，上级指示封锁某条航线，我们即出动到那条线布雷，遵照上级指令完成任务。

辰溪水雷制造所

廿九年四月，奉派至湖南辰溪海军水雷制造所，担任中尉职员，了解水雷制造及分类。辰溪原先仅是海军水雷制造所的转运站，因为水雷需求量极大，工作日繁，乃添建工作房，兴建房舍，改作水雷制造所。为因应所需，制作进度非常紧迫，因此欲达到制造过程简易快速且兼具品质的要求，水雷中心研制出的水雷制作就需兼具简单和实用两种特性。其制作方法，首先打造一个圆形球体，球体中空，以备装炸药，外有四个雷角，在准备布雷时装上雷管。所谓雷管就是装有导电液的玻璃管，玻璃管朝外的部分用软铅封住，里面接电池，不用时毫无危险性，布雷时装上雷管，待碰触目标物，玻璃管破裂，导电液流到电池里促使电极通电即可引爆，既安全又实用。雷分成五十公斤和一百公斤两种。水雷制造所通常有好几百人，若需求量大，补充的员兵也多。

中央海军在抗战期中，最得意者即为布雷工作，当初日军以为其船舰可自上海、南京一直溯江而上到达重庆，自我们实施分段布雷及要塞炮台的封锁之后，日军简直寸步难行，一直胶着在长江下游，其人员、物资、舰船亦受重创，蒋委员长曾于廿八年传令嘉奖，故海军士气非常高昂。东北海军分布在要塞炮台，电雷学校则在鱼雷快艇。中央曾派电雷学校人员偷袭停泊在上海高昌庙外海的日本旗舰“出云号”，但出云舰防备甚严，除非在航行中，否则很难得手，故偷袭之举没有成功，他们也尽了力。广东海军也布雷，雷由中央送过去，受中央节制。那时我们在战区，只晓得作战布雷，其他地区的战情不详。不过可以肯定的是，海军全军都在拼命。

长江布雷

辰溪见习一段时间后，奉派赴湖南常德，担任长江中游的布雷工作。当时布雷总队的总队长是刘德浦上校，我配属于长江中游布雷游击总队第三大队，大队长为郑天杰少校。郑队长为人严肃慈祥，在布雷队时，因其性喜助人，大家都叫他“天主”。而与我同队的同学刘英伟是菲律宾华侨，歌声嘹亮，热情开朗，因我二人皆喜运动，私交甚笃，这次同派在郑队长麾下，不出勤时，我们在树林中辟一个篮球场打球、吹口琴唱歌，战时生活，紧张时拼命，轻松时却非常愉快。

布雷队的编制很简单，通常一个大队长，底下两三个队员及十几个士官兵，大队长因领饷或有他事无法亲自带领布雷时，只要还有两个队员，即不影响布雷工作，我们这些队员都很主动负责。与海军布雷队配合的有陆军担架队和掩护队，他们奉蒋委员长的命令，前者需与我们妥为配合，后者负责保护我们。布雷期间，我们与陆军一四六师相互合作，彼此感情很好。

布雷没什么技巧，端视欲布雷数的多寡出动人数。由陆军的担架队四个人抬一个雷，另各有一人或二人替换，雷管由布雷队人员保管。掩护队则视情况而定，若局势安全，通常派一连，最多至两连。当担架队将雷抬至江边，布雷队士官兵即接手，将雷抬到船上。布雷前先在船上测水的深度，再由两到四个士兵安装雷管，去触角罩，装上电液瓶，定好深度，将雷推到水流深处，分批施放。

在皖南至德时，因日军加强扫荡，不时以飞机扫射或以部队包围我们，警戒线日渐扩大。警戒范围在六十华里内，我们均可在一日内来回，布雷完竣；但逐渐扩大到一百二十华里时，我们就必需夜行昼伏，在沦陷区先躲藏一个白天，晚上走近江边把雷布好，再躲藏一个白天，于第三天夜晚潜行回队。在长江中游担任沿江布雷游击工作期间，可谓为生平任事以来，最紧张与最有兴趣之工作。每当敌方军舰及军火运输船只遭我方江雷击毁的消息传来，同仁等莫不衷心为之一快，为惊险艰苦之工作，平添一丝欣慰之情。

在布雷队有许多有趣的事，如在安徽时，皖省姑娘都很热情，我们每到一个村落，村姑们都很大方地泡茶、烧饭接待。尤其布雷前均由谍报人员带领到特约的甲长家里，先了解江边情报，再探听是否有小船，以利工作。而日军舰船时受水雷破坏，常将小船搜走，但沦陷区的百姓，知道我们是国军游击队，都特别帮忙，他们表面受日本人的牵制和压迫，但暗地里都非常爱国。最值得注意的是，帮我们找船的都是所谓的“伪组织”的人，他们是乡镇保安队，负责维持沦陷区的秩序，给予游击队的协助也最大。

记忆特别深刻的是，有个三代同堂的大甲长，颇有田产，甲长是第二代的年轻人，其父已老，不主事。我们第一次到那个地方时，因为没有民船，需等待消息，遂住在甲长家中，他们招待我们吃饭，大家谈笑如一家人。甲长的妹妹很漂亮热情，也很能干。她们多缚小脚，平时帮忙放牛。有次我和刘英伟二人一起去出任务，又经过该甲长家探情报，他家外面是一片油菜花田，煞是好看，甲长的妹妹采了油菜花回来招待我们。时间久了，她还替我们量脚各纳一双布鞋，我们穿上后既合脚又舒适，感觉特别温馨。

某次我们布雷的位置距江边比较远一点，等一切工作完毕，时间已过午夜，我们拼命赶回警戒线，但赶到一半时，日军已察觉我们出入，但他们在晚上也不敢和我们做正面战斗，故敌在其据点一发现我们的路线，即在几个据点间交叉发射机枪。我运气好，好几次刚好通过，日军即开始以机枪封锁。但一过封锁线，天也快亮了，日人即出动搜索，我们无法移动，

民国廿九年在布雷游击队着陆军军服时摄。

只好躲在高粱田、油菜花田，或在牛栏里以稻草覆盖，避过一个白天，晚上再潜行回部。我们第三大队和其他大队比起来，较为顺利，没有遇过大的包围危险，他们一来我们就转换阵地及住处。不过那时一点也不觉得恐惧，全队士气高昂。

由于到江边不是走田埂就是山路，黑夜里看不见，必须一个紧跟一个，若跟丢了，就得另外找路走。所以大家在颈子上绑一条白布或手帕，让后头容易辨认。在前头引导的百姓，经过特别需注意的地方，都会小声地告诉后面，请大家小心。某次我们走过田埂，左手边有一个粪坑，前头就传："左边有粪缸，小心。"有个士兵不知是没听到，或是听不清楚，不小心掉下去了，后面的人赶紧叫停，把他救起来，臭得不得了，到了江边才洗濯，他也算倒楣了。

在布雷队，我有两次亲自下水的经验。民国廿九年十一月十五日，我同郑天杰队长出勤，到了江边，才发现没有小船，但雷不能放在岸上，若被日军发现，当地居民就遭殃了。没办法，我说我下水游到江中，其他六个士兵在后面一个接一个的，将雷以接力方式推给我，把雷布到江中。我们一共布了二十个雷，约花一个钟头的时间，江水冻得人直哆嗦，工作中不觉得冷，但一布完雷，我竟咬着牙游回岸上。

第二次是在民国三十年十月十八日，我和两个队员与十个水兵，到了江边也没有小船，同时长江还起了点小浪，江水非常寒冷。那时担架队和掩护队的队长突然向我下跪，因我是主要队员，三个队员中，李干年纪大了，也不会游泳，陈国荣刚来，是随我见习的，我看再延迟下去，一定会被敌人发觉，所以当机立断，即使水况恶劣，也得布下雷，不然担架队的人也交不了差，如被敌人发现了水雷，当地老百姓更会遭殃。我对着十个水兵说："这次不像上次那么简单，你们哪个愿跟我下水的，请举手。"一共有四个人举手。我要他们像上次那样用接力的方式把雷推给我。布完十一个雷，才感觉江水冷得刺骨，冻得我牙齿打颤，游回到岸上就不能动了。我躺下来，担架队和掩护队的队长架着我在破坏的马路上（沿江的路面全被我方撤离前作有计划的破坏，东挖一个洞，西挖一个坑，使日军的汽车不能通行），东弯西拐地踉跄前行，差不多跑了一个多钟头，到了我们的警戒线，师部认为我的体力消耗太大，特派滑竿把我直接抬回师部休息，中午师长还设宴庆功。

因为布雷队时予日军痛击，民国三十年春天以后，日军无法忍受水雷的破坏，开始沿长江南岸大肆搜索，加派驻防日军，增加据点，防止布雷队的渗透。有一个时期江面上的敌人船舰也减少，因此我们布雷的任务即视日军舰船的多寡出动，只要有动静，不管如何艰难，走山路、沿田埂，用尽各种方式渗入敌后布雷。

民国三十年秋，长沙酝酿一场会战，第三战区奉令对长江的敌军运输线，施以袭击。我们第三大队在此区的布雷工作，亦因敌军之加强戒备而更形困难。有次布雷第二大队在湖口执行任务中被敌发现，敌以汽艇架设机枪向我工作滩头扫射，布雷队从容撤退，但队员甘敏被击中，弹头自下颚穿过左腮，奇迹似的竟未伤及牙床，伤痕至今仍清晰可见（甘敏后来在阳明海运公司服务）。布雷第一、第五大队于布雷完竣撤退时，亦遭敌包围，许多员兵为敌所俘，留德同学蒋菁、王国贵等均被俘，后以不同方法逃回归队。（此段史实详见《郑天杰先生访问纪录》页七一至七三）

民国卅一年，行走长江的日舰减少，局势比较沉寂。加上低一班的同学陈国荣分派来队，我们的任务减少，一些较郑天杰队长高年班的资深队员或分队长均调离，通常调到重庆担任闲职，因没什么任务，待遇也低，大部都另谋出路。

战火姻缘

民国卅一年初，我有个机会到第廿三集团军总队部领饷，该队部离赣闽边界很近，队上有个电官是有家眷的，太太姓连，福州人，家境不错。她的妹妹连怡生小姐在福建南平的永安高中念书，寄读在表姊家里，表姊夫妇对她并不怎么照顾，她本想回福州念书，但福州曾为日本占领，进进出出不甚平静，所以她也不敢回去，而皖南至德比较安静，电官的太太遂想将她妹妹接过来，有机会再升学，乃托我顺便去接，同时给她家里父亲拍电报，告知情况。

当时沿线很多地方由政府所辖，我带个士兵伴行，沿途翻山越岭，或顺着溪走，一路还很安全。到了南平，连小姐认为没接到父亲的电报，不肯跟我出来，表姊也不让我接走，我没办法，要她打个电报回家确认。那时我没什么心思，只觉得她很年轻，活泼可爱，受人之托，必须忠于所托。当时在福州的人对海军官校的学生都很看重，认为我不会是坏人，所以连父回电答应，连小姐即跟着我自南平走路、坐卡车，翻山越岭回到至德，前后约一个月时间。

当时队上只有电官有家眷，他和妻子及两个孩子，在民间租两个房间，粗菜淡饭。连小姐看见姊姊非常高兴，而且队上都是年轻人，没有任务时，大家在一起唱歌，爬山，非常有意思。

我们在至德乡间过了好几个月，局势还算平静，有一次敌人来包围，我们赶紧撤退，连小姐跟着我们走，也觉得很有趣。慢慢地，她姊姊觉得我很好，大队长也赏识我，信任我，他们二人替我和连小姐牵线，我们的感情渐渐地就好起来。但我要娶她时，又有一段小插曲，虽然她姊姊很赞成，但连小姐本人坚持不肯，一定要父亲答应才可以。所以我托郑大队长到江西第二十三集团军总部领饷之便，顺道拜访我未来的岳父。郑队长虽未婚，但留个胡子，道貌岸然，是个非常正派的君子，见到我未来岳父时不断地夸我，终于获得首肯。郑队长带回好消息，我们就筹备结婚。民国卅一年十一月十一日，我们在安徽乡下的祠堂里结婚，一对简单的蜡烛台，

民国卅一年冬与妻怡生在安徽至德县第三布雷游击大队驻地附近合影。

及自己剪成的喜字，由郑天杰先生当证婚人兼我的主婚人，她则由姊姊主婚，很简朴地婚了。我们没什么行李，二人各有　个单人蚊帐，遂将蚊帐拆开合缝成一顶大的，我们笑称“混账”，在她姊姊住的民房附近另外租一个房间住下。

当时海军军官只要过廿四岁就可以结婚，海军总部并不管，也不用报备。据闻陈总司令不喜欢海军军官将家眷带来带去，他没办法明文规定不准，有时会以调差的方式抵制这种行为。

结婚后，布雷队有任务，我仍照常出勤，内人也无任何恐惧，反而鼓励我，所以不影响工作。队上因有一年轻活泼的女性帮忙做事，大家也感到生气勃勃。

四、赴英留学与接舰

重庆候考

民国卅二年，军事委员会为培植战后海军干部，准备各派五十人赴英、美两国进修。同年三月，我和同学刘英伟及前线同学均奉召赴渝参加海军军官留英考试，但第一批留学英美的同学考完时，我们才自前线出发，故第一批先录取五十人赴美，廿四名赴英，留廿六个名额给来不及赴考的人员。因我们已赶不及报考第一批，我乃先顺道送内人回娘家福州。我们走路或坐卡车到江西上饶，然后坐小民船沿小河经建瓯、建阳到达南平，到南平时，改坐小汽船沿河而下，很快就到了福州。

此次回福州，是和岳父家首次见面，家人看见我都很高兴与爱护。我在福州逗留了两个礼拜，然后出发赶往重庆。当时缺乏交通工具，没有飞机，接近前方的公路更是被破坏得一塌糊涂，我们有时候在公路上走，碰上运货车则搭便车赶路，到公路破坏处又下车；遇到小溪则坐小民船前行，这样兼程并进赶了一个多月，方抵达重庆。我们到时，第一批录取同学已经走了很久。这个考试是由军事委员会主办，海军总部协办，我们属于海军总部管辖，因第一批已经离开，总部乃要我们在渝等候第二批的招考。我马上到山洞海军总司令部报到。

当时海军总司令部的编制很小，总司令陈绍宽上将，参谋长先后为陈训泳、陈季良、曾以鼎、陈兆锵诸将领，下辖秘书、军衡、军需、舰械各处，及战时各要塞总台、布雷队及特务总队等机构。陈季良很有名望，与曾以鼎、李世甲等人皆为烟台海校毕业，他们一共有八十三人，自称“八十三万”，都非常能干。

由于第二批留英考试仍遥遥无期，总司令部要我们到长江对岸的野猫溪听候命令，我们别无选择，只好过江去住了。

抗战期间，重庆时遭敌机轰炸，我们就经常躲避空袭。这时像我一样的年轻海军军官都非常难过，我们为从军救国，报名考取海军学校，历尽千辛万苦才告毕业，虽然与日军作战了一段时期，但现在却空等考试而无消息，心中非常苦恼。我生性好动，在重庆没事可做，很是懊恼，海军总部要我们等，我们也不得不等。

在等候期间，因为海军的薪饷仅足以支付几餐饭钱，生活都有困难，我也不好意思叫内子寄钱给我，遂自谋生计。因为没任务，总部也等于是默许我们在外奔走。那时我兼差做教育部科学仪器制造所的业务员，但我想一直只做业务员也不行，正好同期等候留英的同学刘震先到四川，他以前留德时有个朋友是四川内江人，在内江办一所县立女子学校，相当有名，找他去教书。刘震去后，我写信给他，他马上回信，谓该校仍缺数理、英文及军训教官的教员，叫我赶快去。我巴不得能教书，一方面不必老是做业务员，另一方面所学也可以发挥。

辞掉科学仪器制造所一职，赶到内江，正好开学不久。该校规模不小，有学生近千人，四川话和普通话差不多，都听得懂。我担任代数、平面几何、英文及军训（等于体育）四门课的教员，这几门学科，是我在官校的拿手好戏，故一个人全包下来。一星期教十六个小时，开始短暂的教书生涯。由于在官校时的要求严格，另一方面自我期许也高，故教一学期后，颇为得心应手；而年轻的女学生对我教的军训课很感兴趣，她们也做得很好。在校待遇极佳，住在学校里，设备非常舒适。虽然国内各地因战争而生活清苦，但四川省仍旧富裕，天府之国绝非浪得虚名；四川百姓对外地人很友善，有的食物虽然辣了些，我还是能习惯。内江为川省糖和井盐的产地，又无日机轰炸之虞，故较其他地区又富裕一些。学校很欣赏我的教学方式，一学期结束，希望我留下来继续教课，那时我得了重感冒，同时想也快要留学考试了，乃向校长请辞。我走时，有些女学生却依依不舍地流泪，我倍感欣慰地回到重庆。

赴英考试为军事委员会主办，故海军总部亦不知何时考试。在重庆等待期间，内江女子学校还是寄来一张聘书，要我担任高初中英文、数学、军训各专任教员兼级任导师，每周授课十六小时，月薪国币二百元，及食米二市斗五升，另有家属米若干。这个待遇非常好，第一学期我等于半义务性质，只拿薪水，个人食米和家属米都没拿，他们希望我再去教书，正式送一张聘书来，我虽很想再去，但再去教不到一学期，若军委会开始考试，就对不起人家了，乃写信给刘震，说明原因，婉谢学校的美意。

拒绝应聘，但留英考试仍迟迟没有消息。某日我在报上看见四联总处（中国、中央、交通、农民四银行）招考高级行员训练班，考取后经三个月训练，分发各银行任高级行员。那时我异想天开，心想反正没事，去考考看，取或不取都无所谓。应考资格是大学财经系，或经济系毕业的学生，但我没有这两个系的毕业证书。有人告诉我，战时很多人毕业证书都遗失了，可找两位立法委员证明我的证书遗失，即可准予报考。正好我有个远房亲戚是立法委员，我请他帮忙，再找一位立委给我证明，四联总处的考委会就准了。距考试还有一个多月，何树铎的哥哥何树源也在重庆任职，他是某大学经济系毕业，我请他替我准备应考书籍，他找了一落子应看的书来，我抱着书到野猫溪宿舍闭门苦读。

苦读一个多月，每本书都看一遍，重要的还看了两遍。考完笔试，自觉满意，心想或许不难录取。放榜正取卅六名，我考第廿九名，这下心定了，只等待通知复试。复试就容易多了，分体检和口试两项，我在口齿和英文方面都不成问题，身体更没问题。口试过后两三天放榜，取廿四人，我是正取第十九名，高兴得不得了。民国卅三年八月卅一日，他们给我一张录取通知书，这张通知书在重庆的海军界造成轰动，不意池孟彬竟能考取金融界的银行员。后来海军总司令陈绍宽上将也得知此事，叫人召见我。我自忖要挨一顿骂，依令晋见。

到了总司令部，他站在台阶上，我站在院子里，陈总司令头一句话说：

“恭喜你哟，考取四联总处高级行员。”稍一停顿，他就开始训我了：“你年纪轻轻的，胆子好大，居然没经过批准就去报考行员！到银行打打算盘有什么意思？过几天留英就要考试，你给我好好地去考！”他训我时我不敢吭气。等他训完，我说：“报告总司令，现在海军没有船了，人这么多，我也没地方去。我考上很不容易，请您就特准我去受训。”陈说：“不行，不行，你一定要去考留英。”既然总司令对我有此期许，我乃不再辩驳地说：“是。”

考上四联总处后，我也打电报告诉内子及岳父，问他们是否不愿我远离这么久。他们回电，鼓励我还是留在本行，参加海军的留英考试才是正途。何况我是海军军官，还是去英国好。而替我证明的两位立法委员知道我考取，也把我找去，劝我不要改行。他们都表示，海军总是我的本行，还是不宜擅离为上。有了众人的鼓舞，我就决心参加留英考试，以便学成归来，报效国家与海军。

那时年轻，进取心很强，既然要考，就要考取。考试分笔试和口试两种，当时很多同学都面临体重不够的问题，我也是其中之一，为了能考取，大家只好在裤袋里装了很多铜板，或喝了好多水，这样才勉强过关。民国卅三年十月，留英考试发表，我幸获录取，与刘广凯、宋长志、刘耀璇、何树铎、刘作柄等廿六人等待出国。当时大家的心情各有不同，但是大家的目标却是一致的：专心出国学习列强海军的科技与战术，回国后为建设我强大海军而努力。

赴英航程

民国卅三年十一月十日，我们一行二十六人提着简单的行囊，穿着老旧的粗麻布中山装上了飞机。报考留英接舰者系来自各地海校的历届毕业生，当时的职等不一，如我仅是中尉，宋长志则是上尉，航程中的带队官遂由阶级最高的刘广凯少校担任，但大家军服上的军阶都是中尉。

专机越过喜马拉雅山，于当日飞抵加尔各答（Calcutta）。英国特别派了一位陆战队少校 Philly 到机场迎接，协助我们到旅馆安顿。由于我们衣衫老旧，Philly 少校带刘领队晋见我国驻加尔各答总领事陈质平先生，洽领一笔治装费，使我们不至于像难民似的，贻笑外邦。于是我们连内衣裤、鞋袜全都换了，大家都很开心。但换下来的衣物不知道要丢到那里，因为住在大饭店内，若被服务生发现，认为中华民国出来的人都那么穷酸也不好，大家商量了好久，最后我们就委由领队刘广凯把旧衣物全权处理去了。

在加尔各答住了三天，然后坐火车直奔孟买（Bombay）。孟买为印度主要港口之一，亦是海军基地，我们在此等船赴英。当时赴欧船只均有驱逐舰组成的护航船团随行，以防德国潜艇的攻击；所以我们在孟买等候了一个月，到十二月十二日出发时，共集结了八艘货船和客船，载运英国所需物资，外围则有八至十艘驱逐舰组成圆形阵护卫，并由一位代将指挥官负责指挥。我们所乘的船原是皇后（Queen）级的豪华邮轮，战时徵调当做军事人员的运输舰。内部稍做改装，但都是小的改变，以便战后可再恢复营业。船长为上校，驾驶员原是英国商船船员，也有受过后备军人训练派上船来服务的。他们也着军服，但袖章是波浪形，较正规海军细一点。船上有一千多名旅客，多是英国换防的部队，陆海空均有，亦有少数女眷。其他则是调防的美军，及各国赴英受训者，中国人就是我们二十六人。船上乘客俨然是一个小型的联合国，彼此聊天毫无忌讳。船上饮食在孟买时即已充分准备，每餐都很丰盛，航程很是舒服。

船团离开孟买后，沿途经红海、苏伊士运河（Suez Canal），进入地中海。这段航程中，经苏伊士运河较不危险，因为此区除了飞机轰炸以外，没有其他威胁；而船若在运河中被炸，连转弯都没办法，所以此区空防很严密。通行时，前面先由多艘驱逐舰导航，中间是船团，后面再有一两艘驱逐舰殿后。苏伊士运河宽窄不一，但水都很深，埃及因苏伊士运河赚了不少钱，惟两岸景色很单调，多是沙漠。

到地中海后，沿岸风景非常漂亮。船团驶抵西班牙南端的直布罗陀

（Gibraltar）海峡，停留一晚整补、加油，天亮继续航向大西洋。直布罗陀系英国属地，是一大块岩石地形，北方即是西班牙，交界处设有海关。当天晚上，护航的驱逐舰每隔十几二十分钟即抛掷一颗深水炸弹，以吓阻德国潜舰的偷袭。次晨起锚进入大西洋后，沿途盟军飞机、鱼雷快艇均在船团周围掩护，以防偷袭。

整段航行期间，我不时登上甲板看船团的旗号通信及船阵的演练变化。不禁忆起海校毕业后，在通济舰上见习的情况，那时我们仅单舰操演，所谓护航船团阵势之演练，不过纸上谈兵，目下所见，相较之下实有天壤之别。每艘驱逐舰之间的距离，系依据各舰声呐射距交叉范围而定，彼此可互通声息，若发觉有可疑潜艇出现或闯入，护航船团的指挥舰即以旗号指派一或两艘驱逐舰离队搜索，或施放深水炸弹，以探虚实；所遗空隙，其他护航舰只马上调整距离，以期每舰的声呐仍可交叠，使敌潜艇不致闯入。这种纪律严谨的海上舰船运动，不仅很壮观，也让我上了多次很有意义的船团演习课，引起我到英国受训时的兴趣。

另外在船上每天都有救火、救生演习。救火演习由船员参与，救生演习则全船旅客均须加入。全船旅客分成船头、船尾、右舷、左舷、船中部等各区队，每区队有军官带领。每天上午旅客都要站在指定区位，每个区位各有救生艇两三艘，大家穿上救生衣，并教导如何坐救生筏。这种救生演习每天不断，尤其在地中海、大西洋航行时特别认真，万一被德国潜艇的鱼雷命中，有紧急应变的能力。这种演习很有价值，等于上了一个阶段的实习课程。

我们在海上航行了三星期，一路平安无事，于卅四年（1945）元月十四日安抵英国。在英国西岸的利物浦（Liverpool）登岸，英国海军派人来接我们。十五日，我们坐火车到伦敦（London），领队刘广凯将我们交给海军留英学员领队周宪章上校，但此后我们受训期间，周上校均待在伦敦，有事则交代刘广凯代转，故我们仍尊刘广凯为我们的领队官。

初期训练

在伦敦报到后，周宪章上校分别带领我们晋见我国驻英大使顾维钧博士、驻英军事代表团团长桂永清中将，以及海军武官周应骢上校，聆听他们三位训话后，当天下午全体同学即到英国南部海边小镇布莱顿（Brighton）报到。

（一）布莱顿海军后备军人训练中心

布莱顿有个海军后备军人训练中心，我们在此接受四星期的入伍训练。此地的训练可称为 shake-up training，复习海军一般学术科的基础训练，例

民国卅四年初全体留英同学初到英国，在布莱顿（Brighton）之海军后备军人训练中心接受四周的入伍训练，与教官队长合影。前排左五为池孟彬。

如兵操、船艺和航海。英国海军派一上尉军官怀特（White），以及英语教官孟罗（Monroe），他们二人分别为我们复习航海船艺和加强英语会话，孟罗教官教英语特别注重发音、重音及腔调，教得非常好。他们两人也协助我们了解英国一般的生活习惯及风土民情。而对我们英语程度帮助最大的措施，即是课余安排每位同学到附近的英国家庭访问。这些家庭均很友善，我们至其宅饮下午茶、谈天，对英语的会话能力和了解风土民情很有助益。有些同学虽然比较内向，但到英国家庭作客，不讲英文也不行。我国是四强之一，穿着海军制服的中国军官来访，这些家庭都很欢迎。而英国在战时实施点券制，所有民生必需品均以点券兑换，军官的配额较一般百姓为优，我们到英国家庭访问住宿，吃东西即以点券回报，他们都很感欣喜。

布莱顿是英国南部极有名的避暑胜地，海边经常有人游泳、做日光浴。尽管小镇的景致清幽，我们放假或下课后在镇上逛了几回也就腻了。不过当地有个设备良好的冰刀式溜冰场，怀特上尉年轻未婚，经常找我们一起去溜冰；我因幼年在吉林有溜冰的经验，和两三位同学跟着怀特上尉，享受初到英国的运动之乐。

（二）皇家海军学院

在布莱顿的时间很快就过去了，民国卅四年二月初，我们离开布莱顿到格林威治（Greenwich）的皇家海军学院（Royal Naval College）。此校设有各职阶的海军军官班次，与不同科别的教育课程，英国本地军官在官校毕业服务若干时间后，来此充电几个月，然后再派任新职。而职阶很高的将军也来此上一次复习课程（refresher course），以学习新发展的科学仪器或战略、战术。因此皇家海军学院的任务是广泛的。

我们廿六人在皇家海军学院中算是最初级的一班，上课内容大部是复习以前在官校后期所学，如轮机、航海、物理、数学、船艺……等等，都是今后上船及进入各兵科学校受训时，必然要用到的相关学科。学校还特

民国卅四年初在格林威治（Greenwich）皇家海学院受训时，该学院大饭厅屋顶及墙壁之壁画世界闻名，当时我们同学的座位排右侧，正中台阶上为教职员席，英国皇家经常借此宴客。

一九八四年冬重回英国皇家海军学院参观，并由母校校长之少校侍从官陪同，摄于饭厅之壁画前。

别加强我们的英文会话，在海军学院安排两堂高级英语课程，仍旧由孟罗教官负责，他好像是专门为我们而聘的，故而我们和他的感情也特别好。

格林威治小镇位于泰晤士河边，本是平凡无奇的小镇，因天文台和皇家海军学院在此而举世闻名。天文台位于小镇的小山顶上，国际子午线自建筑物中间贯穿，在建物前的广场上也有一明显的标志，常见观光客站在线上，左、右脚各跨在东、西半球上照相留念。

皇家海军学院有百余年的历史，位于泰晤士河边。学校主体为四座面向河边的三层楼方形建筑，百余年来均保持原貌，仅定期稍作修葺而已。这四栋大楼是讲堂、实验室、教授办公室、学员宿舍等的所在，高大宏伟，夜景尤美。另有两座圆顶式建筑，一是教堂，另一则是举世闻名的餐厅。

餐厅内天花板、墙壁上的绘画，均为历代皇室以重金礼聘名家绘制，故整栋大厅饶富艺术气息。餐厅分二层，上层为教职官及贵宾用膳之所，下层则是学员用餐处，中间仅以几级阶梯区隔，可相互观望。下层共有三排餐桌，学生均有固定的位置，中国学员坐在右边靠窗的一排。同时受训的还有来自印度及一些欧洲国家的海军军官。

用餐时的礼仪很贵族化，每五、六个学生后面派有一名女兵服务。这些女兵是高中毕业的后备军人，礼貌周到。每餐约有三、四道菜，每上一道菜之前，女兵即拿菜单给我们点，她再按各人所点送来。起初两天很有意思，因为我们看不懂英国菜单，虽然队长事先告诉我们，菜单有汤、主菜、甜食等三类，每类点一样就不会错了，但仍有同学不小心两次都点同类的。此时女兵会告诉我们重复点过了，请我们另点一样，我想她们免不了在背后窃笑。我们用餐时仍着正式军服，可以小声谈话，但大部分中国同学都不谈话，因为师长在上面可望见我们。有时国王、王后会来海院巡视并用膳，如遇皇室莅临或他国元首等贵宾到访，菜肴都比较好。但在战争期间，一切仍以节俭为尚。

我们住的宿舍是一人一间的套房，非常讲究。平常在讲堂上课，只有下课和上完体育课后回房洗澡换衣服。晚上就寝前，我们将换洗的内衣裤、衬衫、袜子和皮鞋摆在门口。次日晨起，女兵即来敲门，问候“Good Morning，Sir.”，端上一杯咖啡和两块饼干，我们就坐在床上饮咖啡，然后女兵将我们待洗的衣物及皮鞋拿走，送来洗好的衣服及擦亮的皮鞋。甚至袜子破洞，也由她们主动帮我们补缀。我们喝完咖啡下床漱洗更衣，准备一天的开始。这种贵族化的作风是皇家海军学院的特色，旨在培养具有绅士风度的海军军官，其他学校可能并不实行。

平时同学除致力于课业，亦注重运动，学校不强迫，同学可各择其所好。我因在马尾海校即加入网球和足球、游泳等项运动的校队，故此时也选择最有兴趣的足球队。当时英国的足球水准极高，本土舰队（Home Fleet）的代表更是其中的佼佼者，皇家海军学院足球队看我足球踢得不错，就在和本土舰队进行比赛时，邀我加入。我个子虽小，但跑得快，盘球和传球都不错，不会丢球。原先打中坚，但我自谦改打右锋，如此可省力一点。每次球传到我脚上，我盘过一个人即传给中坚或左锋，状况很稳定，所以皇家海军学院足球队很欢迎我，以后每次比赛都找我去，成为队中唯一的中国人。

那时不管学校或兵营都设有酒吧，学生下课均到酒吧喝酒，互相联谊。但中国学生不太喝酒，所以大家都很少去。当时宋长志、刘广凯、陈景文、何树铎和我五个人都是结过婚的，觉得不去不太好意思，而且去那里才能和英国同学融合在一起，因此我们五人经常跑酒吧。在酒吧里，一围起来聊天都是七八个人，依照当地的习惯，每人轮流请客一回之后散去。若不胜酒力者可在第二或第三个轮回时婉谢，以不喝醉为原则。然而酒虽然可以不喝，但客总是要轮请一次。有时候在学校喝得不过瘾，可到校外享受不同的气氛。英国的小酒店（PUB）都是规规矩矩的，但每家酒吧各有特色，有时我们也和校外的朋友约在酒吧碰面，同学一同外出又可建立新的友谊，所以我们的课余生活非常自由。当时我们的待遇比照英国军官，少尉一个月是四十几镑，比国内高。由国内拨给驻英武官处的接舰筹备处，有专人管理。但我们这些留英同学，只要十几镑即够生活所需。我和刘广凯、何树铎等几位同学，因经常到酒吧，是以每月的伙食账单（messbill），伙食仅约七八镑，但光是酒的开销就占了十几镑。

战时英国社会所见

皇家海军学院有一不成文的规定，亦可称惯例，此即放假或周末时，校方希望学员都能离开学校，要回家或度假自便，这样，工作和服勤的人员也能休假。刚开始，内向的同学都不喜欢出去，学校也不干涉，但偌大的饭厅只坐几个人也觉得不好意思，所以渐渐地休假时大家都会外出。有些中国同学喜欢去伦敦的中国大使馆或中国城，我认为拜访英国人家庭是了解英国文化和练习语文的好机会，因此总是不愿放过。

在海军学院七月余，很多家庭邀请我们前去度假。英伦三岛原本缺乏天然资源，民生物资全赖外来供给，大战期间岛内屡遭德国优势空军轰炸，海上补给则为潜艇封锁，故英国所有进口物资皆需靠空军空运或船团护航进口。到了大战末期，英国国内所需各项军需原料及民生必需品，皆感到极端困难，故英国政府只能竭尽所能维持作战军需品的供应无缺，国内民生必需品就受严格限制，实施定量分配制度和物资管制措施。由于两种制度互相配合，商家、人民守法守份，故英国的物价控制得宜，因为只要商家胡乱抬价，百姓即向政府告发，商家就倒楣了。若在中国，每逢战乱，物价即波动得一塌糊涂。

定量分配制即是点券分配制，无论衣食住行皆以点券控制。例如在服装方面，每个国民每年只有四十个点券，但做一套西装就耗费廿四个点券，剩下的十六点只够买内衣裤、袜子等，否则一件衬衫要十六点、皮鞋也要九至十个点券，不敷之数，只好分年做了。然而战时英国国民都穿旧衣，非常节省，根本不在乎服装华丽与否，贵族也不做新衣，所以服装控制不受影响。但在食物方面就很苦了，每星期只配给一个鸡蛋，其他则用进口蛋粉代替。肉品则每周四两。

军人各方面的待遇都比老百姓好，尤其是海军，比如我们有六十个点券。通常海军军官都到一家专门做海军军服的 Geives 西服店做。这家店的价格比其他服装店稍贵，但还算公道，且允许记账，所以每次发饷，我们花在军服上的费用很大。因为穿着军服代表国家荣誉，我们不能失礼。在食物方面，我们一天配一个鸡蛋，每天都可以吃到肉。放假到英国家庭度周末，尤其在长假（long leave），约一个星期的时间，我们都带学校发给我们的点券到这些家庭，这个配额足抵其一个月或半个月的食物量，所以他们都非常高兴，很欢迎我们到访。

我在英国朋友很多，有时他们写信来邀请，我的假期都不够分配。当时常去拜访的英国家庭有五六个，贵族、白领阶级、做工头的人家都有。通常我们都去家里喝茶聊天，只是吃些饼干。如果是度周末，他们也都有客房，可以住一宿。我们除带两天口粮的点券给他们，有时也带些军方的便宜礼品。

在苏格兰的亚伯丁（Aberdeen）有两个家庭与我的感情最好。其中 Johnson 先生是爱丁堡造船厂的工程师，家境很好，为人也非常和蔼可亲。他太太更热情好客，三十余岁，拥有一手好厨艺，常亲自打电话到海军学院邀请我去作客。她说的英文有着非常好听的声调，总是称我“lieutenant”。他们有两个女孩及一个男孩，都是十几岁。我在他们那儿度假，和先生聊天常谈及造船和船舰的各种性能，与两个大孩子则打网球，过得非常愉快。由于他们时常邀约，故我与他们也最常往来。

另一个亚伯丁家庭则是贵族，太太有 Lady 爵位（大概原配过世，仍保有其衔），姓 Golden，先生是瑞典人，两夫妇住在一个大城堡。城堡的一楼是客厅，有钢琴、弹子台及摆饰的古代兵器、铜人等。二楼主人卧房，还有一个小客厅和餐厅；三楼则是客房。我第一次住进这个城堡时，三楼十几间客房只有我一个人，头天晚上我有点不自在，过后习惯也就无所谓了。他们虽是贵族，但拿的点券和一般百姓一样。不过他们有一座很大的农场，养了很多名种的种牛；另外还有一大片草原（Moor），这片长有约两三尺高石南属植物（他们称为 heather）的大旷野，有许多野鸡和野鹿出没其间，供狩猎之用。有一天下午，Golden 先生带我去打猎，我们乘坐汽车到 Moor，在里面追逐猎物跑得很远。我从没有过打猎的经验，两三个小时一无所获，Golden 先生则打到两只野鸡和一只鹿，当做肉类不足的补充品。这个经验很新鲜，也很有意思。

战时英国贵族的生活大幅紧缩，他们有七个佣人，分别照顾种牛、马匹、菜圃和花园。另有两个打扫庭院和煮饭的妇人。由于贵族没有收入，战时饲养的种牛也卖不出去，所以生活日渐没落。我离开英国几年后，这位 Golden 先生就过世了，太太因为负担不起高昂的税金，把城堡卖掉，留下三四间石砌的马房，稍作修改，权充居室，并留一个经常陪她的女佣同住。我在阳明公司任职时，Lady Golden 已经七十余岁，独自一人到远东旅行，特别绕道台湾来看我及内子。她下榻圆山饭店，我内人请晏海波和夏新的两位夫人（都是英国人）一同陪她各处玩，三四天后她非常尽兴地返国。她回国不久，Mr. Johnson 写信告诉我 Lady Golden 也不幸故去了。

我很感谢他们在英国对我的照顾，这两对夫妇都很欢喜招待中国人，我也常带同学去拜访。现在 Mrs. Johnson 年过九十，身体仍很康健，儿女各有所成。她每年给我写一封长信，告诉我她一年来的情况，我亦回信，书信往返不辍。另外一户白领阶级也姓 Johnson，住在柴塘（Chatham），当年造访时，他们的小儿女分别为十二岁和十四岁，因为我也常到他们家，他们父母过世后，一直到现在仍和我通信。我和这些英国友人交往的经验，认为英国人起初虽然不容易交往，但只要交上朋友，他们就非常友善，很重视友谊。现在我平时杂务多，无暇写信，但一到圣诞节就忙着写信寄卡片。

在海军学院受训期间，因值战争，益觉英国社会非常有秩序，虽然德国的 V-1、V-2 飞弹时来轰炸，但炸过之后，被炸的军营或社区马上就恢复常态，学校也照常上课。由于所有役龄男子全征召上战场，一般社会原应由男子负担的工作，也由中年或中年以上的妇女接手，全都做得有模有样。至于年轻妇女也都从军去了。

德国的 V-1、V-2 飞弹主要目标均在伦敦方面。V-1 是大战前期发展出来的飞弹，速度很慢，听见声音后，有时肉眼即可看见，容易躲。V-2 则为大战后期开发出来的飞弹，类似导引飞弹，但没有导引系统，速度非常快，通常听见声音，炸弹就掉下来炸开了。我们在校一听见警报声就到校舍的地下室躲警报，警报解除再继续上课，影响不大。有一个周末，我没课，坐地面电车到伦敦溜冰。车行不久，突然间一颗 V-2 飞弹下来，我们来不及躲，炸弹在距电车右边二三十码的地方炸开，爆炸后空气的压力，使电车向左闪了一下，但没事，电车司机和乘客都司空见惯，毫不惊慌；

我以前在楚观、楚谦两舰挨炸时亦有经验，故亦不在乎，电车继续前行。挨炸点附近的老百姓马上出来救援或灭火，救援队主要是以妇女组成的后备队，秩序井然。战时英国人民守秩序、爱国家的精神，值得吾人景仰。

民国卅四年八月十四日，日本宣布投降。我们在海军学院听到这个消息，莫不兴高采烈，庆幸国家在蒋主席英明领导之下，经八年浴血抗战，不屈不挠，终于得到最后胜利。大家欢欣鼓舞，欣喜若狂地跳起来，英国同学也与我们握手，祝贺我们。

我们听说在伦敦的 Trafalgar Square，英国政府举办一个 V-J Day 庆祝会。这座广场是纪念 1805 年英国海军名将纳尔逊（Horatio Nelson，1758–1805）在 Cape Trafalgar 击败拿破仑舰队而命名。广场中有一高大石柱，上有纳尔逊雕像，及记载这次海战的碑文，此处后来成了公共聚会的场所。我和几个好动的同学就坐电车到 Trafalgar Square 参加，只见伦敦附近的居民或远处坐车来的都到此庆祝，人山人海，场面热烈，不管识与不识，都拉着手热舞狂欢。他们看到我们几位身着中国海军制服的军官，也知道中国为抗战受苦很多年了，遂频频向我们握手恭贺，或挥手致意。

上舰实习

海军学院的课程于卅四年八月中旬结束后，我们二十六位同学分派在不同的军舰上实习。我先被分派到一艘名为 H. M. S. *Battler* 的航空母舰上见习，舰长是 Johnson 上校。

巡洋舰以上（含航空母舰）和驱逐舰有很大的不同，船愈大，规矩也愈多。例如航空母舰或巡洋舰每部门各有主官和副主官，但驱逐舰仅有主官而不设副主官。巡洋舰以上（可当旗舰）的舰长有自己的生活区域、办公室及单独的大官厅，大官厅外有后甲板（quarter deck），这个甲板为舰长单独的散步区，除非受其邀请或召见，否则均不准闯入。但若本舰担任旗舰时，舰队司令来舰指挥，舰长即需把官厅让出，到驾驶台边的航行卧室休息，这个航行卧室也是舰长平时驾船时专用。我在 H. M. S. *Battler* 舰上实习时，曾获舰长邀请午餐一次，里面餐桌可坐十余人，设备十分讲究。二官厅和三官厅是海军校级和尉级军官休息的场所。四官厅则为士官阶级所用。有些驱逐舰也是如此，不过一般驱逐舰军官只有一个官厅，所以休息时大家一起谈笑，真正执勤时则阶级分明，一丝不苟。

H. M. S. *Battler* 航舰内部之广阔，犹如一座小城市，上下十余层，各层上下往来除楼梯外，还有电梯。飞机贮存及修护层面甲板特宽，以类似吉普车的机动车辆代步。兼休闲功用的餐厅有十几个，分布在各层。仅官员专用的官厅也有三四个，那时我因阶级低，分配在三官厅，都是尉官。贩卖部也有好多处，物品应有尽有，而且比市面上物美价廉，英国政府对军人的优待与照顾，可说是无微不至。

因航舰面积广大，要熟习分布在舰上各层部门及机舱，仅是走马看花地走一次，就花了好几天的时间。其他时间，我们除参加英国飞行员的部分课程外，多半在驾驶台上观看飞机的凌空、接近、起落等动作。飞机降落时必须特别谨慎，若发现不对就要迅速拉杆升空，重新来过，否则可能撞舰落水。我在舰上曾目睹一次意外发生。

由于此舰为专门赶训飞行新生，所以工作非常忙碌，也非常认真。

我本想请求教官带我做一次感觉飞行，然未便启齿。待我见习期满，说出心中的愿望，教官应允再做安排。以后我得以在另一艘航空母舰上从事实际的感觉飞行，就是因他的推荐而玉成的。

因为将来我们准备接收英国赠予我国的重庆舰（原名 H. M. S. *Aurora*）和借用的灵甫舰（原名 H. M. S. *Mendip*），故预定派在重庆号的同学，船上见习即派到巡洋舰；预定接灵甫舰者，大部分派到驱逐舰。我预定派赴灵甫舰担任副长，故被派到驱逐舰。

我所分派的驱逐舰舰名为 H. M. S. *Anthony*。舰长是一位资深上尉，姓 Vaurenen，副长为商船后备海军上尉。在驱逐舰上，舰长、副长对见习军官都很客气，不像大船那个样子。二次大战期间，因为英国海军舰船大量增加，正式军官不敷分派，乃将商船学校毕业，或在商船服务过者，招进来接受后备军官训练，然后依各人专长派到舰上服勤。因这些后备军官为辅助性质，故他们不能担任驱逐舰以上的舰长，也不能担任正式部门的主官（如枪炮官、航海官），只能做小船上尉阶级的船长。偶有非常杰出的后备军官，亦可担任驱逐舰副长，我们这艘舰即是。

英国的军官训练很有意思，每个学校都有各自的风格。以常备军官和后备军官来讲，受过训后，若穿上便服，一站出来，即可看出何者为常备或后备。而正式军官之间也有所区别。例如在酒吧里，三三两两各自在吧台前喝酒聊天，只要是抬头挺胸、站得笔直者，一定是枪炮专校毕业的军官，其他航海官和通信官也都像这个规矩。但在潜艇服勤的军官则不同了，他们大都站得很随便，或者倚靠在吧台上，谈吐也大不相同，大概因为潜艇空间狭窄，且长期在海面下，一上岸，有机会松弛就尽量放轻松，较不讲究。

中尉阶级的分科教育

民国卅五年三月中旬，我在 H. M. S. *Anthony* 舰上见习期满，上岸到专科学校接受中尉阶段的分科教育（sub-lieutenant courses），这是英国海军中尉军官必经的过程。受训及格，分派到各舰服务，若其中在各校学科获得甲等者，可被选派赴各专科学校受训，结业之后，派舰担任各部门主官或大舰的副主官（如航海副或枪炮副），待资历一到，即可以升上尉（lieutenant）。

在专科教育之前，我们先分派到戴文波特港（Devonport）海军飞行学校接受约两个礼拜的飞行训练。期间大概因为我在 H. M. S. Bartler 航母时，曾表示希望上飞机跟随飞行员了解实际飞行动作的缘故，某日特派我到当地一艘航母 H. M. S. *Havelock* 报到。一上舰，飞行分队长就给我一纸许可

民国卅五年三月，在航空母舰双座飞机前，准备上机随飞行员作感觉飞行。

证，特许我可坐在后座，跟随飞机起飞升空，观察飞行员做绕舰飞行及降落等动作。我们在上空时，鸟瞰航母，有如一叶轻舟。降落时，需要纯熟的技术才能正确地落在甲板上。当飞机前轮一触甲板，机尾的挂钩即钩住一条有弹性的拦索，使飞机停止。若挂钩未钩住拦索，船尾还有一道拦网，可使飞机不致冲出甲板落海。飞机一停，甲板上的士兵即引导飞机滑至停机坪，我们下机后，善后维护工作则由专人负责。此次带我飞行的这位飞行员为中尉海军飞行军官，技术人品均佳，颇为友善。

我之要求随同做真实的感觉飞行，本欲了解实际飞行起降的状况，待回国后，当我国也有能力建造或购买航空母舰时，期我海军舰队亦能形成一支强大而完整的作战舰队，以保卫绵长的海疆。那时我和两位同学曾向英国政府请求继续学习航空飞行，他们将请求函转给我国驻英留学生办事处领队，但未核准，否则我就留下来学飞行了。因自二次大战之后，我认为飞机可以凌空，巨舰大炮根本一点用处都没有。有了飞弹之后，重巡洋舰更显得不实用，驱逐舰只要装个飞弹发射台，碰到大舰，在雷达和电脑侦测的有效距离内，发射飞弹即可命中。

在海军飞行学校的时间很快就过去了，我们接着到朴茨茅斯港（Portsmouth）的皇家通信学校（H. M. Signal School）接受三个多星期的通信训练。举凡视觉通信的手旗、挂旗的实际操作，以至于无线电通讯的原理规则和舰对舰、舰对岸的通讯程序等，均有详细的说明与操作。

通信学校的训练完毕，我们又到当地的皇家航海学校（H. M. Dryad）

民国卅五年冬在英国皇家海军航海学校复习测船位训练。

进行为期三周的航海课程。课目有航海学概要、六分仪（sextant）测天的实习、磁罗经与电罗经的区别及应用，用罗经复示器测地标定船位的实习，及各种有关航海仪器（如航海用的计时钟、测深仪等）、气象学、潮汐与海图等的认知，航线设计（即画海图）、单舰与舰队航行要领等。

六分仪现在很少用了，因为现在用卫星测天非常准确。但自从航海事业开始以来，航海家即以六分仪来测船位和测星球的位置，当时英国的航海家认为以六分仪来测天最为保险，学生都应该要练习。我们在海军官校时期即学习过，故运用得非常熟悉。磁罗经为航海船上必备的，因为电罗经在断电时即无法使用，磁罗经却无这层顾虑，所以六分仪和磁罗经是航海家必备的工具。这也是过去英、美的海上冒险家，横越大西洋或太平洋，船上必备的两项最重要物品。现时船上主要还是用电罗经，比较方便，磁罗经只是备用及校对电罗经时用。驾驶台的两侧或必要地方备有电罗经复示器，其电源讯号与主电罗经连接，主电罗经船头方向多少度，复示器的指向也是多少度。如此，当船靠近海岸或进出港时，航海员藉此复示器来测船位是极为方便的。

航海课程结束，我们又到柴塘（Chatham）的皇家海军枪炮学校受训八个星期。主要课目有：英国式的步操，以使我们在受训期间，习惯英国式的步法；其他如平面炮的原理、应用与口令、各型炮弹弹药及引信、高射炮概要、近距离与远距离高射炮的运用、炮操、各型舰炮概要、实弹射击等。

在此期间，曾受当地地区海军司令鲍楼海军上将（Admiral Burrough）的邀请，每周末至其官邸的草地网球场打网球。那时受邀宾客皆为其所属之将级军官。我为唯一的尉官，故很受优待。我之受邀，完全因为我是外国学生，而网球技术还够水准。我们第一次合作双打时，因我年轻能跑、会接球，又会捡球，他站在后面可以少费点气力，结果赢了对手，故司令官非常高兴，就常邀我打球。司令官约六十来岁，其夫人具有爵位，叫 Lady Burrough，仍具贵族作风，我们打了一两局之后，司令夫人即在网球场边的 porch 准备好茶点，让大家稍事休息再继续进行第二回合的比赛。

通常我们打两三局即结束。故我在柴塘（包括后来的专科学校期间）时，每周末均受邀陪鲍楼将军打球，课余生活非常轻松愉快。

枪炮训练完毕，我们又回到朴资茅斯港皇家鱼雷学校（H. M. S. Vernon），接受六个星期的水鱼雷、声呐及反潜等训练。课目包括水雷、鱼雷内部机械的构造与性能；电学、水雷布设与鱼雷的瞄射及施放。前项课目占了大部分时间，反潜作战及声呐原理和应用，仅上四天课。声呐是第二次世界大战的产物，我们所学的是大战初期的产品，发射距离只有七八百码。大战后期，声呐发射距离可达两三千码，甚至更远。然而新产品对外国学生都是保密的，我们接收的重庆和灵甫两舰，其声呐系统仍是第一代的产品。

结束了中尉军官班的训练课程，一部分同学奉召先行回国服务，其他同学则留下继续接受专科教育，准备接收重庆和灵甫两舰。留下受训的同学分为航海、枪炮、通信、鱼雷、声呐等科，我和陈景文、刘渊两位同学，在枪炮学科方面表现较优，分派回柴塘的枪炮学校受枪炮专科训练八个月。

枪炮专科训练

一九四六年九月初，我们三人重回柴塘枪炮专科学校受训。此次回校，在生活方面，较以往中尉军官班训练时期严格，每天均绑着白色的短绑腿，走起路来，必须抬头挺胸，处处要显示出枪炮军官的精神与气度。

在课程方面，亦较中尉军官班的课程充实、详尽。主要课目为队伍指挥、各种兵器原理、巡洋舰六吋和八吋平射主炮，与驱逐舰四吋和五吋平高射两用主炮；炮操、炮栓拆卸与复原、炮塔构造、测距仪、水力学（与大炮动力的旋转俯仰有关——hydro drive）、远程与近程高射炮系统、弹药与储存、舰炮概要、实弹射击（平射与高射）等。

以上各科均各有其特色。例如队伍指挥主要是训练学员对指挥队伍的

民国卅五年九月在枪炮专科学校受训时与同学刘渊（左）及教官在古老的战舰上合影。

应变能力与口令下达的音量与准确度，反复演练，务使学员能成为一位合格的指挥官。因为舰上的枪炮官，除负责战时的炮火指挥任务，平时士兵的炮操监督及在岸上的操演或出勤任务，也须由枪炮官指挥。英国海军对于队伍指挥非常重视，例如喊口令一项训练，学校即利用好几个下午让我们练习。他们叫三排士兵，差不多有六十名水兵给学员指挥，若指挥错了，会很不好意思。最绝的是，训练在一个大操场上，远远有一堵墙，我们下达“起步走”口令后，士兵即开始踏步行进，但除非英国教官指示，否则我们不能先喊“立正”口令。士兵一直走到墙前面了，教官还不许我们叫“立正”，看我们怎么应变。此时若我们懂得叫向后或向右、向左走，士兵又可继续前进了。若不知及时应变，士兵就会一直对着墙踏步，场面十分尴尬。还有一点，因操场很大，若不拉大嗓子，士兵听不见，也没办法指挥。有位同学即因嗓门太小，士兵听不见他的口令，老对着墙踏步，这也是很窘的事。他们这种训练方法，我觉得很有效果。

其他如各种兵器原理的课程，包括弹道学（与射程有关）与炮火指挥仪的精确度，均为学科的重点。由于二次大战时，电脑尚未研发成功，指挥仪所产生的正确距离与方向，均以手摇方式，将各种资料送入指挥仪内，指挥仪内的机械很快将各种资料换算成仰角与方位，送到各炮位，以便射击。通常这些仰角所决定的距离与方位都很正确，但船在航行状态中，船速与强风都会使炮弹偏向，如未命中，只要口头修正一两次，即可命中标靶。这种修正方法也包括在平射炮（或高射炮）系统内。修正时，先修正方位，再修正距离。教授时，教官都教我们第一次修正大胆一点，多调整一些距离，第二次再修正一定命中。因为船上四门炮一同发射，系形成一个弹着群，弹群一定笼罩住敌舰。至于弹着点的修正，尚有一种简单的修正仪供学员们练习，熟练后再运用于实弹射击上。实弹射击分平射与高射两种，都有活动拖靶供瞄射，务使射击尽量逼真，我们都练习了好几次。

讲述弹药与储存课程时，曾实地到各有关舰上参观炮弹、弹头与药包从弹药库以机械输运机送至炮位自动装填的过程，相当迅速；通常六吋以上的炮弹，弹头与药包是分开装填的。我们曾看到十六吋大炮的炮弹弹头，

民国卅五年冬，在皇家海军枪炮学校受一般枪炮课程机件拆装训练（六吋炮炮栓），同学均聚精会神地听讲。左起陈景文、欧阳晋、池孟彬、刘耀璇。

竖起来比人还高，一次作战下来，不知要消耗多少财富，所谓打仗即打金钱，实非虚言。六吋以上的大炮，都有钢铁制成的炮塔，以保护操作大炮的官兵和仪器。大炮的重量本就惊人，再加上两三吋厚钢铁制的大炮塔，其重量已非机械式的动力所能推动，必须以水力所产生的动力，来带动炮塔的旋转与大炮的俯仰，因此我们也有一门水力学的课程。一般说来，炮塔是封闭式的，内部有各种仪表、电话、照明，以及机械装填机等，装填机又与弹药输送机相连，这些都在装甲保护之内，不怕敌人炮火的袭击。不过二次大战末期，由于航空母舰的活跃，以及舰对舰电导飞弹的发展，这种巨舰大炮的观念也就没落了。英美各国的战斗舰中，重巡洋舰以上大都封存起来，仅留存有限的几艘，以备局部战争中对劣势兵力地区登陆前，作舰对岸轰炸之用。英国对阿根廷的福克兰岛战役中用过，美国对伊拉克时的波斯湾战役中也用过。因此电导飞弹的发展日益精确，一般海军军事专家都认为发射一枚电导飞弹，只要在驱逐舰或轻巡洋舰上安装一个发射台（platform）及相关的设备即可，不再需要巨舰。这样既可发射飞弹，又可以保留中小型舰炮，运用灵活，可服行任何任务。

巡洋实习

（一）见习副长

受完舰炮专科训练后，我即晋升（应说恢复了）上尉，并于一九四七年五月十四日，至柯德瑞驱逐舰（H. M. S. Cowdray）报到。这是因为我接获海军部指示，将任日后接舰时之灵甫舰副长，故此次上舰实习，实为学习副长职务。我之获派为灵甫舰副长，系因我为枪炮官。据英国海军的制度与传统惯例，舰长虽为一舰之主，但只管作战指挥、航行安全、全舰经费运用等重大行政决策；至其他的官兵管理、纪律维持、日常训练与派工，以及各部门督导和协调事务，都由副长负责。而一般驱逐舰都以受过枪炮专科训练者当副长。我国战前，海军完全效法英制与习惯，故当时若能派任舰长一职，是非常荣誉的。舰长郑天杰和我是很好的朋友与长官，不过我们遵从英国的规矩，他只负责航行和作战，才能有时间从事思考及作重大决策，我则照顾一切行政事务。高年班的学长刘耀璇，因受航海专科训练，故派任灵甫舰航海官，但在作业方面，他完全听命于舰长。不过此皆临时性质，这也是海军偶有的特色，在军阶相差不大的情况下并没有多大关系，隔一阵子，暂居下位者也可能脱颖而出。

柯德瑞驱逐舰舰长为卡久少校（Lt. Cdr. Cardew），为人精明干练，深具航海与作战经验。副长为麦可（Mack）上尉，为人热诚精干，是一位老资格的副长，我随其学习副长任务，每天在派工、集合士兵训话、对船上清洁的维护、炮操的操演方面，均对我有很大的启示。出航时我与他形影不离，我非常专心地学习，他亦非常认真热忱地指导。某次一位职司舰首抛锚的后备役海军少尉，可能也是实习军官，副长教他抛锚时应该注意哪些事项，尤其应特别小心，不要指挥错了。副长和我在驾驶台上看，当他看见这个小少尉对士官长指挥错误，士官长显出一脸无所适从的模样，副长即在驾驶台上骂他："You should do what I have told you to do！"小少尉很恭敬地敬礼答称："Yes Sir！"照指示的程序再做了一遍。所以他们在派工时是一丝不苟的，一是一，二是二，绝不讲人情。

（二）巡航

五月中旬上舰，不久即开始巡洋航行。首先环行英国本土三岛（home cruise）的沿岸各港，做停靠码头与起落锚的训练。环行航线自柴塘绕过东南角，经多佛海峡（Strai of Dover）进入英吉利海峡（English Channel），西行至普利茅斯（Plymouth），然后再绕过西南角北航至西岸的巴茅斯（Barmouth），继续北航经过爱尔兰海（Irish Sea），进入爱尔兰与苏格兰（Scotland）之间的北海峡（North Channel），到达康布尔顿（Campeltown），再沿西岸向北航行至苏格兰北端群岛的科克涡（Kirkwall），续沿东岸南航至亚伯丁、丹地（Dundee）、罗赛西（Rosyth），之后东行到德国的汉堡（Hamburg）。沿途在各港均停留一两天或三五天不等，舰只锚泊靠港后，即让我们乘舰上的小艇上岸观光。

（三）在德见闻

在汉堡停了一个多星期，官兵们轮流上岸游览或购物。当时德国是战败国，汉堡也是盟军的占领区，市区有大小两个湖，风景极为优美。临近湖滨有栋宏伟的旅馆，战前曾是希特勒驻足之地，战后充作盟军军官俱乐部，里面设备相当豪华。我们上岸后也都到这里休息、喝咖啡。汉堡当局对盟军颇为优待，我们军舰抵达后，当局即派两辆小轿车，一辆供舰长专用，另一辆则备官员轮流使用；倘若舰长不用时，其专用车辆亦可拨借其他官员使用。每辆车均由德国司机驾驶。我第一次上岸系由一位熟悉当地情况的少尉军官陪同，他要我随身带几包香烟，可换不少东西。战后的德国，因香烟、咖啡、面包等物极为缺乏，故以两包香烟、一磅咖啡或一条面包，即可换一架德国蔡司（Zeiss）的望远镜；几根香烟即可换一副眼镜，因此当时我也换了一架望远镜和一个遮阳眼镜。

有一次我独自一人叫车外出观光，上车后，见司机非常年轻，很有精神，遂送他一包香烟，他喜出望外，难掩兴奋之情。告诉我他在战时原为德国的海军上尉军官，因战败，暂充盟军的司机，带点探听军情的意味，但盟军并不知情。另一次单独出去，司机则是战时的海道测量员（本车可能是舰长的专用车），因我不抽烟，配给的香烟对我而言，并没有用处，而且也不好意思多换东西，故也给这个司机一包香烟。他告诉我一件有关盟军不知道的事情，并给我一张图，但因与我国无关，我未加理会，不久也毁掉了图，以免被盟军怀疑，徒增困扰。某次我在俱乐部附近看到一个德国女孩打一个美国水兵一耳光，并欲拖他去见美军的宪兵，水兵不敢还手，而且心生胆怯，拉扯一阵之后，事情也就不了了之。我猜想可能是因水兵调戏该名女孩所引起。

这一个多星期与德人的接触，深深感受到他们强悍的民族性；对于德国人民的团结、能吃苦耐劳，亦有非常深刻的体会，尤其是他们的爱国精神更令人钦敬。每次单独与他们谈话时，他们都一致认为自己的国家还会再强大起来。

德国战败不服输的民族性，使人相信他们确实有这个能力，可以再度强盛；世界上给我这种感觉的国家，除了德国之外，另一个是东方的日本，他们的民族性亦是团结能吃苦。日本于韩战时期，再度积极发展重工业，急起直追之后，经济亦呈现高度发展。所以这两个民族，在当时虽然战败了，让我感觉到他们日后一定会强起来，果不出所料，都强起来了。

驻足汉堡期间，我曾拨空由一位少尉军官陪同，到郊区的练马场骑马。这个练马场的马皆是跑马场上退下来的，马体壮硕，需要马师协助才能上去。我在马尾海校时即有过练骑的经验，马匹亦是跑马场上退下的马，然而马性不驯，我曾被摔下来过，此次在德国骑的马却非常驯良，因此得偿当年骑马之梦。

在汉堡停留一个多星期后，我们沿基尔运河开航到基尔港（Kiel）。基尔运河河面窄狭，仅容两船相对驶过，整段运河只需几个小时就通过了，并不长。因运河系由沿岸各乡镇城市所开浚，故两岸风景极为优美，草地上不时可见双双对对的男女做日光浴。运河上有很多的高架桥梁，形式色彩统一，整个景色十分美观。甫抵基尔，随即参观德国潜艇基地，该基地已于战时被盟军炸得粉碎，建筑物断垣残壁，多不相连。我们在基尔停留几天，即沿运河回航，经 Cuxhaven 直接驶回英国柴塘。

这次巡洋实习，所得经验与见闻异常丰富，我非常感谢舰长、副长以及舰上所有官兵对我的指导与友谊。临别前舰长并亲笔写了我在舰上服勤与学习成果的评语（英国海军部规定必须由舰长亲笔书写），一份交英国海军部，一份交我收存。

（四）赴法观光

一九四七年九月十七日，我在柯德瑞舰的实习期满后，约有两个星期的假期，当时久慕法国巴黎为世界有名的艺术之都，故我带了六十余英镑，从英国多佛港搭乘渡轮，渡海到法国的Calais，两岸相距仅二十几英里之遥。上岸后改坐火车直达巴黎。当时中国还是四强（中美英苏）之一，在巴黎街头，有些餐馆和街道上都交叉挂着四强的国旗，因此对我这个中华民国的军官颇为欢迎，到处都能获得尊敬与协助。战后的法国各业萧条，故民间生活简朴，物价低廉，我在巴黎住了七八天，包括住宿、上一次夜总会，以及到处观光，只花了五十多英镑，可以说是再经济也没有了。

接舰训练

邓兆祥上校和郑天杰少校（原是中校，因英国驱逐舰舰长都是少校，故暂降一级）是在一九四六年十一月九日奉派来英接重庆号和灵甫舰，同行还有六百多名水兵，自上海搭澳洲皇后轮来英。他们到达利物浦后，即改搭火车赴伦敦，然后分成两批，一批赴柴塘的R. N. Barracks军营报到，另一批则到朴资茅斯港的H. M. S. *Renown*舰受先期训练。H. M. S. *Renown*是一艘停役已久的老战斗舰，舰上空间宽敞，无论住宿或训练都很理想，是当时各国接舰训练的基地。因此两舰官兵除了出海实习，就以此两地为根据地，出海训练完毕，即回基地休息整备。也可以说，这两个地方有点像两舰接舰官兵的大本营。

当时重庆、灵甫两舰仍泊于柴塘和朴资茅斯进行维修。两舰官兵在英国海军部的安排下，由邓舰长和郑舰长率领，也分批分段到英国其他同型巡洋舰和驱逐舰上作巡洋训练，务使每个官兵都能熟练执行他们将派任的

民国卅七年三月灵甫军舰成军时，英国鲍罗（Burrough）上将（在双联装炮左方）莅灵甫舰向全体士官兵讲话，当时部分英国士官尚在舰上。

职务，可见英国海军做事之认真。

我于巴黎休假一个多星期，即回朴资茅斯报到。当时灵甫舰之前身 H. M. S. *Mendip* 已维修完竣，我即奉命上该舰报到。上舰后，舰长及副长都热烈欢迎我。一看副长，原来就是柯德瑞舰的副长麦可上尉，英海军因我俩合作关系良好，为期移交、接收顺利，特别将他暂时调到 *Mendip* 来，我深感荣幸。

当时舰上的情况是一半英国官兵，一半中国官兵，渐渐地，中国官兵熟练本身部门的机件与任务后，英国官兵即离开。这种移交方式可说是最为完善的。等中国主要的官兵都到齐后，这艘舰可说已经等于是中国舰了，但各部门的英国老士官仍留在舰上指导至交舰更名为止；老士官的经验技术，特别在教导新兵方面，擅有专长，可谓为海军之宝，就是舰副长都要尊敬他们三分。

一九四八年三月七日，郑舰长率其余官兵自柴塘上舰会合，*Mendip* 变成双套舰副长和十几位英国老士官，加上全套的中国官士兵的情况。此舰虽未正式交予中国，但已俨然成为中国舰，一切指挥、航行、操作都由中国舰副长负责，英国舰副长则从旁督导。郑舰长集合全舰官兵训话后，舰即驶离朴资茅斯港，与 H. M. S. *Aurora*（重庆舰）会合，在英国南部英吉利海峡及大西洋操演。航行途中，两舰经常作挂旗、手旗、灯号及平射炮、高射炮的实弹射击等演练。实弹射击那天，两舰做技术性的竞赛，英国本土海军舰队司令佛莱塞上将（Admiral Lord Bruce Fraser，其职衔为 Commander in Chief at Portsmouth）曾在重庆舰指挥塔内观看。当时我们三个受枪炮专科训练的同学，两位在重庆舰上，分任枪炮官和枪炮副，我一人在灵甫号上任副长兼枪炮官。重庆舰上有八门四吋炮，另有六门六吋炮。灵甫舰有四门四吋双连装的平高射炮。在射击开始时灵甫发射的头一弹群即 on line（对准），经过一次修正即中靶，重庆舰则在第三、四弹群才命中标靶。佛莱塞上将极为高兴，由重庆舰打旗号过来道贺。

民国卅七年三月灵甫舰成军时，池孟彬（前）兼任该舰仪队队长，率领中国仪队士兵担任迎接、欢送任务。

航行操演结束，回到朴资茅斯港，还有一次划舢舨比赛，此种比赛在英国海军中极为盛行，也甚为重视，英方当局给我们一个星期的时间练习。当时重庆舰有五艘舢舨，灵甫舰只有一艘，每艘连把舵共十一人。比赛首重精神的团结一致和操作的统一，把舵者掌指挥之责，舵要把得稳，船才会驶直，是最重要的领航者。而划手的重要性亦不可轻忽，要能够划得一致，桨在水中能够划得长（也就是划手坐在船上，划桨所可能拉长的最大距离），这样船才走得快。重庆舰认为他们有五艘舢舨，稳操胜券。据我们的情报，他们打算于比赛时，在起点牺牲两艘舢舨，将船头向内侧倾斜，以夹制我们的舢舨，这样他们另外三艘舢舨就可以从容得到前三名了。更气人的是，他们甚至还到伦敦办事处，说舢舨比赛重庆号一定会赢，请办事处将优胜奖杯先刻上“重庆号优胜纪念”等字样。我们听到这个消息很不服气，我好胜心又强，与士兵选手们决心要赢这一仗。我选出舵手（下士刘文光，后来经军官班受训，晋升至少将）及十个划手后，特请一位在舰上精于帆缆的英国老士官，于每天清晨指导他们正确的划船秘诀，我也在场督导。至于破解他们的夹阻阴谋，老士官教我们一个方法，即是在听到枪声起步时，以快而有力的短划六七下，就能迅速脱颖而出，然后再回复长划、平稳的节奏。士兵们勤快地练了一个星期，起点的秘诀也练习得非常纯熟了，就等待比赛的来临。由于重庆和灵甫两舰相隔约一海里，因此他们并没有发现我们的秘密。

比赛当天，不但我们两舰全部动员，就连英国本土舰队司令部，因为认为这是一场很具意义的比赛，也在一大早就动员了两艘汽艇和裁判人员，在重庆和灵甫两舰间拉起绳索，分别设定起点线和终点线，而舰队司令也上舰观赛。两舰六艘同型的舢舨在起点排成一列，我们抽到中间第三位，正好符合重庆舰的期望。然而代表灵甫舰划舢舨的水兵们，士气高昂、沉着机警，当枪声响起，他们用短划的战术成功，快速向前冲出去，而第二、四两艘舢舨照原计划图谋夹阻我们的三号舢舨，撞成一堆，失去了比赛的机会。灵甫舢舨脱离重庆舢舨的诡阵后，一路以两三个舢舨船身之距离领先；而在灵甫舰上的水兵，目睹我队舢舨之奋力向前，均于舰上欢呼加油，

结束在英国各项训练后，于相馆中摄此照留念。

当舢舨冲达终点时，大家不禁高兴地将军帽抛向空中，以示庆贺。舰上的英国舰副长及士官们也都向我们同声祝贺，我特别向指导的老士官致谢。舢舨代表队于重庆舰上领取优胜锦标时，果然奖杯上已预刻了重庆号获胜的字句，故在受奖时提出口头抗议，伦敦办事处人员自感理亏，答应重新改制。

此时佛莱塞上将事先以旗号通知我们，欲上灵甫舰向我们道贺，当其乘坐六人划的小舢舨来到本舰时，我是仪队长，迅速以军礼相迎。他上舰后非常高兴，除了和舢舨划手一一握手致贺外，并告知我们，本舰不但在舢舨比赛成绩突出，在打靶及其他各项训练亦表现优异，希望我们继续努力。从这次事件看来，可见英国海军当局对我们接收这两艘军舰的重视。

我在英国受训整整三年半的时间，有件事曾令我感到无比的荣耀与骄傲，但后来却转成伤感与无限遗憾。此即大战结束，中国登上四强之列，我在英国或法国街头游逛，随处可见中、美、英、苏四强的国旗飘扬，但等到国内日军投降撤军，共军又和国军对峙打了起来；当时法国在戴高乐克复巴黎后，恢复了法国声誉，所谓的四强国旗也就改换成英、美、法、苏，国际政治之现实若此！亲睹此种转变，不但我们感到痛苦与愤怒，侨胞们更是无比伤心。可见国家的强盛与团结是多么的重要！

驶舰回国

一九四八年五月十九日，英政府于朴资茅斯举行重庆、灵甫两舰的交接典礼。我方代表是驻英国大使郑天锡博士，英方代表是佛莱塞海军上将。典礼简单隆重，当两舰降下英国旗，升上中国旗时，这两艘军舰即属于中华民国，正式更名为重庆号和灵甫号，所有官兵都有严肃的使命感，并深体今后责任的重大。

接舰后，英方舰副长及老士官都依依不舍地离去。我们则忙于整备远航事宜。一周后，重庆、灵甫两舰结伴起航返国，出港时，英国本土舰队在港各舰艇，均列队在港口欢送。

五月廿六日，两舰离开英国朴资茅斯港，经大西洋直驶直布罗陀。直布罗陀系位于西班牙极南端的一小块英国属地，与西班牙国境有一石山相隔，中有公路相通，距西班牙南部的避暑胜地马拉加（Malaga）不到一百英里。停泊期间，英国海军特以交通车载我们到西班牙境内观光，使我们有机会得以亲自领略西班牙的斗牛竞技。

六月七日，两舰离直布罗陀，经地中海东航至马耳他，约四天航程。马耳他是位于地中海中间的小岛，位置深具战略价值，也是英国海军在地中海的一个重要海军基地。我们到达后，受到英海军的接待，当地海军司令亦举行盛大酒会欢迎我们。

六月十六日，我们驶离马尔他东航至埃及的塞得港（Port Said），该港在苏伊士运河口，地势亦极重要，我们到达后，深受埃及人民之欢迎。当地英国海军并设宴招待及安排参观金字塔等旅游节目，但因当时埃及反英

民国卅五年十一月灵甫（H. M. S. *Mendip*）军舰锚泊时之全貌

气氛浓厚，我们仅作短暂逗留即离去。

六月二十日，两舰驶离塞得港，进入苏伊上运河。运河长约八十浬（九十二哩），宽一九七呎，深三十六呎，1859 年兴工，1869 年 11 月 17 日举行开放典礼。我们南行至苏伊士湾（Suez Bay）即进入红海（Red Sea），向南偏东行，穿过红海南端进入亚丁湾，靠泊在南叶门（South Yemen）的亚丁港（Aden）。

六月二十一日，灵甫欲至印度孟买加油，仅在亚丁港停留一晚，第二天就与重庆舰分别航行。我们从亚丁到孟买，必须向东通过阿拉伯海（Arabian Sea），甫入此段海域，即遭遇大风暴的袭击，灵甫舰顶了两天两夜的飓风，于七月三日才到达孟买。在孟买受到印度海军、我国驻印领事、武官及旅印华侨们的热烈欢迎与宴请。

七月十二日，灵甫舰驶抵锡兰（现在的斯里兰卡）的科伦坡（Colombo）与重庆舰会合。同月十九日，两舰再次结伴同航，东行经马六甲（Malacca）海峡，抵达新加坡。抵新后，深受当地政府及我驻新领事与侨胞们的热情

款待。尤其侨胞们天天前来迎接官兵上岸游览与餐会，两舰也开放参观，当地各报刊争先刊载两舰与侨胞们的各种活动的消息。

七月廿八日，两舰由新加坡驶抵香港。抵港前，舰上即风闻香港环境相当复杂，两舰抵港后，将有大批士兵逃亡。由于士兵管理是副长的责任，因此沿途我对士官兵极为注意，尽量找机会以亲切的态度与他们接触、交谈，以了解其家庭状况与个人思想。我发觉本舰士兵皆很单纯，仅其中两名士兵可能有问题，但并不是绝对的，乃派两名可靠的士兵分别与他们接近，上岸也同行疏导，结果并没有出问题。两舰到港后，本舰无一人离舰逃亡，重庆舰则有二十余人未归。不过重庆舰较灵甫大得多，且士兵人数二三倍于灵甫舰，较为复杂，而各部门各有其主管，副长仅居统合协调之责。

八月十二日，两舰驶抵上海，第二天即沿长江上驶南京，于十四日下午抵达南京下关，锚泊于江中。海军桂永清总司令立即莅舰巡视，先到重庆舰，再到灵甫舰。我们以仪队迎接，我为副长兼仪队长，持指挥刀引导他巡视全舰各部位，每到一处即高喊立正口令，声音洪亮，全舰各部位也都整齐清洁。桂总司令甚为满意，离舰时指着我问郑舰长："他是什么人？"郑舰长答称："他就是池副长。"桂总司令点点头，自言自语地说："怎么这么年轻？"并对郑舰长说："你怎么找个小孩子来当副长？"随即离舰而去。

我接副长时已升少校，然因在英国买不到中国海军少校肩章，所以仍佩戴上尉肩章。第二天桂总司令到海军总部后，即下手谕升我为海军中校待命派职。第三天船靠好码头，我上岸到海军总部拜访同学旧识，才知道桂老总上重庆舰时，对该舰在香港逃跑二十余名士兵很不满意，并指责该舰副长一番。另外得知灵甫舰返国途中，青岛海军官校曾请调我到该校任通信主任教官，同时左营海军士校也申请调我担任该校教育处处长兼枪炮训练班主任，后经核定，派我到台湾左营士校任职。接我副长一职者，正是原任士校教育处长的老同学何树铎，我们两人等于交换职务。

就在灵甫舰到达南京的同一天，内子连怡生也自福州搭商轮抵达上海，正好错过与我相见的机会。回想我们新婚数月，我即离家远赴英国留学，接舰归来已是五年多的时间，实在急于相见。我虽然已奉令待命派职，但新副长未到职前，我仍不能离职。后经我在上海的堂兄池敬炳，为内子买一张到南京的火车票，我到火车站接她，五年来的初次见面，倍感亲切。

我在英国多年，养成公私分明的习惯，在上海或南京，若身着军服，举止丝毫不苟，虽然与妻分离五年之久，然初见时，亦不敢对内子表现拥抱等亲密动作。最有意思的是，我们同赴堂哥家时，我亦不与内子同坐一辆三轮车，许多人觉得我很奇怪，内子心中亦颇感纳闷与不解，然其个性温和，当时也不介意。

我们自英接舰回国的官兵，尽管夏天制服是短袖、短裤，但走起路来，总是精神抖擞，非常醒目。因为士兵都是响应知识青年从军的年轻人，复经英国的步操训练，当然个个都是挺拔昂扬的模样，所以很受沪宁两地居民的瞩目。

与妻会见后，我们在南京暂宿旅馆，然臭虫太多，换了几间旅馆后，借住同学空余的房屋。后因内子不习惯，堂兄劝内子搬到上海其宅暂住，等到我派任的公示正式发表，新副长来接事后，我再赴上海堂兄家小住，等候商轮赴台湾就任新职。

五、初抵台湾

任职海军士兵学校

在战时我国军眷属或因战况紧急，或因抗战胜利由重庆还都东迁，一时民间无交通工具，大家都搭乘军方便车、便舰往来，事属不得已，久之亦习以为常，上级也默许这种情形。但我甫自英归国，对女眷搭军舰一事颇不以为然，原本亦可循例携眷搭便舰赴台湾士校报到，但总觉得眷属搭军舰不太对劲。更何况我与妻分别数年没有相聚，坐商船较为方便，可以自由自在地过几天轻松的生活。所以我们自掏腰包，买票坐招商局的中兴轮（客轮），由上海到台湾。商船速度较慢，我们坐了两天才到台湾。中兴轮船长知道我的经历，沿途对我们很客气，有时也邀我们到驾驶台上观看海景。

来台前我对台湾完全没有印象，我在马尾海军官校就学时，高一班的王兆训是台湾人，偶尔也说些台湾的事情，但所谈不多。我自英归国，一切都在混乱当中，确定奉派来台，也没人告诉我台湾的情况，故此次纯本服从为军人天职之念，认为到哪里都无所谓而欣然就道。

三十七年九月底的黄昏，我们到达基隆港，正巧天空下着滂沱大雨，我们在上海即听说基隆是个雨港，果真名不虚传。幸好我们行李不多，同时士校派一位军官来接我们，我们马不停蹄，立即搭火车直奔左营。

抵达左营，校方派车接我们到分配的宿舍——明德新村 52 号——休息。这栋宿舍原属前任处长何树铎中校，他调接灵甫副长，家眷仍留左营，并未另配房舍，幸好我们是同学，两家人口也少（当时何只有一个男孩），故两户暂时合住。在此期间，国内由于战乱发生，部分人员转进来台，有些同学旧友因为临时找不到居处，我们都暂时收容，待找到住处后再迁出。故这段时期，我们家可说是热闹非常，来来往往的人确实不少。因人多，伙食开销大，我的薪水不够支应，妻还曾为此拿只金镯典当。到情况稍为安定后，许多高级长官亦陆续来台，我们乃以明德新村的宿舍向军方换两户较小的房子，何家搬往内惟，我们则迁往合群新村，这样两家才算定居下来。

在左营定居一个时期之后，对于市街的整洁及道路品质的良好，印象深刻。尤其后来因职务所需，到屏东、台南等地洽公，感觉公路和产业道路的状况都非常好，那时我们还说，若大陆也有这样的路就好了。抗战期间，我们在山中打游击，有时根本没有路；而到重庆的路也非柏油路，都是黄土底的石头路，靠近战区更是破坏无遗。所以初到台湾，认为台湾的道路很有规划。

同年九月一日，我正式接任海军士兵学校第一处（教育处）处长的职务。首任校长俞柏生上校，为我在英国受训时的驻英武官处的语言军官，曾在英国皇家海院受过短期参谋班的训练，彼此熟识。回国后再度会面，且在其麾下共事，倍感亲切。

教育处主管教育行政、课程编排与教材策划等工作。其他舰上所需的信号、手旗、船艺、油漆、救火、堵漏技艺等课程，除有各专科教官或资深士官教导外，另有训练处负责督导。至于新兵们的生活纪律以及陆操等，则有士兵大队的队职官们负责训练教导。原先本校有三个大队（一个士官大队，两个士兵大队），民国卅六年士校正式在台成立后，便在三个大队之上成立一个总队部。所以士兵学校也兼训士官。当时士兵为在台新招的兵员，多为国小毕业程度，因为学校待遇不错，学员们穿起制服也蛮神气的，故许多台湾青年都乐于考入海军士校；而原先舰上的士兵，我们认为仍有待加强者，亦派到士校重新受训。士官则为招考而来，或是舰上年纪较长的士兵升士官者。

以往大陆也有许多士兵学校，马尾则称练兵营，一度迁至上海；东北则有练兵大队。士校的兵源系应实际需求而就地招考，初到台湾时，大陆士兵来的不少，但福州籍士兵反而不如山东籍多，不过大家都很团结，并不分彼此。而来台练兵人才济济，故整体说来，士校教育办得相当成功。

回想自海校毕业后的十一年间，几乎所有时间都在舰艇、布雷队与留英受训中度过，对于岸上的行政工作，系属初次。然初膺新职，即担任士兵教育机构相当重要的部门主管，故接手的同时，我就下定决心，一定要把它做好，同时要做得活泼有生气。因此我一有时间就向操场与课堂上跑，观察士兵操作与教官讲授的情况，以作聘任教官及课程策划等的参考。

三十八年八月一日，新任士兵学校校长宋长志上校到职，俞校长转任他调，我仍任教育处长职务。宋校长与我为同时赴英留学的同学，同在一起受完尉官班训练，后来他先奉召回国任职，未受专科班训练。此番相聚共事，承其处处照顾与指导，工作颇为愉快顺利。

在士校期间，曾碰过一次小的龙卷风。那时我与宋校长在操场看士兵操演，突然间有人大叫："龙卷风来了！龙卷风来了！"老远即看见龙卷风正疾袭而来。宋校长拍拍我的肩膀，要我一同到防空洞躲一躲。果不其然，龙卷风在防空洞上方呼啸而过。幸好没刮卷屋舍，否则损害不小。

奉调海军总部

一九五二年三月一日，奉派调往海军总司令部（当时还在左营）第五署第二处中校处长，结束在士校三年六个月的教育生涯。然新调海军总部的任务，职掌海军全军教育训练业务之策划，并受命兼任海军术科训练班枪炮科的主任教官，负责调训海军舰艇枪炮官（员）或将派任枪炮宫（员）的海军中少尉军官。这个任务对我来说，是非常适切的，我正好可将在英所学发挥在训练班中。同时我在士校时，曾凭在英国受训时的记忆，研制

一九五二年元旦，当选为“国军”第二届克难英雄，并担任海军领队，受“总统”蒋公授勋。

了两件对实弹射击有关的仪器，可以作为教材的一部分。其中一件是实弹射击打靶前，训练枪炮官修正弹着点（群）的仪器；另一件是实弹射击打靶时，放在拖靶船船尾测量弹着点与靶标距离的仪器。这两个仪器是利用数理三角的概念，制作起来很简单，但却非常实用。海军将我的成果呈报“国防部”，使我荣获一九五一年第二届“国军”克难英雄的荣誉。因我是此次海军受奖人员的领队，蒙蒋“总统”亲颁奖章，感到无比的殊荣。

一九五二年六月九日，第一期海军枪炮军官训练班正式开训，班址在士兵学校。士兵学校的炮场，系当年我在士校服务时，申请将报废舰上的五吋、三吋炮与机关炮等拆下，装在操场旁的空地，以作训练士兵之用时所开辟的。此次开训枪炮军官训练班，正好派上用场。这个时期，总部配给我一部汽车，我遂在总部和士校间两边跑。

第一期成员大部是官校三八、三九、四○年班的同学，训练时间八周。为提振学员们的精神士气，我特请校部为每人订制一付白帆布的短绑腿，我自己则绑上我在灵甫舰当枪炮官和仪队长时的皮绑腿，大家看起来都很有精神。

八星期的训练时间非常紧凑，几乎所有的堂课和炮操都由我负责。上炮操时，由我先充任炮长叫口令，学员轮流担任射手、旋转手、俯仰手、装弹手、搬运手等。我要求他们口令要洪亮雄壮，动作则要敏捷确实。一九五二年七月间，桂总司令陪同一位德国将军到士校参观，当时我正好在炮场训练炮操，桂将军遂当场要我们操演一次。我选一位指挥、口令均佳的学员欧阳位少尉（以后曾任海军官校校长、舰队司令、海军副总司令、阳明公司董事长，为优秀的海军人才）担任炮长出队指挥。操毕长官都甚为满意地离去，我们也收操下课。我回到校本部休息，正好桂上将由宋校长陪同也来到校部，他走向我，特别拍拍我的肩膀说："炮操操得很好，德国将军告诉我，我们的炮操操得比他们德国的炮操还有精神、还要严格。"平时桂老总并不轻易赞赏人，此次难得受到他的肯定。

枪炮训练班的第二个任务，就是编写新的舰炮操典。因为抗战胜利后，我国海军自英、美、日各国接收了各型舰艇很多，舰炮种类口径不一，有五吋（日本舰、美舰）、四吋（仅灵甫舰有）、三吋（美舰）及四十公分、二十公分的机关炮等，战前的舰炮操典已不适用，必须重新编写，因此这个任务也就落在我的身上。我一边讲授炮操，一边研编新的舰炮操典。编写操典时，我依照英国炮操的流程，并参照学员的习惯，同时又邀请留美接八舰返国的枪炮官沈铎上尉共同研编，这样才不致过于偏重英国或美国的方式。所以我在完成枪炮班训练的同时，也完成了海军新舰炮操典的任务。那时许多担任过枪炮官的学员，也翻译美国的舰炮操典，由我替他们审核，显示当时大家正集中力量，为新的枪炮训练贡献一份心力。

革命实践研究院受训

（一）石牌联战班

在海军总部五署二处任职的时间并未太久，旋于一九五三年元月一日奉调，占“总统府”侍从参谋缺，至革命实践研究院党政军干部联合作战研究班石牌联战班第一期受训。此次受训系由“总统”蒋公亲自从革命实践研究院军官训练团高级班各期中选调，陆军三十人，海军三人，空军三人，共三十六人受训，阶级从中校到少将都有。海军三人是宋长志代将、许承功和我两位中校。训练时间一年，是我在台历年来受训时间最长者。

本班训练的主要目的，旨在培养三军联合作战之战略思想与战术原则，以及军人对精神、品德与哲学修养之重要性。在生活方面，三军同学相聚一堂，相互切磋砥砺，彼此了解其他军种的特性与状况，将来在高层部会共事，当更能增进情感，合作无间，而事后证明确是如此。

本班教官均为日籍教官。尽管日本在二次大战中战败了，但在“总统”心目中，认为日本并没有败，其战略、战术仍是一等的，很可以当做我们的借镜。当时海军方面的教官约有七八个人，陆军教官十余人。以白鸿亮（陆）、帅本源（海）两人最为有名。他们之愿意来，完全是看“总统”蒋公的面子。课程着重在战略、战术与战史方面。教官在课堂上介绍欧西历次作战及中日战争、二次大战的重要战役，于讲述战史的过程中，检讨胜败的关键。我们在课堂中，可说毫无忌讳，例如对中日战争期间，我方在长江布雷作战对日舰造成的困扰等问题，均提出来与其互相讨论，彼此坦诚以对。由于当时政府并不愿意外界知道我们的上课情形，同时也限制日本教官的活动，他们都住在北投，正因如此，有人不明就里，遂批评我们是“地下大学”。

训练期间，“总统”每周必有一天上午到班上和同学一起听外籍教官讲授战略、战术与战史课程。中午轮流由四位同学陪他老人家进午餐，他则利用此机会询问我们受训的心得，以及对外籍教官所授课程的意见。对于陪“总统”午餐并答询，或许有人会感到不自在，但我觉得“总统”在威严之中，流露出慈祥的风度，和他共餐好几次，我并不畏惧。当时在旁者尚有侍卫官，并有一位秘书在旁做记录。“总统”日理万机，在百忙中还抽出时间亲临关注我们的训练，使我们既感动又钦敬。

获选受训之前，可以说是我最沉闷的时候。因我回国后晋升中校，派任士官学校教育处长三年六个月，接着又在总部任教育工作。当时我很想上船，因我认为：当海军却没当过舰长，就像当空军没开过飞机一样，是一件很遗憾的事。我少校时即担任灵甫舰副长，目前是中校，依资历，可以当二级舰舰长，当过二级舰舰长后，才能升一级舰舰长。现在若总部因我教育办得好，一直留我在部内，然后升上校，那我就没机会上船了。联战班开训，我在受训中晋升了上校，曾向总司令报告，要求不升上校，先到二级舰当舰长；同时我也考取了韩战连络官，但也没让我赴任。总司令告诉我，他打算在我受训完后，派我到日本当武官。我深以为此生已无缘上舰，岂料日后事情却有了转机。

（二）草山联战班

一年的时间很快就过去，我们的训练也告一段落，正好此时，第一期党政军干部联合作战班也适时开训，我们这三十六人又奉命继续参加为期一个月的训练。因此我们在这一个月期间，又多认识不少政府各部会的受训同学，他们对于政经、党务无所不谈，故得聆听他们的谠论。

一九五四年元月十八日，我们在草山举行毕业典礼。元月十六日下午四时半，“总统”特别先在草山个别召见我们军方同学三十六人。个别召见时，“总统”先问我的受训心得、家世与经历，并问我回国后曾否上过舰。我答以回国后一直在岸上服务，若有机会，希望能够回到舰队工作。当时我不敢直接请求担任舰长职务，因为我调训以后晋升上校，上校舰长是一级舰长，但我自接灵甫舰回国，即不曾上舰，本以为今后已无缘上舰了，深引为憾。岂料“总统”于召见后，即交代将已批定之太康舰长案抽回，将原批某上校舰长的姓名勾掉，另批“池孟彬可也”五字，因此我盼望已久的上舰服勤，终于实现了。我的一些朋友认为以我的资历，早该上船了，不仅可当二级舰舰长，也可以担任一级舰舰长。也许“总统”也听过这样的说法。总之，对这次受命出长太康舰，我是心存感激，如果错过了这次机会，也许我在海军中的服务，真的仅限于岸上，且无机会更上一层楼了。

六、接任太康舰舰长

名舰太康

太康舰为赫赫有名的军舰，于民国三十四年八月二十八日成军于美国迈亚米（Miami），当时由梁序昭上校担任首任舰长，所有官兵均由国内选派（配备兵员一百七十名），受训后共接收八艘军舰（包括太康、太平及六艘永字舰）回国，即通常所称的八舰。太康返抵国门后，即担负起捍卫国土、巩固海疆的任务，先后历经各种战役，并奉命截获俄国油轮一艘。历任舰长中，曾出过三位总司令，此即第一任梁序昭上将，第三任马纪壮上将，及第四任黎玉玺上将。在黎舰长任内，“总统”蒋公曾乘舰亲往东南沿海前线巡视，指示戎机，策划中兴大业。我任舰长是第八任，由于系总统亲自批令，我深感荣幸，决心恪尽职责，不辱所望。

二月一日，前任舰长刘宜敏上校陪我上舰交接，并介绍舰上主要官员。后经副长胡楚衡中校告知，舰上有部分士兵很难管教，希望能够把他们调离。但我认为越调皮的士兵，往往特别聪明，作战时也愈勇敢。故我得便即与他们接触，以了解他们的个性与专长。后来发现这些调皮的士兵各有所长，我乃就其特性与长处，组织康乐队以娱乐全舰官兵。有时影歌星慰劳队上舰演唱，他们也配合演奏。同时我要他们收听业余无线电讯，发刊《太康简讯》，以备赴大陈看不到报纸时，作为官兵的精神食粮。其中有一名士兵拥有很好的车工技术，曾利用炮弹壳做成烟灰缸，手艺精良。其次就是积极训练舰炮官兵，使他们了解射击要领与战斗精神，正好这几名调皮士兵大半都在枪炮队，事后证明，在大陈作战时，他们都非常勇敢，连原先对他们深感头痛的副长，都很感满意。

防卫大陈

太康出海演练数次，即奉令开赴大陈向海军特种任务舰队司令刘广凯少将报到，担任保卫大陈之任务。时大陈防卫司令官为刘廉一陆军中将。大陈群岛距基隆约二百浬，其防区内计有上、下大陈，渔山、披山、一江山，及南麂等五个据点，各为独立之防守区，有陆军一个正规师及游击队，共约三个师的兵力，分别驻守各岛。海军特种任务舰队为任务编驻，依情况由五至八艘军舰组成。空军在大陈地区因无基地，依状况需要，由台湾派机支援，但因距离太远，作战半径不够，仅能在空中巡航极短时间即需飞返基地，等于无用武之地。当面之敌人以海门镇和三门湾为其海军基地，且舰艇很多，其中还有五吋炮之驱逐舰、潜水舰与鱼雷快艇等。附近有飞机场三处，距离大陈各岛都很近，随时可予我海军威胁。其中尤以积谷山上之大炮，射程甚远，其涵盖之海面多为我舰艇活动区域，因此我方舰艇活动多在夜晚或拂晓时进入其射程之内搜索。

太康到达大陈后，即担任刘广凯司令之旗舰。刘司令为我留英之同学兼领队，较我高班又资深，完成留英海军尉官班训练后，即奉召回国担任要职。因彼此的战术与理念相同，此次能在他麾下担任旗舰，相处颇轻松愉快。

在大陈驻防的太字号经常有三艘，编为一个战队，这一时期正好轮到太康、太平与太和三艘。通常每艘驻防一个月后就轮流回台湾整补，并替小型舰艇随带副食等，因此太字号经常有两艘驻防大陈。驻防大陈的太字号，每夜都要在防守区域巡弋，有时刘司令率舰队深入三门湾与海门湾作威力搜索，希能索敌求战。然五月之前并无所收获。每次巡弋我几乎整夜都在驾驶台上，带同值更官值更，以备应付突发之紧急状况。记得有一次夜晚风平浪静，忽然一位瞭望哨报告：“左前方五百公尺处有鱼雷航迹正向本舰航进。”我急忙向左前方望去，正准备避开时，发现航迹有好几条，暗忖：对付一艘小驱逐舰不可能有这么多的潜艇同时发射鱼雷，再仔细望去，才知原来是鲨鱼抢船头浪花的亮光，一近船头即行散去，一场虚惊增加我们判断的经验。此后又有数次疑似鱼雷航迹的鲨鱼接近，当只有一条接近时，其速度真有如鱼雷一般，故只要是碰到单独的疑似航迹，我采取宁可躲避的策略，以免误触真鱼雷。另有一次白天巡弋时，本舰声呐侦听得疑是潜艇的声音，经过再次证实后，即在其上方及附近丢了三个深水炸弹，后来据报附近发现少许油渍，但未能获得确实证据，也就未当成战绩向上呈报。这亦增加我们一次作战的经验，下次侦得类同的声音时，听声呐的士兵即可判断究系鱼群或潜舰。

四月廿八日，本舰在渔山列岛附近巡弋时（距大陈约三十海里），忽然

一九五四年夏大陈岛紧急时，蒋经国先生搭太康舰巡视前方，在驾驶台上与舰长池孟彬合影。

发现菜花屿附近有两艘敌炮舰正向我舰航进，本舰迅即进入战斗部署，并加速争取丁字型有利态势，接近到有效距离七千码时，就集中火力先向第一艘舰射击，然后再转向第二艘，然敌舰也发炮还击，因彼系仓促应战，无一命中本舰。未及数分钟，敌已中弹累累，相率向菜花屿逃避，我舰追至距菜花屿约五千码处，恐误入敌方岸炮射程之内，迫不得已遂率舰回航。此乃本舰巡弋期间与敌初次短兵相接，除增加官兵实战经验外，并鼓舞了官兵的士气与信心。

五月七日清晨约七时许，太康舰在大陈港内锚泊，值更官报告："大陈东边港口有一艘大型运输舰（峨嵋）锚泊，并有两艘太字号舰随护（太湖、太仓）。"判系高级长官莅临视察，当时即由司令部作战参谋叶昌桐上尉报告刘司令，刘司令即坐本舰小艇前往峨嵋舰探视，方知是"总统"蒋公莅临大陈巡视，随即登舰恭迎。不久，大陈防卫部刘司令官也登舰晋谒"总统"，并陪侍"总统"乘艇上岸，先到上大陈防卫司令部听取两位刘司令的作战简报。下午"总统"至下大陈巡视后，即返峨嵋座舰，随即起锚开往南麂岛。驻防大陈之太康、太和两舰也奉命开航护卫峨嵋舰。次晨船团抵达南麂后，两位刘司令陪侍"总统"巡视南麂守备区。该区司令为王生明少将（按：此时仅为上校），后在一江山战役殉职。"总统"视察约两个小时后即回峨嵋舰。午后两位刘司令及随员均回太康舰，恭送峨嵋舰驶返基隆，太康舰则返回大陈。

回大陈后，刘广凯司令特地找我到官厅告知这两天陪侍"总统"的经过。据告"总统"和他个别谈话两次，对他甚为嘉勉，故心情颇为愉快。他并说，当他第一天陪侍"总统"时，"总统"就问他："池孟彬怎么样？"他回答说："池孟彬非常优秀，是个很好的舰长。"第二天与"总统"午餐时，"总统"又问："池孟彬到底如何？"他突然了解"总统"关心的用意，即答称："池孟彬是一级舰舰长当中最优秀的一位。""总统"点头微笑，刘司令也知道我是"总统"亲批的舰长，若我的表现不好，他老人家一定感到失望。因此我听了之后，更要发奋图强。

大陈外围鲰门头门海战

“总统”巡视大陈一个多星期以后，大陈当面局势日形紧张，敌舟山群岛多数舰艇，纷纷南下集结于海门湾、三门湾与大陈以北海面。据报敌装备有四门俄制五吋二炮之DD型舰（驱逐舰）约四艘，装有三吋炮三门的FS型舰数艘，另有炮艇等共约十余艘。当时我方兵力只有太康、太和、永顺、永定、嘉陵及雅龙等六艘，战力悬殊。但刘司令于“总统”指示机宜后，决心保持舰队机动，捕捉战机，争取局部优势，并利用夜战与近战，出其不意，攻其不备，以冒险犯难之精神，断然主动攻击，期能减弱敌人实力，并打击其士气。刘司令与我协商后，即召集各舰舰长于太康旗舰，举行作战会议，宣示他的作战概念与决心，期能沟通思想，集中意志与力量，与敌决一死战。

五月十五日夜，据报头门、鲰门两真空岛屿有状况，太康舰奉命率太和、嘉陵两舰组成打击战队，各舰出港后，各距离一千码，成单纵队航向正西，以时速十节向头门海面作威力搜索，各舰都是一级备战状态，全闭灯火，队形以雷达管制。此时各舰官兵的心情都非常兴奋，预期一场激烈的战斗即将开始。

次日天将黎明时，瞭望报告有运输舰两艘由高岛北方向头门航行，我抬头观望确有LSM型运输舰没入头门北方，接着发现有FS型炮舰两艘由高岛北面向头门行驶。刘司令即下令接敌，并拍我肩膀说：“上去！”我命令舵手右满舵，航向020，与敌两舰取平行航进（如此本舰之舰头舰尾三门炮均可发射）；接着命令枪炮官先集中射击第一艘，命中后再集中射击第二艘。当时敌我相距仅五千多码，集中火力是最有效的作战方式。幸好舵手与枪炮官兵都训练有素，可以主动执行各种变化，我则注意舰只的航行安全。由于我们已经进入岛群之间，附近暗礁甚多，如果触礁，后果不堪设想。我注意航道之时，只听见舰上欢呼之声，说已命中第一艘桅杆，接着又叫道第二艘也命中起火。此时敌之舰炮、岸炮也集中向太康射击，本舰笼罩在弹雨之中，我以“之”字形（zigzag）航行回避。惊险之中，赫然发现正前方约一百公尺处有一块暗礁，我急令“右满舵”避开，向南航行离开弹群。此次作战与避弹避礁均在分秒中之事，若稍一迟疑，就可能触礁、中弹，均将全军覆没。在战时的每一瞬间，每秒都是千钧一发，事后想起，真令人胆颤心惊。所以两军作战时，指挥官的沉着机警是极为重要的。

离开战场后，检视本舰人员之伤亡及舰体各部位损害情形，幸好仅轻伤后炮位士兵五员，舰体左后舷水线靠近士兵舱中了一弹，损害并不严重，实深庆幸。在本舰后方一千余码处跟进之太和舰（舰长雍成学上校），最初

一九五四年夏太康舰于大陈外围作战有功，回左营整补时，海军总司令梁序昭上将特颁授奖章鼓励。

看见本舰被敌方弹雨水柱所掩盖，以为本舰已经沉没，忽见水柱落下后，本舰安然无恙地出现，即以灯号庆贺。事后刘司令命本舰回航大陈整修。是时衡山修理舰派驻大陈，专司修护及供补油水之任务，效率极高。故本舰回抵大陈，在其快速赶工修补及整补弹药之后，当夜又出港担任巡弋任务。

海战当天下午，总司令马纪壮上将即乘飞机携六等宝鼎勋章赴大陈，为我挂上，各有功官兵也各得相关的奖励。

六月三日，太康舰在大陈港已连续驻防四个月之久，并经两次大小战役，舰指部特令太康舰回左营整补，使舰上官兵亦能探视家人。四日下午先抵基隆，受到雨港各界的欢迎与记者的访问。当晚即开航回左营。五日

一九五四年端阳节，太康舰自大陈回左营整补，黎指挥官夫人到码头献花。时妻正在生产。

下午，太康舰进入左营港，即看见黎指挥官（玉玺）夫妇，率左营有关单位及妇女慰问队等在码头迎候。是日正好是端午节，黎夫人亲自向我献花，其他夫人小姐则向有功战士献花致意，全体官兵目睹这种场面，士气大振，同感荣耀。据黎指挥官告知，他原欲请内子亲至码头迎接我，然内子正为三子之生产而挣扎在床，遂请黎夫人代表，盛情至感。我计算三子生产的时间，正好是我将太康舰靠好码头的同时，因此将之名为庆康；长子小彬，后来改名庆国，庆字亦是池家子孙中他们这一代的字辈。

将舰上诸事安顿完竣，我即赶回家探视妻儿。五岁的长女池琏和三岁的长子庆国先迎于门外，看见父亲自是高兴万分，见到妻子及新生儿，内心既欢喜又感激；欢喜的是，相别数月，母子均安；感激的是，在这数月中，妻之辛苦实难言喻，不说她对我在前方的担忧挂心，光是一介女子，身怀六甲，操持家务又兼照顾三、五岁的儿女，其辛劳可知。回想自我由英回国任职以来，这几年间，我不是专注于职务，就是离家赴台北受训，能够与家人相聚的时间实少之又少，幸赖妻之深明事理，辛勤持家，在背后默默支持，使我无后顾之忧，才能在工作上顺利执行。

大陈经过几次的海战之后，“总统”非常关心此区情况，趁各舰回左营之际，在六月十七日于高雄西子湾官邸，召见由大陈回左营整修的一、二、三级舰舰长代表各一人，我当时代表一级舰舰长，其他二位分别是陶澜涛中校、杨广英中校。我们三人到达官邸后，武官引我们坐定，“总统”即很慈祥地向我垂询大陈前方情况，然后问陶、杨两位舰长。每人询问完毕，“总统”回头对我说:“你很争气，好好努力。”这句话外人听起来可能不甚了解，但我知道，这是因为我的太康舰长是他亲手批的，他老人家一直不放心我是否能胜任，乘坐峨嵋巡视大陈时，曾两度问过刘广凯司令，事后太康舰在短期内又打了两次胜仗，未出差错，因此“总统”就放心了，才会当面亲切地鼓励我。

截捕苏联油轮陶甫斯（Toptze）号

六月二十二日，太康舰整修完毕，仍在左营待命，下午在家中突然接获舰指部紧急命令，令丹阳、太康两舰于17:35自左营出港，由丹阳舰领队，限于二十三日08:00前到达A点（19º31′N，120º32′E），行动任务将于两舰出港后授予。接令后，我迅速告别妻儿回舰，紧急召回休假士兵，起动主机，待丹阳舰备便后，同时出航。丹阳舰长邱仲明（四川人，已故）是我马尾海校的同班同学，在班上一直名列榜首，并留学德国；他干劲十足，负责尽职，然性情很急，我来到舰上，他也已经到了。我们交换意见后，即相率出港编队航行。本来丹阳舰是领队，应该在前面，但丹阳舰是日本投降后留下的老舰，原名雪枫，没有雷达与声呐的设备，因此由太康在前领航，向目标区航进。在途中接到指令，任务是于A点和B点（18º53′N，120º30′E）截捕苏俄油轮陶甫斯号，油轮上可能有武装，或许还有飞机、潜艇护航。接令后，我们两舰都执行一级备战状态，速向目标区前进。

次日凌晨于19º50′N，120º30′E，约在巴士海峡中间，太康舰雷达发现目标向东北航行，速度约十节，经报告领队舰后，即向目标接近，不久看到油轮的轮廓。我们打灯号叫她停航，但俄轮未予理会。本舰经领队舰许可后，即以40厘米机关炮向该轮船首前方数十码发射数发炮弹，该轮才停下来。我们继打灯号令该轮大副携货单到丹阳舰报告，该轮又不理，结果我方自派小火轮及官兵十余人到该轮接大副到丹阳舰受检视，验明货单是运往上海的飞机用油，我们决心将之扣留。送该大副回船后，即打灯号令俄轮跟随我们，然该轮亦不理会。邱舰长与我协商，决议由丹阳拖带该轮，太康随后掩护，慢速拖回左营。并由太康派舰务官楼子琼上尉率士兵数名携枪上油轮，一方面负责接递自丹阳递过来之缆绳及锚链，以便相接；

一方面先封锁该轮电讯，搜查船籍证书，降下该轮桅旗与船尾旗。降旗时，俄轮船长与船员极力阻挠，几经争执，终被我们卸下，并强制他们全部进入官厅，不准外出。在此之后，丹阳与油轮的拖链业已接妥，丹阳开始慢车拖带，时为中午 12:30。由于该轮体积庞大，货载又重，未几，拖链无法负荷，终于 13：10 时拉断。最后我们决定由两舰合派优秀的轮机人员及舵手上油轮，并由楼上尉权充船长，准备自行驾驶油轮返回左营。

当轮机人员准备进入机舱时，舱门已被反锁，我方人员遂将铁锁撬开进入机舱，尝试运转主机，然不为所动。油轮有如海军之运输舰，但其机器和军舰稍有不同，不过机器的构造轮机官摸得出来，经他们细心摸索二三十分钟后，主机才开始有点动静。楼上尉以扩音器告知机器情况，大家都有信心，一定能开动。约在下午三时左右，楼上尉报告主机已经开动，可以开航了。于是油轮上的我国官兵，在楼上尉指挥下，各就各位，扮演可圈可点的角色。丹阳舰在前领航，油轮居中，太康舰殿后护卫，航速十二节，航向高雄。丹阳、太康两舰的特殊任务，总算圆满达成。

整个截捕过程虽惊险万分，但还算顺利，端赖两舰官兵通力合作，掌握先机，而未与苏俄潜舰、飞机直接接触，迅速完成任务。

再赴大陈

上述任务完毕，太康又奉令开赴大陈岛服勤。到达大陈港，甫抛锚毕，所有小艇小船都围上前来领取补给，并打听后方消息。我舰离开大陈时近一月，亦欲了解大陈方面的近况，于是士兵们也彼此打听着。自五月以来，敌自海门湾及三门湾南下的舰艇，一直在大陈外围积极活动，我方为顾虑各驻防小岛的安危，日夜派舰巡弋，此亦为太康回防后的主要任务。我们经常在一江山及北渔山之线巡弋，特别是靠近一江山附近，无人岛屿很多，是鱼雷快艇躲藏的最佳地点，尤其黑夜间，雷达都无法侦测其踪，然而司令部规定航舰必须沿所规定的航线巡航，不得驶离太远。严格说来，这是很危险、也很不科学的规定，敌艇只要每夜躲在小岛旁边，对我巡弋舰艇瞄测，必要时射出一发鱼雷，必定百发百中。太康舰在这条线上巡弋了两三个月，都是以之字形航线航行，既不违反规定，又很安全。

十一月六日，太康舰奉令由大陈回基隆，另有任务。下午一时卅分，“国防部”俞大维部长偕副总长余伯泉将军、舰队司令宋长志少将，及美军顾问团陆军组长麦克唐纳准将，及随员多人搭太康舰赴大陈视察。

是日风浪较大，但俞部长并不晕船，经常在驾驶台上与我谈天，上自天文，下至地理海洋，无所不谈，有时候还带一点考问的问题，他老人家学识渊博，真是名不虚传。晚餐时风浪仍大，其他将领都晕船睡卧在船舱内，无法进餐，只有我陪俞部长进餐。他很高兴，问我为什么不晕船，我说我也会晕的，职务在身，想晕也不敢晕了。其实几乎每个人都会晕船，只有一小部分特别幸运的人，他们的耳膜构造有些不同，所以再大的浪都不会晕，而且饭还吃得比较多。海军官兵或商船员工，刚开始上船时，除了少数天生不会晕船的人，多少都会晕船，但经过磨练后就慢慢习惯了。至于呕吐并没有关系，愈吐愈要吃饭，如此磨练不久就会正常。我在海军就是这样磨练出来的。

次晨 05∶45 抵达上大陈，部长及随行将领都前往防卫部听取简报，并视察驻军及慰问伤患。下午六时，部长及随员返回本舰，即令本舰开赴一江山视察防务。部长本人并上驾驶台坐定，当面指挥。此时情况已较过去险恶，前不久，永定舰且在一江山附近遭中共炮击，为了慎重计，我乃执行一级备战状态，向一江山航进。沿途风浪稍大，到达一江山时，船身摇摆不定，官厅内的将领，担心俞部长上下船危险，要我劝阻部长不要上岸，但部长却以极内行的海军术语令我将船扭向下风，使舰稳定，好让民船靠舰以便驳运，他本人即下梯向甲板梯口奔去。由于浪涌的关系，船身仍上下摇晃，只见部长由侍从官搀扶，勇敢地跳下民船，其他的随行将领也跟着跳下民船，船夫即摇向一江山登岸。我在驾驶台上看他老人家的动作，真是勇往直前，老当益壮，心中至为敬佩。他们离舰后，太康必须留在岸边等候他们安全回舰，故太康舰本身的安全也极为重要，否则俞部长与诸位高级将领无船回航，一江山必定马上为中共拿下。此时我的心情比作战还紧张，正好一江山的南岸矗立着一片数丈高的陡峭石壁，并且附近水域甚深，光线也很阴暗，很适合本舰在此作短时间躲避。我加派瞭望注意水面动静，舰则以慢车在石壁下巡弋等候，以防鱼雷快艇偷袭。他们在岸上巡视约三个多小时，至晚上十时，始乘民船返舰，我才放下悬宕不安的心，如释重负地驶返大陈。

回大陈后不久，部长即令驶离大陈，开回基隆，时为八日凌晨一时卅分。到达基隆，靠好码头，已是下午四时十分，到官厅请部长上岸，他还不知船已靠好，甚为赞赏我的靠船技术，并对此行任务圆满达成表示嘉勉。

对于停靠码头一事，在英国海院受训时期，我们即上过小船学习驾驶，以练习如何靠码头。其实我在通济舰实习时，也练习过小艇靠码头。讲起来靠码头的学问很大，但我认为只要了解船舰机器的运作，晓得码头边水流的状况以及风向，泊靠绝对没有问题。驱逐舰尤其好靠，因为舰上有两个推进器可以扭转调整。当船快接近码头时即减速，视其冲力做反方向的调整，就能慢慢扭正船身。当离码头十余码的时候，先用一条缆绳抛岸系好，船慢慢前进即可停车，甚至利用倒车的方式取得平衡，非常容易。我担任太康舰长一年，除俞部长外，亦载过经国先生，我靠好码头他们都不晓得，等到请他们上岸，大家都很惊奇并赞赏我。所以当舰长，靠岸是一种个人秀，若靠半天靠不好，船上那么多人看，实在很尴尬。因此学习靠码头是船艺里最基本也是最重要的课程。

因大陈局势渐形紧张，我在基隆简单整补后，又赶回大陈执行巡弋任务。

太平舰遇袭

十一月十三日黄昏，太康舰在大陈驻防已满一个月，应轮调回基隆整补，故太平舰由大陈开来巡弋线，与太康舰换防。两舰交接完毕后，我建议太平舰唐廷襄舰长，因防线正面敌之鱼雷快艇甚多，宜注意巡弋时用zigzag航行，彼此互道珍重后，各自离开。

太康舰于十四日下午返抵基隆，我将舰上应办事项安顿好，即赴车站坐火车赶往台北总部报到，进入站台正欲买票时，日籍教官白鸿亮冲过来抱住我，问我："你怎么回来了？"对我之出现，非常惊奇。我莫名其妙，不知他何所指。经其告知：今日凌晨有一艘太字舰在大陈一江山附近遭敌鱼雷快艇击沉，他知道太康舰经常在那条线上巡弋，以为就是太康舰，并不知太康已于昨日下午换防了。经我说明后，他才明了，充分表现师生关怀之情。我马上赶往总部，方知昨天黄昏两舰交接之后，太平舰仍在线上巡弋，于十四日凌晨01∶36在渔山以南约十四海里处（28º38.8′N，122º12′E），被敌鱼雷快艇击中舰首左舷，经堵漏并拖航后，于清晨七时零五分，沉没于距大陈以东约十海里之海域。获救生还者一四六员，殉职官兵二十九员，殉职者中有该舰副长宋季晃少校，他是我们同时留英的低年班同学，多才多艺，为人和谐开朗，交更后回舱休息，竟遭不幸，实为可惜。

由于太平舰之受袭沉没，仅在两舰交接后五个多小时，若交接稍晚，或许被袭的会是太康舰。大家都说太康是福舰，但是我们仍要小心谨慎，不能有些许大意。

左营太字舰眷属皆焦急万分，四处打听先生的消息，不知究系哪艘舰遭遇不幸。妻亦不例外，可怜她既要照顾三个幼儿，又要担心我的安危，经我以电话告知，才算安了她的心。

大陈三艘太字舰——太康、太平、太和——所编成的战队，已失去一艘，因此太康和太和两舰任务更为繁重。太康在基隆紧急整补后，又开赴大陈岛执行任务。此时大陈局势愈形紧张，敌空军占地利、数量与性能之优势，获得当地的制空权，我空优既失，海权乃顿失凭依，因此我舰艇之活动也受到限制。

太和舰遇炸

一九五五年一月间，共军企图攻占大陈岛，乃先行攻略一江山，以为屏障。一月十八日起，以其陆、海、空火力全力轰击，至元月廿一日，一江山沦陷，我守军王生明少将（1911–1955）及所部八百余人全部壮烈牺牲。

在此期间，又发生太和舰被炸事件。当时太康舰亦正好在大陈驻防期满回基隆整补之时，离开大陈后的第二天，即接获命令，谓急速整补后赶回大陈驻防。经向总部探听后方知，太康舰于前一日上午将驻防任务交与太和舰后，离开大陈港约两小时，大批敌空军即分次到大陈港轮番向驻港舰艇轰炸，大小舰艇都受波及，太和舰被一枚炸弹炸穿驾驶台，经大官厅直到官兵寝舱爆炸，在附近的官兵伤亡无数，舰体漏水，只好搁浅大陈内港，以便待修。太康舰这次又躲过一劫，而且时间的间隔比和太平舰的间隔还要短，大陈驻防各舰艇说太康是福舰真是被言中了。舰上官兵听到太和被炸，莫不气愤填膺，同仇敌忾，加速整补赶回大陈。进了大陈港，港内待补小船都围拢来，举手向我高呼：“舰长，欢迎你们回来！你们是福舰，你们在此他们就不会来了！”我也举手慰问他们，祝他们平安无事。战地同袍生死与共，此时倍感亲切。太平舰遇袭，太和遭炸，三艘太字号的战队只剩太康一艘健在，全体官兵皆知今后任务将更为繁重，更形重要，因此大家都勇敢地集中精神，面对随时来临的战斗。

大陈撤退

一江山失守后，中共海空军在大陈岛当面活动益形频繁，颇有趁势夺取上、下大陈与周边岛屿之势。我最高当局审察情势，决定撤守大陈岛与附近诸岛屿。“国防部”俞大维“部长”与美军顾问团及第七舰队几经协调，助我撤运工作，美方应允后，海军总部即派刘广凯司令担任中方撤运总指挥官，编组中方舰队船团，并与美方蒲赖德（Alfred M. Pride）司令密切协调联系。

美方舰队船团计有作战舰船重巡洋舰三艘、航空母舰四艘、驱逐舰十四艘、火箭舰两艘，两栖及后勤舰艇等总共三十八艘。以美军所提供的兵力看来，共军必不敢妄动，撤运工作笃定顺利。我方之兵力计有驱逐舰两艘、护航驱逐舰四艘、炮舰五艘、巡逻舰九艘、扫雷舰三艘，以及大小两栖及后勤舰艇五十艘，但多为小船。以太昭舰为旗舰，下编为三个支队一个区队，计掩护支队（指挥官杨元忠少将）、运输支队（指挥官林溥少将）、警卫支队（指挥官崔之道少将），下辖驱逐舰两艘、护航驱逐舰三艘（太康舰属之）、巡逻舰六艘暨炮舰一艘，和扫雷区队（指挥官刘宜敏少将）。

我方舰队船团于二月六日下午六时，由基隆港依序发航。太康舰在行进间担任护航任务，到达待命区后，即与其他作战舰担任大陈及披山之警卫任务。船团于八日晨七时，按照预定计划到达大陈，各支区队都各就所指定部位及地区执行任务。时第七舰队所属各型舰船已先抵达各就各位，各型两栖舰船已在大陈港内开始装载。中美双方合作极为良好，撤运工作非常顺利。原订撤运计划为十二天，如今仅四天半的时间，于二月十二日正午即完全撤离完毕。全区计撤运军民两万五千余人，军资万余吨，火炮三百余门，车辆一百余辆，动作可谓至为迅速。

撤运大陈未及数日，二月十七日深夜，太康、太昭两舰适在乌丘岛附近海域巡弋，忽接黎副总司令兼舰队指挥官急电（系得自空军方面的情报），饬太康、太昭两舰速与太湖、太仓两舰会合，搜剿中共在台山列岛区域的舰船及摧毁岛上军事设施。奉令后即与太昭加速驶向台山列岛。约十八日清晨七时许，即发现太湖、太仓两舰在雾中与敌舰激烈炮战。太康、太昭迅速加入战斗，并与太湖、太仓两舰成单纵队，继续向台山列岛方面开炮射击。08∶10 共军炮击疏落，我舰队又以高速绕到共军登陆艇队的后方炮击。此时太湖旗舰机舱上方烟囱部位被击中一弹，水线上的舰舷亦被击穿一洞，士官一人重伤，但机器无损坏，仍继续领导各舰作战。经过一个多小时的战斗，共军舰艇已溃不成军，而无反抗之力，我舰队遂脱离战场，驶回基隆。

此次战役因距台湾较近，有空军支援，我方兵力较强，无论在实战与心理方面，都有把握，故打起来也较轻松。海军炮击告一段落，空军继续进行搜索、轰炸等工作。

我原于二月十九日即奉令调“国防大学”受训，新任舰长许承功上校则于两天前来舰报到，以便熟悉我舰巡弋的路线，正好第三天就遇上此一战役，对他来说，可谓增加了一次实战的经验。他也因此得到一枚勋章。几天后，南麂岛撤运任务展开，因“国防大学”开学日期是三月中旬，因此上级有意留我到南麂岛撤运后再离舰，同时许舰长又是我在石牌联战研究班同学，于是乃欣然同意。

大陈诸岛屿撤守后，我最高当局以南麂岛过于邻近中共占据的北麂、北龙山及台山列岛诸岛屿，形势险恶，深受威胁，且有上次大陈撤返的经验，乃决定无需美军协助自行撤运，仍令刘广凯司令担任总指挥官，编组船团与各掩护支队。除仍以太昭舰为旗舰外，下辖打击支队（由洛阳、太康、太仓、太湖四舰编成），指挥官崔之道少将；警卫支队（由江字号四艘编成），指挥官马焱衡上校；运输支队（由五艘战车登陆舰及一艘中型登陆舰编成），指挥官林溥少将；掩护区队（由永康、永寿两舰编成），指挥官雷树昌中校，另有行政区队、陆战队及岸勤队等。本次行动相当保密，船团于二月二十四日清晨七时，由基隆港发航，于当日下午五时即到达南麂大沙岙海滩，各登陆舰一次同时抢滩，连夜开始装载。各舰动作相当迅速而确实，共计装载“国军”三千六百余人，“救国军”八百余人，行政机关四十八人，义民一千零七十人，火炮三十四门，军资弹药一千二百八十吨，车辆二十九部，于二十五日天明，即全部装载完毕。运输支队分别将人员物资送往基隆、马公及东引（“救国军”）后，归建。打击支队及警卫支队奉命澈夜实施严密警戒及威力搜索，但并未遇任何敌情发生，可能共军以为这次仍有美军协运，故未敢出动。

南麂岛撤守后，东引、马祖以北海域已不需我海军兵力出巡，今后海军之注意力将集中在马祖、金门当面之敌情。

太康舰开回左营港后，我即将太康舰移交许舰长接管。当晚舰上官兵热情地为我饯行。这一年来，我们同生死，共患难，情如手足，过去官兵间所有的芥蒂和误会，均化为乌有，对我这位舰长更是关爱非常。聚餐所食菜肴，皆为舰上厨师们的拿手好菜，并佐以金门高粱，因船上没有酒杯，大家都以铁皮饭碗盛酒。舰上共有一百七十余人，每个人都热情地前来敬酒，虽然我每次仅浅酌一口，但加起来也是很够分量的。餐毕我几乎大醉，然而内心却轻松而愉快，并感到无比的兴奋与骄傲，深庆此生能有这么好的机会，担任太康舰舰长。他们送我回家时，我似已入睡，妻泡了浓茶为我醒酒，孩子们也围上来抱住我，经过了长时间的征战，总算有机会而无牵挂地回到家里，一享家庭的欢乐。

七、主管人事业务

在家休息约两个星期，于三月十五日搭火车赴台北大直海军总部附近的“国防大学”报到，接受为期六个月的训练。本期（第四期）有卅九名学员共聚一堂，陆军廿八员，海军七员，空军四员；海军学员中有宋长志、姚汝钰、杨元忠、李崇志、李北洲、方富捌及我等七员。此亦为我与宋长志先生第三度同期受训。

“国防大学”的教官都是三军资深博学的将校，在校长徐培根将军（有名的战略学家）领导下，讲授战争原则、战略战术、中外重要战役、战史检讨，以及反攻大陆作战之研究等，与以前外籍教官所讲授者，并不全然相同，引据资料较为广泛新颖，获益良多。

六个月时间转眼即至，一九五五年十一月十六日举行结业典礼后，即赴“国防部”第一厅报到。

任职“国防部”第一厅

“国防大学”结训后，“国防部”第一厅厅长毛景彪中将已托人转达，在我报到之前要先与我见面，以便有所指示。当时他因卧病在床未能上班，故我见到他时，他在病榻上向我介绍关于一厅的概况、我所负责的职务，以及与美军顾问团人事顾问协调联系的要点等，内容详尽，足见他对业务的负责与认真。当时第一厅因为人员多，附属机构也多，故单独在重庆北路办公，并不在“国防部”内；后又搬到木栅指南宫山下，与“国防部”间传达以骑车传递公文。副厅长除我之外，还有两位资深的陆空军少将副厅长，其中一位是执行官易劲秋少将，后来曾任中华电视台董事长，并当过行政院人事行政局局长，另一位是空军叶希年少将。

由于副厅长的编阶是少将，我仅是上校，是当年“国防部”各厅中最年轻的上校副厅长。然而我有活力、有干劲、肯学习，与两位资深副厅长以及厅内各处室合作良好，深受毛厅长的赏识，工作至为顺利。同一时期，我又兼任“国防部”退除役官兵就业辅导连络小组的成员。当时美军的人事顾问是一位少校人事专家，关于人事相关问题有问必答，所需资料有求必应，有时还特别电请华府提供，而且绝不过问我方的人事作业，因此与我们合作极为良好。

不久，我在海总部后山分配了一户两房一厅的小房子，方把家眷自左营搬到台北来，过着早出晚归的行政人员生活，甚为惬意舒适。那个时候军人生活还很清苦，但我们全家能住在一起，只要撙节点也就够用了。有时我还约单身的人事顾问来家中便饭，由妻做两三样小菜，以尽地主之谊。

海总人事署署长

一九五六年七月，“总统”蒋公在例行的军事会议中指示参谋本部及三军总部，今后三军总部各署署长，若无法觅得适当人选，可由参谋本部各相关厅的同军种副厅长兼任。当时海军人事署署长许世钧少将已退休多时，总部尚未觅得适当人选接替，梁总司令乃于会中报告此事，并请示可否由“国防部”第一厅池副厅长兼任。“总统”当场核可，并由参谋本部发布命令，于同年七月十六日生效。会后毛厅长告知我此事，并表示海军人事比较复杂，我以第一厅副厅长兼任，且为“总统”亲自核定，今后对人事案件，只要秉公处理，当无问题，他亦将全力支持。

我于一九五六年七月十六日到海军总部报到，先晋见总司令、两位副总司令、参谋长，以请示机宜，并拜访各单位主官，再回人事署会见副署长及各同人，并听取简报。对人事与眷管案件之处理，我特以公正、公平、公开与诸同人相勖勉，并禁止受托或收礼之情事发生。我到职前，曾有人密报军眷管理组有两位文职职员因收受红包，对分配房舍有不公情事，以致部分候配人员怨声载道。我到任后，经查属实，即将该二员送请军法处惩办，以儆效尤。

人事业务最忌不公，如果不能秉公处理，容易影响士气。以往总是有些幸进者常到人事单位来，图送礼给主管人员，为其做不公平的安排。我到署后的第一件事，即是革除此种恶习。某次有位高阶人员叫司机送礼到寒舍，经妻严词拒绝后，以后就没人敢上门了。我这种性格，上级长官知之甚明，内子也绝对支持，因此不怕得罪人，办起事来，反而少一层顾虑，也省却不少麻烦。

兼任第一厅和人事署二职后，我每天都两头跑，上午到人事署，下午到第一厅；有时看不完的公事，还要带回家澈夜加班，那时妻非常体谅，常将孩子带到外头，或是哄他们早睡，使我得以专心处理未完的公务。如此持续了半年，精神、体力均渐感不支，我想如此下去实在无法兼顾，而且事情也未必能做得理想，遂将实情向毛厅长报告，希望不要再兼任人事署职务，以免两边都做不好。厅长很同情我的处境，经过考虑后，向我说明了他的看法。他认为于私当然希望我留在一厅，但为我个人前途计，人事署长算是独当一面的主官，历练范围较广，而海军也需要我，我应当专任人事署长一职。有关人事问题的处理，他依旧全力支持我。得到毛厅长的同意，我乃于一九五七年元月一日起奉令免兼第一厅副厅长职务，专任海总人事署长。

担任海总人事署长将近两年，除专心督导所属办好例行公事外，并致力于建立制度，研拟计划，研订或修订各项方案条例、管理规则及作业程序等，务使人事行政、教育训练、眷管业务，能够切实配合整军、建军的需要。在任期间，本选贤任能之标准，使人尽其才，才尽其用，并以健全人事制度、加强人才培育、充实人力整备为目标，俾海军人事迈向制度化、科学化之境地。同时在作业上，也尽可能考量官兵个人因素，度法、衡理、量情，以求公平合理。

（一）创办河海航行人员特考

值得一提者，为沟通海军人事“进、退、用”管道，解决退役官兵之生活，激发现役人员士气，并提高海军军人的社会地位，利用海军官兵既有技能，拓展航运、扩张海权，与培养国力，特研订“海军退除役军（士）官应特种考试河海航行人员检核及考试资格比照办法”，并邀请“考试院”及“中央”各有关部（交通部）会首长及代表莅临，听取简报。之后由我陪同赴左营实地参观本军教育设施及官兵服务情况，各代表一致满意，并经本军年来不断协调努力，终获“中央”各有关部会认可与支持，“考试院”院会亦通过公布实施。检核合格的人员，由海军施以短期训练，授予商轮知识，自此以后，我国与国际间海运勃然兴起，商轮上有不少来自我海军退除役之杰出船长，大、二、三副，轮机长，大、二、三、管轮等，同时也解决了当时海运人才极度缺乏的窘境。

那时我的同学曾耀华、邱仲明、邓先涤、刘作柄（留英同学）等都在此时先后离开海军，投身商船，当然他们都是一流的船长。因商船待遇高，他们的经济状况立即获得改善，很令我们羡慕。不过上了商船后，就很难兼顾到家庭，孩子的教育也只有靠他们的夫人代劳，所以海军和海员们的另一半都是很坚强而能干的妇女。

（二）暂缓晋升

人事业务中颇为重要的项目，即是每年年终，各总部都得将晋升将级人员，按“国防部”分配员额，检讨列册送请总司令圈选，之后送呈总长，转呈“总统”圈选。在此时期，许多已占缺待升军官，积极争取提名。人事署之提名原则，系按照职务之重要性、服勤于外岛或舰队、或作战有功者，以及资历之深浅等因素按序排列，并加列若干备考人员，先送呈两位副总司令核阅后，再呈总司令核定。一九五七、五八两年，本署主管处组办理晋升案时，都把我检讨在内，公文送来后，我将自己的名字勾掉，不愿先升少将，并加盖官章以资慎重；但公事呈送到副总司令刘广凯那儿，他认为我在太康舰长任内获有战功，且上阶有缺，我的资历也够，又在上面写“池孟彬”三个字，公文送到总司令梁序昭先生那儿，总司令把我叫去，问我到底怎么回事。我很感激他们的盛意，但觉得自己还年轻，将来还有机会，实不宜早升，请他切勿圈我，另圈其他资深且极需要晋升的军官。因为那时我还不到四十岁，我有把握将来自己会升少将，下面有好多人在争，就让他们先升吧。同时，若我不升，那些到我办公室争取提名者，如未被圈上，或未列入检讨，也就无话可说了。梁总司令也感觉摆不平，很难办。我劝总司令圈一个资深的主官，占缺，又很能够做事者，这样就没问题了。第二年也是这样。

那个时期，缺虽然不多，但也不算少。但升官得视占不占缺。而占缺者不一定就能升，必须有总司令的保荐，才能升上去。每年总有几个没保到的，所以大家都在活动，造成一阵风气，大家都相互比较，只要稍微有一点能力的，就想升将官，我很看不惯，因我在英国时，觉得能当一个上校就很了不起，负很大的责任，也有相当的年纪。我国的老海军也是这样，所以在人事署任内，我审核得很严。至于我自己，因我在担任“国防部”第一厅副厅长时，其编阶就是少将，假使我想升的话，向厅长报告，厅长绝对会替我推荐，但我想：我只是个四十岁左右的年轻军官，若在这种年纪就升少将，那海军内的将军会有多少人哪！所以绝对不升。

在此时期，我亦极力反对各军种单位编阶订得太高，致高阶人员充塞。欧美强盛国家视将官为极崇高尊严的职务，编阶不多，能够升将官者，一定是获有战功，且为众人所景仰的佼佼者，同时年龄也不会太轻。通常我们的职务编阶要比他们高一级或二级。例如我们的一级舰（驱逐舰或护航驱逐舰）舰长是上校，他们顶多是中校或少校；我们的专科校长是少将，他们是上校。

陆、空军也是如此。不过我方也有其他的考量，例如，海军的一级舰和空军的大队与陆军的团比照，都是上校阶，一旦实施联合作战，或调岸职进入联参服务，在指挥或共事时，阶级相等，比较方便。另外就是当年国家财政尚不宽裕，无法提高待遇，晋升不失为鼓励士气的一种办法。

（三）眷舍分配问题

眷舍问题亦是人事署业务中的要项，为使眷舍分配能公允无私，我曾督促眷管处拟订计分分配办法，以在舰艇或外岛服勤时间长短、作战有无特殊功绩、家庭人口多寡、在军中服务年资等因素计分列册，于新眷舍落成分配时，供临时编组的眷舍分配委员会作分配之参考。办法公布后的初次眷舍分配，即以计分原则试办，大家都认为非常公平合理。此项原则后来被列入海军眷舍管理实施细则，成为永久性的眷舍调配制度。

（四）美军顾问团海军组顾问

因公务往来之需，与美军顾问团海军组人事顾问舒格（Donald F. Schug）中校关系甚笃。他为正式的海军军官，为人热诚谦敬，其妻白蒂（Betty）亦与内子过从甚密。假日我们经常相互拜访，或吃便饭，或喝咖啡，消磨一天悠闲的时光。

海军组办公室就在海军总部内，上班时间，彼此交换意见和研商问题极为方便，因此许多人事或教育以及军援（教育器材）等问题，都在交谈中解决。在这两年中，由他和海军组长的协助，制定了若干方案或制度。例如：以美军海军人员分类精神为基础，参照其职务分类名称、内容及编组、编号，与海军士兵晋级资格手册等资料，并依据本军业务实况与人员素质等，编订完成《海军人员分类作业程序》乙种（共三册），颁布实施。舒格中校任满即退休返美，住在维吉尼亚（Virginia）州的一个农场，我担任驻美武官时，他曾邀请我们全家前去度假。

八、调任“驻美武官”

调任新职

在海总人事署服务将届两年，加上“国防部”第一厅副厅长兼人事署长职，已是两年半的时间，按例应予调职。正在此时，“驻美武官”出缺，“国防部”令海军总部推荐人员，经梁序昭总司令指示，签报曾在英美留学而英语较佳者四名。那时我考虑四校的平衡问题，四个海军学校各提一名，分别是电雷段允麟、马尾陈在和、青岛钱怀源、黄埔陈庆堃。我想这份名单应该很完美了，每人都是其中的佼佼者，挑选出来都没话说。乃将名单送请总长王叔铭将军核呈“总统”圈定。名单送呈总长后，他认为其中一名不甚妥适，退回重签，总司令以我任期已满，遂将我的名字加在第五名再送呈，经总长改列第一，送呈“总统”核示。通常派遣重要职务前，若“总统”对某员印象深刻，即召见该员一人即定案，否则都要挑选两、三员召见后，再选定一人。五人之中只我一人奉谕召见，“总统”指示我：此去美国应多注意他们的军事科学技术，并叮咛要好好努力。之后我再向“国防”会议副秘书长蒋经国先生报告，他早知道了这个结果，也对我说：出去后好好工作，多同他们接触，多了解他们的情形。美国武官的职务就这样出我意料之外的决定了。

一九五八年十月二十八日，我接到“国防部”派令，调接驻美海军上校“武官”，自一九五八年十二月一日生效，并限于十一月一日以前向“国防部”情报次长室报到受训，及办理一切出国事宜。

出国前除参加“外交部”及情报学校的职前讲习外，还要学习译电等必需的作业，其次就是置办全家的行装。我们四个儿女年龄都很小，最小的女儿只有十一个月大，此去必需带一位褓姆兼管家，否则内子一定忙不过来。幸经友人介绍一位五十余岁的褓姆，愿意随行帮忙，那时我的月俸为五百七十美元（含情报搜集费一百三十元），褓姆的月薪就花去五十美元。是年十一月底，全家搭机至日本东京转往美国华府。在东京时，承“驻日陆军武官”陈少将夫妇热情款待，并由陈夫人陪伴，选购内子应酬所需之珠链耳环，打折后确实物美价廉，有了这些首饰，再加在台添置者，在华府如有应酬，也不至于太寒酸。

赴美履新

一九五九年二月初，我们飞抵美国华府机场，承前任“武官”郑天杰夫妇，及副“武官”吴宝锵上校驾车来机场迎接，将我们全家七人接至郑“武官”住处。由于郑“武官”已为我们向房东续租该住处，故我们无需到旅舍暂住，当晚即到百货公司采购所需寝具，就此安顿下来。此屋在柳武官鹤图时承租，郑“武官”接任后，续居于此处，轮到我们已是第三任房客了。房东为前美国海军少将，为人和善。而该屋位于华盛顿地势最佳之处，屋宇不大，但有一座非常宽敞的后花园，其中遍植玫瑰和牡丹，花季时满园绽放艳丽的花朵；我们住下来后，内子曾于其间施种冬瓜籽，某年所结冬瓜长达尺余，自给有余，且可赠人，居家环境确实很理想。郑“武官”系我在布雷队及灵甫舰的老长官，彼此交情甚笃，临行前他把家具及汽车折价让售予我，有了这两项主要工具，我亦无需急着张罗，其他物品待需要时再慢慢添购。

安顿好家眷，吴副“武官”宝锵兄（高我一期的学长，时为上校，已任副“武官”多年，亦将调职）即陪我到“武官处”，拜访陆军“武官”卢福宁少将，及空军“武官”黄雄盛上校。“武官处”位于“大使馆”对街，是一栋三层楼并联的楼房，一楼为三军“武官”公用会客室及厨房，二楼为海空军“武官处”办公室，两处同在一层楼中办公，为撙节经费，共用一位大学毕业的黑人女秘书，负责文书及接听电话等事，效率颇佳，亦甚合作；三楼为陆军“武官处”及军需官（三军武官共用，掌管经费）办公室。三军“武官处”在一起办公作业，便于合作联系；而“大使馆”又在对街，有事联络请示也极为迅捷。第一天上任，我就对工作环境留下良好的印象。在“武官处”会见各位同人之后，吴副“武官”又陪我晋见“大使”叶公超博士、“公使”朱抚松先生，及拜会“使馆”各有关人员，并办理报到手续。

通常武官任期二年，任满可以延长，每次延长一年。“武官”在“使馆”办好报到手续后，“使馆”即将新任武官的资料送交美国国务院转知美国国防部，国防部即承认我们是“中华民国武官”。美海军主管各国海军武官事务者为美国海军部情报部门所属的外事联络处，当时处长是 Laforest 上校（后改由 Woodville 上校接任），情报部门首长是 Frost 少将（后由 Lawrence 及 Taylor 少将相继接任）。他们对各国武官接待均极周到客气。我因在华府六年余，与他们建立了深厚的关系，若有事联系，亦无需军官带领，可随时至其办公室拜访。

一般人进入五角大厦就像走进迷宫，大厦的走廊有如蜘蛛网般，纵横交错，走错一步，就得花很大的工夫才能找回来，因此生客如无人带领，一定会迷路。起初一、两次，有人带我在密如蛛网的走道间穿梭，后来我记住它的纵横关系及路号，就万无一失。而且我因为经常办理接舰的事务，不断地往来交涉，日久也就走熟了。

陆海空军“武官”各自主管各军种的业务，并直接对台北“国防部”情报次长室负责。若属于“国防部”本身的业务，如“国防部长”或参谋总长访美安排，则由资深“武官”（兼“国防武官”）负责，直接向美国国防部协调联系。当时我们的资深“武官”是陆军“武官”卢福宁少将，后由江无畏陆军少将接任。

三个“武官处”的“武官”，平时埋首于各自的业务，但下班后大家经常来往。当时陆、空军副“武官”及军需官都未带家眷，下班后如无应酬，多到我宅餐叙，彼此建立了深厚的情谊。“武官处”在华府除了经常与大使馆各有关部门联系外，与军事采购团亦有业务上的往来。有时我军方高级长官莅临访问，也由“武官”处联系，并陪同拜会时驻华府的我方驻“联合国（纽约）军事代表团团长”。“军事代表团”和“武官处”二者毫无业务上的关系，前者属于“国防部”派驻联合国单位，后者则是驻美单位，属于“大使馆”的军事幕僚。然而“武官处”管理的军事业务，大使大部分不管，故“武官”呈报“国防部”的公文，不需经过“大使”，除非攸关国家利益，方需请示“大使”。

当时“军事代表团团长”是何世礼将军，为人彬彬有礼，颇具贵族作风，对我爱护有加，凡须由他出面宴客时，均请我代拟邀请宾客名单。叶“大使”亦如是，若海军高级长官如总司令、副总司令到访，“大使”出面举行宴会或酒会，需邀请中美双方哪些人员，叶“大使”亦完全授权由我拟定，所拟均获接受。

“武官”职掌

当时驻美武官处的任务可以说是包罗万象，约分如下：

（一）军事情报的搜集：此处所谓军事情报，并非军方所指定的特别机密情报，当时在华盛顿的各国武官都一样，并不做谍报工作，因为这并不属于武官的任务范围，同时美方情报系统极易侦知，一旦发现，从事谍报的武官将被驱逐出境，且有损国家颜面。我们所需要的资料大多是公开的秘密，只要细读报章杂志，凡是对我国有益又具参考价值的军事消息，经过整理分析并加以判断，就可以得到很好的情报资料。通常武官因外勤工作繁忙，此项任务即由副武官负责浏览挑选，经与武官协调后决定，而后翻译拍发回国；有时武官可在社交场合遇到消息相关人员，不管已公开或我们欲得知者，均可经由交谈再予证实。

（二）代表政府接收军援武器：海军方面则为各型军舰。我在华府六年多的时间，前后代表政府接收了各型军舰十二艘。其中除两艘大型舰——驱逐舰“南阳号”与船坞登陆舰“东海号”——的交接典礼，特邀请叶大使，并由我陪同代表接收外，其余自登陆舰以下十艘各型舰艇，皆由我代表接收。非常巧合的是，我甫接任武官后的第二个月，即忙于“美文”、“美汉”两舰的接收准备工作，及接舰仪式中的英文致词；离职前一个月（一九六五年三月五日），又代表政府接收我在职期间最后一艘“永兴舰”，充分表示当时美援赠舰的频繁。这十二艘军舰的舰名、舰别及接收日期与地点列如下表：

舰　名	舰　别	接收日期	接收地点	附　注
美　文	中型登陆舰	1959.02.06	西雅图	Seattle, Wa.
美　汉	同　上	1959.02.06	同　上	同　上
南　阳	驱逐舰	1959.02.16	柴尔斯顿	Charleston, S. C.
永　年	扫雷舰	1959.06.12	西雅图	Seattle, Wa.
永　川	同　上	1959.07.10	同　上	同　上
珠　江	驱潜舰	1959.07.15	基威斯特	Key West, Fl.
东　海	登陆母舰	1960.11.17	加州长堤	Long Beach, Ca.
中　业	船坞登陆舰	1961.09.21	些尔斯顿	Charleston, S. C.
大　雪	大型拖船	1962.04.05	西雅图	Seattle, Wa.
美　乐	中型登陆舰	1962.05.03	同　上	同　上
剑　门	护航巡逻舰	1964.12.22	同　上	同　上
永　兴	扫雷舰	1965.03.05	费　城	Philadelphia, Pa.

美方通常很重视交接典礼，都由军区司令或基地司令亲自主持，仪式程序也大同小异，在交接仪式之前当地主持人必先陪同接受代表检阅仪队，然后到典礼台签署交接证书（有时证书签署排在仪式之中），证书签毕，仪

式即开始。兹以“中业”舰交接仪式程序叙述如下，以见一斑：

仪式开始前，中美来宾均已入座，交舰士官兵于原舰排列就绪，接舰士官兵则列队于码头。

奏乐（美国海军第六军区乐队）

交舰仪式

祈祷——美国海军牧师杨格上校

介绍贵宾——海军第六军区参谋长郎笛士海军上校

致词——柴尔斯顿造船厂厂长莱特海军少将

致词——海军第六军区司令麦可孟斯少将

致词——“中华民国”驻美海军“武官”池孟彬上校

奏美国国歌，同时降美国国旗——降旗后舰上美国士兵相继下舰，列队于码头

一九六〇年十月廿五日叶公超（左二）在签署东海舰移交证书时，幽默地笑说：“我并不在意签再多的这些文件，只要它们不是空头支票。”一旁的基地司令贝顿（右二）大为欣赏他的幽默感。

执行移交证书——池孟彬上校

转送美国海军军令部部长勃克上将致中业舰长翁国梁少校之欢迎函——麦可孟斯少将

致送《圣经》给中业舰长翁国梁少校——杨格牧师

成军仪式

布达“中华民国”中业军舰成军——池孟彬上校

致词——中业舰舰长翁国梁少校

“中华民国”接舰官兵登中业舰

奏“中华民国国歌”同时升“中华民国国旗”

指派值更官兵——翁国梁少校

报告中业舰已成军——翁国梁少校

祝祷——杨格牧师

参与典礼中美代表巡视全舰——郎笛士海军上校

同时欢迎来宾登舰参观，亦由郎笛士上校主持，第六军区军乐队则奏乐助兴。总计典礼全程约需一个多小时。

其中比较特殊的是，主持祷告的随军牧师亦佩有军阶，一般是上校或中校，着军服，在领章、肩章或袖章之上却是十字架。美国军方设有专门管理牧师的机构，他们职司心灵指导，士兵都很信任他们。

每次赠舰交接典礼时，各该地区的司令必邀请我“政府”驻该区域的“总领事”莅临观礼，并以上宾之礼接待。当时“中业”舰交接典礼时，军区司令麦可孟斯少将也邀请了我驻休斯顿总领事胡世勋夫妇参加，并给予胡总领事七响礼炮迎接的礼遇，这可说是很少有的特例。

（三）国内人员往来华府之接待：在我“驻美海军武官”六年期间，因国内军方与军事顾问团之计划，为积极培训接舰及两栖作战官士，遣送大批人员赴美受训，故我于任内，对于接待海军及海军陆战队人员往来华府的访问、受训，成为一项重要的工作。受训人员上自中将，下至士官，无论受训基地在哪一州，都要先到语言学校受训。美国海军的语言学校正好设在华府郊外，因此一到他们开训之前，机场接送的任务，就落在武官身上。因机场距离很远，无论白天、深夜，只要他们抵达，我都得拨空去接；同时因他们多系首次出国，若任其在机场久候，亦于心不忍。某次两位陆战队士官深夜二时打电话来，谓已到机场，不知如何才能抵达学校报到。我听后只有提起精神开车至机场接他们，同时请他们吃一顿特别早的早餐，再送他们到学校报到。回家稍事休息，又得赶到办公室办公了。另一次，到语言学校受训的将级军官七八人，都是我的老长官或老同事，他们均曾留学英、美，英语自不成问题，然因他们或受两栖作战训练，或受盟国高级海战班训练，依规定于受训前，仍要接受语言学校的洗礼，因此他们也乐得在华府休闲一番，周末则到我家吃吃中国菜。幸好内子为接待外宾，于离台前加学了几道佳肴备急，同时有幼女的褓姆从旁协助，可勉强应付，别的武官可能就毫无办法了。还有一次，在华府郊外的海道测量学校，正好有三位受训学员，不是我的学弟，就是我的老同事，大家热络得很，因此他们每逢周末无处去，住旅馆又贵，就跑来住在我家，他们既可节省开支，我们也多一位朋友相聚，却是一举数得。

到华府参观访问的高级长官借宿寒舍者亦达三人次之多，每次大约一星期左右。他们每天外出拜访或参观，美国海军都派车接送，我则陪同随行照顾。至于总司令、副总司令应邀来访时，美方均备官员车队到机场迎接，我则分别陪同会见军令部长、海军部长或副部长，以及陆战队司令等美方相关高级人员。同时亦陪同拜会叶“大使”，或我“驻联合国军事代表团团长”何世礼将军。接着又陪同进行中美双方频繁的酬应。

通常叶“大使”对我国到访的总司令或副总司令，都会安排一个酒会和酒会后的宴会，所请的美方海军人员，大使则授权由我开列名单。叶“大使”博学多才，在华府交游甚广，颇受各界敬仰。美国三军将领，尤其是海军与其交往者甚多，因此他所举行的酒会或宴会，美方的海军高级将领如军令部长勃克（Arleigh A. Burke）上将，以及前军令部长卡尼（Robert B. Carney）上将等，有请必到，而且都非常尽兴。

勃克上将在位时间最久，与武官团部分武官经常来往，我有幸亦名列其中。他的侍从参谋是美国海军中一个极为优秀的中校，与我交情甚笃，曾请他到家里吃饭。故我若有特别事情需见勃克将军，说明原因，他一定替我报告。勃克将军退休后，我们每次举办酒会仍予以邀请，他们伉俪亦每请必到，会后必有谢函寄来。每年的耶诞节他与我互寄贺卡问候，故我回国后，仍与其保持书信往来。记得有一年春天，忽接勃克夫妇来函，说他们夫妇将于近期作退休后的世界旅行，不拟惊扰官方，请我届时到机场接机，并代订旅舍及陪游台北近郊名胜。当时海军总司令是冯启聪上将，他与勃克上将之交谊，虽不如前几任总司令熟稔，但我仍向其报告。冯总司令认为此系必然的礼节，要我邀集数位海军高级将领作陪，订席接风。故当勃克上将夫妇抵达台北后，亦受到冯总司令的接待。至于其他名胜的陪同参观，皆由我夫妇俩负责。两位老人家尽兴而返，事后并寄来热情洋溢的亲笔谢函。此后多年我们之间仍有书信来往，直到七八年前接到他们最后一封信，谓他们二人均已老迈，手指僵硬，执笔不便，以后恐怕没办法给我们写信了；之后有一年寄来的圣诞卡，上面只签个名，此后就没有他们的音信或年卡了。他们二老还保有英国绅士的社交习惯，私函从不假手他人，亦不用打字机，一代名将，其遗风轶事，实令人思念与崇敬不已！

当时“国防部部长”俞大维博士，每年必来华府。他于担任“国防部部长”之前，左耳下侧之面部曾罹患癌症，在美开刀治愈后，每年循例必须定期回华府海军总医院做检查，以确定未再复发，同时也藉此机会与美国各有关部会及三军将领洽谈“中”美军事关系，期能改善对台军援事宜。俞部长博学多才，曾留学德美，对两国科学与语文的造诣颇深，又精于战略素养，故美方海军高级将领都乐于与他晤谈，且十分敬佩。在国内时，即与美军协防司令、美军顾问团团长经常联系。尤其是美军协防司令、第七舰队司令、太平洋舰队司令、太平洋地区总司令都曾到台湾看他，因此俞“部长”到美国海军医院检查，与造访美海军高级将领的约会接送等，必须由海军武官负责，当做他在华府的助手。为俞“部长”开车是一件很愉快的行程，他和蔼可亲，经常说些智慧性的幽默话语，受惠良多。

到海军医院体检完后，俞“部长”照例都要到书店买书，一买就是三四本，有时还叫我挑。回家后，便于其中挑选一两本要我先看，看后再向他报告该书的大要。他所选的书多是理论或是战略方面，看起来相当吃力。当时我很忙，书又好大一本，我想：怎么看得完呢？但“部长”的善意教育，只好勉力为之。头一次报告还蛮好的，俞“部长”点点头表示赞许。然后他把书拿回去自己再看。讲得不对，他要纠正的。他对我就像子弟一样。俞“部长”看书很快，都看要点。后来我发现他的诀窍，他先看序，再看结论，然后择要翻阅书中的重点，后来我太忙，而他要我看的书太多了，所以我也学他这种阅读方法。但又怕他问内容，所以还看书中的某段，配上书后的评论，先向他报告，再慢慢看，否则无法交差。但我有时间的话，还是照规矩看。在“武官”六年任内，每年随侍俞“部长”两三个月，于其看病、访友、买书等相聚时间中，亲炙教诲，受益良多。晚间我与内子如无应酬，俞夫人必约我们到他家共聚，俞夫人湖南菜手艺极佳。俞“部长”伉俪均非常平易近人，用餐时有说有笑，气氛极为欢洽。

（四）社交活动：海军武官的社交活动多半在海军武官团各国武官之间，其次就是美海军将领及有关业务上的文武官员。中外交友之道大致相同，坦诚亲切、乐于相助，我想对方当不会拒人于千里之外。因此我秉此信念，尽量与他们交往，其中有些朋友在我回国后，仍经常互通信息。

华府海军武官团人数相当多，以一九六五年为例，共有五十二个国家派有武官及副武官，计武官五十二人，副武官五十五人，共一〇七人；其中中将级的武官有三人，少将十二人，代将一人，其余多为上校。至于小一点的国家，中校亦有，各国情形不同。副武官上、中、少校都有。当时俄国派有上校武官一人，中校副武官两人，他们和其他民主国家的武官很少交往，有些美方安排的参观访问，他们也受限制。

武官团团长由最资深的武官担任，由他代表武官团与美海军外事部门洽商参观访问或酒会等事宜，系一荣誉职。比方武官团参观美国的海军官校，必须有一人代表接礼，此即由武官团团长代表，这象征他们国家的荣耀。又如军令部长邀请的宴会，或武官团召开的酒会，代表答谢与出来致词的人都是武官团团长。武官旅行时，团长的房间也比较特别一点，军区司令对他也特别招待。故当时许多国家争取这个职位。我初到职时，武官团团长一直由英国武官担任，每次任期大约二年，可以延长。他知道我留英，同我很好。后来法国派一位更资深的中将前来，团长一职就由法国武官出任。之后，西班牙又派遣一位更资深的中将当武官，法国武官只好让贤了。我国则不可能派中将来当武官，因为中将可以当驻联合国军事代表团的团长。

武官团聚会的机会非常多，每月都有一次酒会，费用公摊，邀请美海军军令部长、副部长及有关将校等，如有新任武官到职或原任武官离职，也藉此机会表示欢迎、欢送之意。酒会多借用美军军官俱乐部，菜肴由他们包办，但酒类在许多欧洲武官中比较重视。法国武官 Michel Brale 中将担任武官团团长时，曾组成一个大约六七人的品酒小组，到选定的两三家酒商去品选，当时我被选为代表亚洲国家的武官参加此一品酒盛会。品选时厂商择出各种名酒排列在长条棹上，另有各式酒杯与各种乳酪（cheese）和饼干等。对于善饮者而言，品酒确系一种享受，对我来说，虽酒量不如人，也是很愉快的经验。

此外，每半年美国军令部部长都会邀请全体武官分次参观全美海军各基地、军港、机关、学校、工厂及附近名胜等。每次时间差不多有一个星期，沿途都由外事处长或情报单位主官及有关官员陪同照料。每到一处，当地主官均出面接待，并设酒会自助餐或餐会招待。在参观时，如遇有军事机密的场所，美方就会通知共产国家武官回避。

军令部部长在马利兰州的波多麦克（Potomac）河有一艘游艇，专供招待宾客之用，我们武官团的武官女眷，亦曾在招待之列。下午出海于外海沿岸巡航，观赏海上风光，回航时游艇上有自助餐招待，驶入内河，两岸已是灯火通明，正值行旅归游时分，待登岸驾车返家，已经入夜，可说是尽兴而归。

我任“驻美武官”，因时间较长，性格也乐于与人交往，故我们夫妇与美方人员以及武官团有关国家的武官夫妇，来往应酬的机会也多，大家闲谈时也会获得一些小情报。在我将要任满离开华府前，曾在家中宴请数对美海军将领伉俪，二位中将、三位少将，其中包括情报首长（少将），及我“大使馆”的人员，共十四人。谈话中得知，一位美国已退役的海军上将赖特（Admiral Jerauld Wright）将派往我国担任美国驻“华”大使（任期为1963. 06. 29–1965. 07. 25），据告他的右耳重听很厉害，谈话时以站在他左侧较为方便。次日我到五角大厦证实后，即以电报报回国内，由“国防部”转知“外交部”，“外交部”认为此情报甚为得力，若该大使抵“华”，我方未注意及此，于外交礼节上颇为失礼。特回电嘉勉。

双十“国庆”和九三军人节是我方每年在美两大庆典，每年都办酒会邀请宾客以资庆祝，地点在“大使”官邸的双橡园举行。双十节酒会由“大使馆”主办，邀请范围较广，国务院、议会等美国政府有关官员、记

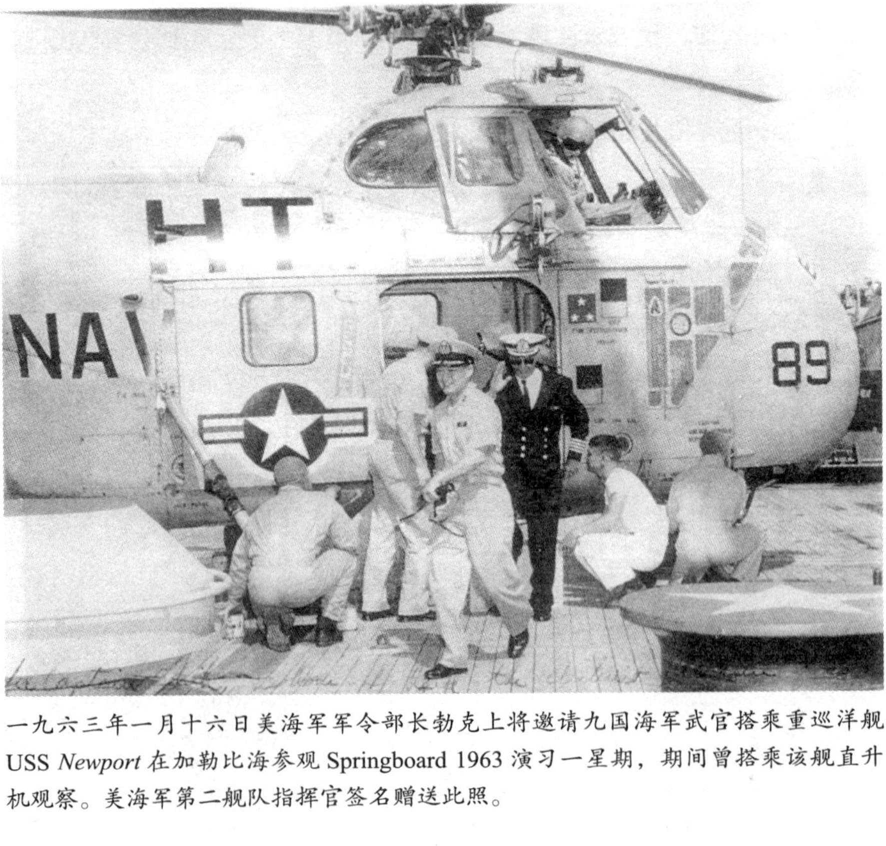

一九六三年一月十六日美海军军令部长勃克上将邀请九国海军武官搭乘重巡洋舰USS *Newport* 在加勒比海参观 Springboard 1963 演习一星期，期间曾搭乘该舰直升机观察。美海军第二舰队指挥官签名赠送此照。

者，及美军高级将领、侨胞、侨领等，约有数百人。有时有些侨胞亦自动前来庆贺，很是热闹。九三军人节范围比较小，由我方三军“武官”共同主持，但是所邀请的贵宾也不少，大部都是美方三军高级将领。海军方面，上自海军部长尼其（Paul H. Nitze）先生，军令部部长勃克上将、副部长乐署（George L. Russell）上将，前任部长卡尼退役海军上将、陆战队司令萧普（David Monroe Shoup）上将，副司令格林（Wallace M. Greene, Jr.）上将，以及各有关中、少将级与校官级经常来往的军官，都携眷与会，加上少数侨领、侨胞，以及“使馆”同仁夫妇，人数也有两三百人。我方酒会，外宾最喜欢的就是中式点心，尤其是肉包、炸春卷、炒面、炒米粉等，这几样点心，会前几天，各“武官”女眷就要把肉包、春卷包好，放在冻箱里，酒会当天再取出解冻，蒸炸备用。炒面及米粉的作料，亦事先备齐留待当天运用。“武官”的三位女眷，于酒会开始时，需与“武官”同时站队迎客，会中又要顾及点心的后续补充，真是忙碌不堪，幸好有几位“使馆”同仁夫人热心协助，每次皆能不辱使命。除这些中式点心外，亦备有西式点心多种，俾使宾客尽兴而归。甚至有少数几位宾客，时间到了，仍留连不去。这也是华府大型酒会的惯例，不足为奇。至于我们在家中举行的小型酒会，宾主间交谈机会较多，也达到相聚的效果。

那时国家很穷，“外交”的经费非常缺乏，连大使的应酬费也捉襟见肘。“大使馆”从“公使”以下，都没有交际费。以“公使”为例，他们每月支领几百美金，自己租房子、开伙，连请佣人都不够，其他职员更不用提，大家都是很俭朴地过日子。我们“武官”呢，以上校“武官”为例，连情报搜集费、租屋、佣人，及其他琐碎用度都包括在五百七十元美金里面。我租的房子，月租金是一百六十美元，后来又改租一栋月租一百八十美元的房子，那时我有七口之家，每人每月以五十美元生活费，加起来就花了五百三十美元，剩下四、五十美元当作应酬之用。然而我初抵华府必须买汽车当交通工具，这车还是郑天杰“武官”以二三百美元低价卖给我的旧车。另外每年九三军人节办活动，陆海空三个“武官”平均分摊，每人就要几百块美金。那时我的应酬特别多，我为了开展业务，而且也喜好

一九六四年冬在“驻美大使”官邸双橡园会客与妻连怡生合影。

朋友，人家请我，我就回请人家，经费不足，就向军需官预支，请他将来再从我的薪水中扣。至于办公费，如汽油、女秘书、文具纸张等消费，我将之交由副“武官”处理，大约有几百块钱。一般来讲，若“武官”在外全力交际，推展业务，副“武官”负责处理办公室内的事务，二者合作得好，业务就能顺利推展。

那时在家中请客，请外国朋友的话，一个汤，一个主菜，外加一个甜点和水果；中菜的话，只要三到五道就足够令他们欢喜了。有时看请什么人，八道菜是最多的了，内子都还应付得了。但做菜要钱，有时还得特别到中国街（Chinatown）买菜，但中国街的东西特别贵，比方中国的白菜、芥菜、冬瓜或佐料，都比在超市（supermarket）贵。在超市最便宜的就是有刺的鲥鱼，美国人并不吃，但在中国人宴会时，鲥鱼是非常贵重的一道菜，所以依请客的对象，菜单都有讲究。

叶“大使”很欢喜请客，对我们夫妇两人都非常好，经常请我们吃饭。他从国内带了一个厨子，烹调手艺绝佳。叶“大使”懂得吃、会教，但不会做菜。他经常指点大师傅菜该怎么做，还教大师傅做豆腐。因为中国街的豆腐贵得不得了，“大使”便教大师傅做豆腐，请我们吃饭时，就教内子做豆腐，内子均一一记下来。原来内子带一个小石磨到华府，就是准备做豆腐的，叶“大使”教的豆腐则用果汁机搅拌。内子第一次试做的豆腐比中国街卖的还嫩，后来愈做愈好。因为自己做比较便宜，我们与谭伯羽先生夫妇交情甚笃，我们经常送他们豆腐，后来大家都说池家的豆腐很有名，都想吃池家的豆腐。

后来我升少将，月薪加到七百三十美元，这时就比较轻松了，可以还一点债。到了第四年、第五年，预支的债差不多可以拉平，第六年初继续还赊欠的部分，到要调离的时候，已稍有一点积蓄，留给两个大孩子当做教育费。所以若我“武官”的任期没有延长，回国后，还要继续还这个债。

当时美国一般民生用品很便宜，国内许多亲戚朋友都托我们买肥皂（国内很贵，美国却非常廉价）、衣料、衬衫、西裤等东西，我们都免费帮他们寄回去。

这是我武官六年的生活情形。

陈诚“副总统”访美

一九六一年七月，我“中华民国”陈诚“副总统”应美国总统肯尼迪（John F. Kennedy）之邀请，率团访问美国。当时这件事在国内与美国侨界心中皆是一件相当重要而高兴的事情，自从“总统”蒋公宣布，如未光复大陆，他绝不出国访问的宣示后，这次陈“副总统”的受邀，也就显得意义深远了。当消息传到华府，侨胞及“使馆”同仁们，大家莫不欢天喜地，雀跃万分，高兴地准备迎接的事宜。美国政府各有关各单位也安排了各种节目以娱佳宾。

八月二日陈“副总统”离美之前，以“国宴”（State Dinner）答谢美国总统肯尼迪先生。当时宴请的贵宾除美国总统夫妇、军政首长及国会议员外，还有当地侨领及“使馆大使”、各高级职员与三军“武官”夫妇等百余人。席间邀请中国名钢琴家 Nancy Lee Sze 演奏及伴奏，与斯义桂（Yi-kwei Sze）先生等中外各名歌唱家演唱助兴。“国宴”结束，肯尼迪总统站在一旁与来客谈话，正要离开时，我忽然在远处（大宴会宾客夫妇都不坐在一起）看见内子拿着请柬走向肯尼迪总统面前请他签字，肯尼迪总统笑容满面地为她签了名。之后宾客差不多都走光了，我们也步向大门，正好陈“副总统”夫妇也在等车，内子又将肯尼迪总统签字的请柬由皮包中取出，也请陈“副总统”签名，他很乐意地也在上面签了字。平时内子非常谨慎而内向，不意此次她竟勇敢地向两位元首及副元首签名，并表现得很好，实出我意料之外。事后经她告知，当时因肯尼迪总统左右的人并不多，坐在她旁边社交经验丰富的前驻美军资组韩朝宗老将军鼓励她去，她也做得很得体，事后深受在场好友们的肯定。

State Dinner

In honor of

The President of the United States of America

given by

His Excellency

The Vice President of the Republic of China

and Mrs. Chen

on Wednesday, the second of August

Nineteen hundred and sixty-one

肯尼迪总统与陈诚亲笔签名之请柬。

美国海军陆战队

美国海军陆战队在美国三军中可说是一个独树一帜的小军种，人事、后勤、补给等等，均不受海军的管制，作战时则与海军密切配合，在海外也有它独自的陆战队基地和机场，以及修护补给能力。陆战队司令是四星上将，与军令部长平行，直接对海军部长负责，与军令部没有从属关系。但各国政府在华府都未派有陆战队武官，陆战队如有事务，均由海军武官兼办，我国也如此，如前面提及接送我陆战队学员入学，即为任务之一。

我海军“武官”与美国海军陆战队也经常联系，尤其是前美国海军陆战队驻台首席顾问卡尼（Robert B. Carney, Jr.）上校亦在华府任职，其父系前海军军令部部长卡尼上将，当时与我方高级将领和俞部长仍时相往来，有些事情他也为我方讲话，因此双方交谊颇厚。卡尼上校承继乃父之风，做事干练，我国的海军陆战队对他非常欣赏。因此我方陆战队有时要办的事项，则由我出面，使我与美国海军陆战队的联系也密切起来。当时该队司令萧普上将与我经常见面，对我十分礼遇。一九六一年，我与他在某次酒会中相遇，谈话中承告，他将于十月间赴远东美军陆战队各基地视察，同时将访问台湾，晋见蒋“总统”，前后行程约十几天，问我是否愿意随他专机同行。是时我已近三年未曾返国，此系一极难得的好机会，国内一定会核准，乃当场应允，并致谢意。有关详细行程，萧普上将再另行通知。次日我即电国内请示，核覆照准，我即着手准备行装。记得是在十月初启程，萧普上将专机座位宽敞舒适，一路行经美国西岸、夏威夷、菲律宾，以及太平洋上两三个美军陆战队驻防岛屿。每到一处都逗留一两天，萧普上将视察时，即令当地驻军派一军官陪我观光；有时则邀我陪同察访，并未见外。如有酒会或晚宴，我亦受邀参加，各地受访主官知道我的来历，对我也表示欢迎。同年十月十五日抵达台北，我陆战队司令郑为元中将及高级军官都到机场迎接，所有接待及晋见“总统”事宜，均由郑为元司令妥为安排。我则到“国防部”第二厅述职，晋见总长、副总长，总司令、副总司令各级有关长官，他们都认为萧普上将能邀我同机回台，可见我在美与各方联系良好。萧普将军晋见“总统”后次日，我亦奉召晋见。“总统”对美军状况垂询甚详，对我在美工作甚为嘉勉，最后并与我合照相片一帧，实感荣宠。随萧普上将回抵华府，除向他表示感谢与敬意外，此后我与美国陆战队之间的关系更趋密切。

一九六二年三月，我收到“国防部”参谋总长彭孟缉上将的一纸命令，事由是“核准池孟彬少将记功二次由”，内容是“一、（略）；二、所报驻美大使馆武官海军少将池孟彬对美国海军及海军陆战队高级官员访华之安排与协调卓著绩效，准予记功二次，另令发布。三、（略）；四、（略）”。令内的“二、所报……”不知是哪个单位所报，我没去细查，因为这些年来（含人事署期间），类似记功的案例很多，我也习以为常了。

因我与美国海军陆战队时有联系，使我成为国内海军将领和陆战队关系最为密切的一人，历任海军陆战队司令对我都很好，尤其在我驻美“武官”期间，凡赴美受训之陆战队高级官员或士官，我都接到家中招待，所以我任满回国，到海军陆战队时，他们都非常欢迎我。有一次他们开酒会，以前曾到华府的人都围过来叙旧，场面十分温馨。

几件趣事

（一）到华府的第一件事就是开车认路。认路的先后顺序，第一是办公室，其次是五角大厦，再次为中国街、干货店，及附近的超级市场。这四个地点能摸熟，办公与生活问题就无庸顾虑了。承吴副“武官”宝锵兄的热心指导，陪我各处走了一遭，再加以地图的对证，很快就认熟了这些路线。我在英国就学过开车，但买不起车，没常开；回国后，担任小主管时虽配有吉普车，但因事忙也未常开。对于驾车技术，只能说会开而不纯熟。我开车认路时，吴兄即在旁指导，有时该转弯而未及时转，我在情急之下乃踩了煞车；有时开太快要慢下来时，煞车也踩得太猛，这些动作都使得吴兄甚为紧张，回到家就向内子开玩笑地告状，说他陪我认路，袜子却破了两个大洞。初听不解其意，待细想后才恍然大悟。原来他指我开车时煞车踩得太猛，他为了保持身体的平衡，不得不用脚尖使力抓地，次数多了，不知不觉就把袜子前端磨出洞来。这个笑话使我们夫妇大笑不已，事后我再煞车时，就不会犯此毛病了。

（二）第一次与内子开车赴中国街买干货蔬菜时，离开家后一路很顺利地照原定路线行进，快到目的地时，也很顺利地穿过一条小巷，刚到巷口，站在对面的警察就走过来，很有礼貌地对我说："您知道吗？这条巷子是单行道，您走反了。"我抬头看墙上，的确有一个单行道的指标，遂马上向他们致歉，并说明自己是"中华民国"的"海军武官"，刚到华府，今天是第一次走这条路。他们因我的车挂的是外交牌照，早知我是外交官，遂对我笑笑，只说："下次请记住。"并说声"请"，我们就开走了。华府的警察对外交官相当客气，但是有些国家的外交官，却未能节制自己的行为。

（三）每次赴宴认路的烦恼。在华府住久了，朋友愈交愈多，应酬也随之增加，对于认路，就必须事先花一番工夫。接到请帖后，先要看主人是住在哪一州。因为大部分在华府任职的人，不一定都住在华盛顿特区，他们喜欢住在马里兰州或维吉尼亚州，这两州交通既方便，空气又好。但一请客，客人就得事先将地点在地图上找好，否则天一黑，看不见路牌就麻烦了。我通常都先在地图上找好地址，找到主人家巷弄进出口的主要道路后，再于靠近他家巷弄的主要道路上，找一栋明显的建筑物或大的广告招牌，然后计算从此标志沿主要道路距主人家有几条巷弄，如果是在第五条，过了四条巷，在第五条巷口就必须右转，不然在主要道路上，车子多车速也快，必须一边打灯号一边转，才不会被后面的车撞上。

参加冬季的晚宴，因天黑得早，我先找个白天开一趟，以策安全。有一次我与内子同赴午宴，宴客地点还算熟悉，以为在白天只要看路牌就可以了，快到接近主人家的岔路时，请内子帮忙看路牌，但因车速很快，她看不清楚，我以为她眼睛近视，建议她到眼科医生那儿去检查。后来我们两人同去，检查结果却是我患了轻度近视。

赴宴的时间，在外交礼貌上，客人一定要准时到达，因为早到会使主人很不方便。有时太早到，女主人妆还未完成，或是男主人的领带还未打上，不然就是酒食尚未备便，都是令人尴尬的。但客人都怕迟到，因此大家基于路况不熟的缘故，都愿意提早出发，如果到得早，就暂时开到附近路边停靠，等到时间差不多了，再开到主人家附近停车入宅。

（四）初到华府，除了办公认路之外，恰好又值开学时期，那时长女池琏十岁，长男庆国八岁，必须找学校就读。正好在住家附近有一所很好的小学，乃替两儿报名入学。学校距我家仅二三百公尺之遥，但他们毫无英语根底，我怕万一他们走失无法找回家里，遂在两个孩子身上各放一张条子，上面写着他们的名字，父亲的姓名、办公室和家中的电话号码，以及家中的地址。第一天上学，我亲自送他们步行到校，教他们认路，并再三叮咛，放学时弟弟一定要在指定地点等姊姊，姊姊也必须去找弟弟一起回家。结果第一天放学时，庆国先下课了，他到指定地点等候，但久等未见姊姊来，遂去找姊姊；而池琏下课后去找弟弟，亦久等未见弟弟的踪影，渐渐地学生都走光了，池琏乃哭着回家，说弟弟不见了。正好我下班回家，见此情况，心想警察一定会送庆国回来。果然，不久警察就送庆国回来了。说来孩子还算灵巧，虽然语言不通，但晓得把身上的条子交给警察，我们都很高兴，幸好事先在他们身上放了条子。住在我们这个区域，人虽然不会丢，但语言不通，也是很麻烦的。有了这个经验，他们姊弟二人以后都未走失过，而且英语也日有进步。第二年，庆国担任学校的纠察队，佩着学校的黄色纠察带，很神气地站在他曾经遗失过的路口，协助低年班的同学过马路。

那时次子庆康五岁，正好可进他们学校的学前班（pre-school），相当我们幼稚园的大班，他上下课的时间与兄姊不同，须由妈妈接送。他上学前我鼓励他要多和同学玩，并学他们讲话。此子天性不怕生，和同学很合得来，他上学后的头一天，我下班返家，问他在学校学了什么话没有？他说："我学了一句'Don't push me!'是不是'不要推我'的意思？"原来他们排队进教室时，庆康急着走，就用手推前面的同学，同学回头叫他不要推他，庆康就把这句话记住了。像这种极自然又能学习语言的场合，他反而学得快也记得牢。

我们原先住的这栋房子，位于华府西北区的犹他大道上（Utah Avenue, N. W.）。西北区是比较安定的住宅区，房子虽然老式，房租却比郊外贵些。但因地点适中，离城里很近，公务员和外交官多喜欢住此区域。我们的房子不算大，系独栋的三层楼建筑，后院是一个非常漂亮的玫瑰花及爬满蔷薇的园子，房边并种有一排美国极为少见的牡丹花，每年牡丹花开，陈香

一九六三年冬在"武官"任内所摄之全家福。左起池庆康、池孟彬、连怡生、池琳、池琏、池庆国。

梅女士必来采几朵回去；牡丹花乃富贵名花，名媛名花，可谓相得益彰。若是玫瑰花绽放季节，在后园开小酒会，也极受来宾的欣赏与赞美。

我们在此很顺利地住了三年后，房东因已退休且丧偶，拟将此屋以三万美金廉价卖给我们。依当时市价，这是很便宜的价格，但我们仍无力购买。一则每月薪水都不够用，何来余钱买屋呢？再则不知何时调回国内，调回后房子又该怎么处理（那时我们还没有置产的观念）？我谢了房东的好意，并答应另觅新居。不久，有一位年纪大的好邻居，知道就在孩子们学校的斜对面，欧利佛街（Oliver St., N. W.）上有栋美国移民初期建筑式样的老房子（他们叫 Colonial Architecture House），内部很宽敞，住起来很舒服，也是三楼，后院是草地，有棵遮荫的大树，很适合开小酒会；门前还有一个和房子一样宽的阳台，如果外边下雨，宾客还可以到阳台上或客厅里面，很是方便。不过房租较贵，月租一百八十美元，房东答应将整栋房子的内外整修油漆后，我们再迁入。新居的邻居也是一对老夫妇，老夫人是一位艺术家，绘画画得非常好，曾送我们一幅油画，至今仍保留着。他们对我们的孩子极为喜爱和照顾，经常做了饭，就叫我们过去同享晚餐。我们搬来新居后，长子庆国（英文名 Charles）已十岁，学美国孩子们清晨骑自行车去送报，也替邻居老夫妇送报，到收报费时却不收他们的钱，替他们推草地也不要他们的钱，使他们十分感动，充分表现了中国人的敬老传统。我们在这里住到回国为止。

（五）一九六一年元月，亦即我到美国任职的第二年，海总人事署检讨升任少将人员，又将我的名字呈报上去，副总司令刘广凯也在我名字上打个记号，表示同意。公文送到黎玉玺总司令那里，黎先生就圈了我的名字。我奉令晋升少将“武官”。接到命令后，我内心极为复杂，当时我虽已是四十出头的人，但是东方人看起来总是比西方人年轻些。有时候我穿便服参加酒会，军人自我介绍，在习惯上必须自称军阶及姓，当我说：“I am Captain Chih.”他们通常会再问：“Are you army？”我说：“No，I am navy.”他们会有点讶异地说：“You are very young!”因为海军上校和陆军上尉，英文都是 Captain，认为我这么年轻就已经当上校了。因此若我再换穿少将军服，不就更使他们惊讶了吗？另外就是一升将官，穿军服行动就有些不便，尤其到五角大厦洽公时，就不如校官可以到处跑来得自由。能在五角大厦内自由走动只限于上校以下军官，当我升上少将后就不同了，因为他们看待将官非常慎重而礼遇，若我想到五角大厦，必须先以电话通知，以便他们派军官于大门迎接。所以我再三考虑后，决定暂时不换将官服阶，也不宣布，正好在美国也买不到中国将官的帽花和肩章，使我稍为安心。后来驻纽约军事代表团团长王叔铭（接任何世礼将军职务）上将晓得这件事，告诉国内的黎玉玺总司令，黎上将特别寄了一付少将肩章及帽花给王将军，王将军亲自到华盛顿，在“武官处”会客室为我授阶，并邀请了“大使馆”同仁参加。时为一九六三年的夏天。所以我在美国第三年才戴少将肩章。后经“大使馆”通知美国国务院转军令部及外事联络处，将我在海军武官资序表中由上校阶提升到少将阶的第五名（共十二名少将），我的晋级时间（date of rank）仍填一九六一年一月一日（国内实际晋级的日期）。其实这一年多我未挂少将阶，美方情报部门早已知道我已升少将，但因彼此熟稔，他们问我，自认年纪太轻，在此挂少将章不宜，故而拖了两年，享受自由进出五角大厦的便利。戴了少将章我就觉得很不自然，看见中国人还无所谓，但看到美国人就很不是味道，我们的海军这么小，我又这么年轻，人家升将官都是五十边，我只有四十出头就当少将，实在太快了。

我在美国六年多的时间，前后共有四任“副武官”：吴宝锵上校（1959. 01. 26–1959. 06. 17，表示任期，以下同）、袁荣霖少校（1959. 06. 17–1962. 07. 10）、董坤戴中校（1962. 07. 10–1964. 12. 15）、邱奇上校（1964. 12. 15–1965. 04. 01）。及两位军需官：张天鋆少校（后升中校）和廖云龙中校（张中校担任前后两任，廖中校则任中间一任。他们二人均为空军，英文比较好，要调回国历练后再回美任职，后来都升到很高的职务。张天鋆后来转任华航财务组经理）。我和他们共事都以和谐亲切、公正公开的态度相处，他们也都能与我合作融洽，使工作充满朝气。六年的时间不算短，我终于在一九六五年四月奉调海军总部情报副参谋长，海军武官由邹坚少将接任。邹武官到任后，我将华府的有关一切都作了说明，希望他有一个好的开始。

任满归国

我与邹“武官”交接手续办好后，即忙着束装归国事宜，其中最难决定的就是长女池琏和长男庆国的教育问题。池琏来美时念四年级，到我们离开时，已是十年级（即我们的高一）；庆国来时是二年级，六年后也是八年级（初二）了。在此期间，他们根本无法也无暇接触中文，回国如何参加联考呢？后经好友们相劝，还是把他们两人留在美国继续学业较妥，美国的中小学，只要是当地居民，都可受义务教育。我与内子虽然都不舍得将他们寄养人家，但为了他们的前途，也只有如此了。池琏承远亲黄辉先生夫妇收留，黄辉先生当时是在世界银行工作，他们子女众多，其中两位年龄与吾女相仿，池琏也乐意去，算是解决了一个问题。至于庆国，最初有一对与我们交情甚好的美国夫妇，为人极为友善，因无子嗣，很欢迎庆国寄居他们家，但内子认为孩子去那里，就好像被他们收养了，不愿意。最后我们的空军“武官”彭传梁夫妇，他虽然只到职一年，但我们两家的情谊很好，尤其彭夫人是一位虔诚的基督教徒，为人极为和蔼仁慈，彭武官也爽朗乐于助人，他们的两位公子都比庆国年长，彭家兄嫂见此情形，很想相助，但又怕孩子们住在一起合不来，于是他们夫妇俩很认真地先和两位孩子开一个家庭会议，以免庆国住下后互相争吵，结果两兄弟一致以大哥哥的诚意欢迎庆国来住，并承弟弟智信在其房间让出空间，也算解决庆国住的问题。他们姊弟两人于高中毕业后，都分别获得大学奖学金，相继完成大学教育。

两个孩子寄居的问题安排妥善后，剩下回国交通工具的选择问题。如坐飞机，“政府”只发夫妇及两个儿女的旅费，我们除了两个小儿女外，还有一位褓姆，她的旅费我们必须自付。当时我们的经济，因六年的接待应酬，已经非常拮据，实在无力贴补额外的旅费，何况还需留些零用钱给在美国的长女、长子。正在伤脑筋时，正好当时“中国航运公司”董事长董浩云先生，得知我们将回国的消息，特邀请我们全家免费坐他的“祥云”客/货轮返台，航行时间虽长，那时“政府”派赴国外服务者任满返国，通常都有两个月的旅行时间，可以无虑耽搁问题；再者我自英伦返国任职以来，连一天病事假都未请过，更别谈假期旅游了，这次“祥云”轮载货返台，恰好经美国东南各商港及巴拿马运河（Panama Canal），并穿越太平洋经日本横滨返台，正如一趟旅行假期，遂决定接受董先生的美意，携眷及褓姆搭“祥云”轮返国。

“祥云”轮是一艘旧船，船舱简陋，客人不多。一九六五年三月初，“祥云”轮从距华府约一个小时车程的巴尔的摩（Baltimore）商港起航，沿美国东岸的大西洋南行，沿途停靠美国东岸各商港。我将内子及孩子们先送上船安顿好后，又折回华府办理未竟事宜。船经纽约曾停留两三天，承蒙前空军“武官”黄雄盛夫妇热诚接待，董浩云先生并派员上船欢迎，且加装接岸电话供内子与黄夫人（孔令仪女士）通话之用，盛情至感。我将华府事情处理完竣，与池琏和庆国话别，鼓励他们要自立自强，彼此照顾、用功向学，与黄、彭两家兄弟姊妹要和谐共处，并听两家家长的话。他们送我上飞机时，真有说不出的难舍，但为了他们的前途，也只有挥手道别矣！

“祥云”轮此时已到纽奥尔良（New Orleans）停泊装货，我搭机与他们会合时，已是三月下旬。船上除了我们一家人外，别无其他旅客。我们全家住在一个大客舱，感到很宽敞，船上自船长、轮机长、大副和各船员，对我们都很亲切友善，他们没值更时都来和我们谈天，或陪孩子们玩，尤其是邵大副国语拼音非常正确内行，承他排时间每天给庆康上国语课，以备回台后恶补国文之用。他们没事时，也教孩子们下象棋。船过巴拿马运河，我们都上驾驶台欣赏两岸风光，及运河闸门之开关和船位的起落，给孩子们上了一个现成生动的地理与航行课程。

过巴拿马运河时，不禁忆起当年留英时，于战后不久曾搭英舰通过德国北部连接北海与波罗的海之间的基尔运河；又于接灵甫舰返国时，曾驾舰经过埃及东北部的苏伊士运河，这次搭轮经过巴拿马运河，地球上闻名的三大运河，我都亲身坐船通过了，深以为喜。此三大运河并非每一位航海家或船员终身都能有机会通过，德国基尔运河除了欧洲少数国家的船员及德国海军外，其他国家的船员根本毫无机会航行其上；而那些欧洲少数国家的船员及德国海军人员，即令有机会航行于基尔运河上，亦不一定有机会航行于苏伊士运河或巴拿马运河。

船过了巴拿马运河就进入太平洋，船以十节的速度慢慢向西航行，一路上风平浪静，很有一点像坐豪华邮轮周游世界的模样。我们全家和褓姆每天都要跑上甲板吸取海洋上的新鲜空气，欣赏海阔天空的海天景色。船终于在五月初到达日本横滨。一到横滨就接到“国防部”联络局局长胡旭光（空军）少将来函及电报，要我急速搭机返国，有事相告。因内容并未说明何事，那时我想自己已经发表海军总部的职务，想不出胡局长与我有何关系，何况我离“武官”职还未到两个月，同时“祥云”在横滨装卸完毕即将直回台湾，应不差几天的时间，遂未搭机返国。

船于一九六五年五月十日到达基隆，胡局长特由台北到基隆来接，并告知他已奉派驻美“使馆”任职，遗缺争取者颇多，但上峰有意要我接任，必须等召见后决定。因他急于赴美接任新职，故催我尽速报到，并晋见上峰。

驻外人员子女教育之困扰

我“武官”任满回国，两个小儿女的就学过程十分艰辛。由于在美期间，我与妻都忙，着实无暇教导两位子女中文，当时老三庆康已十一岁，念完美国学校的五年级，不但一个中文字都不认识，连说中国话都是美国调。我们一回国就请了一位师大毕业的老师为他补习。老师念一句他跟一句还可以，但是解说时他就听不懂了，弄得老师辛苦，他也苦不堪言。朋友建议不如将他送到美国学校，但是我绝不同意，既然回国，就应进本国学校，同时我们也付不起昂贵的学费，而且毕业后还要到美国进大学，既不合理又不合算。正在此时，我办公室的连络官（秘书）陈玉亭少校建议，他可于下班后到我家替庆康补习。这真是意外的惊喜，因为连络官的英文都不错，他每念一句国文句子时，就用英文解说句子的内容与含意让庆康了解，并要求庆康牢牢记住，这样积少成多，慢慢就上道了。庆康原在美国的小学五年级，回来后仍从五年级念起，数学都差不多，有的他已经念过了，所以不必多花时间，就把时间都用在国文上。第一次月考时，数学拿到八九十分，国文却只有三十几分，然到期考时，国文已进步到了四十多分。

升上六年级，庆康更加努力，国文的月考和期考都进步到五十来分。那时进初中要经过联考，庆康也报名参加，第一志愿是大安国中。他的长处是考试不紧张，考完后就不再理会。等到发榜那天，我们全家都注意听无线电播报录取名额及姓名，当第一志愿录取者名单播报将近尾声时，报出了池庆康的名字，我们全家不禁乐得跳起来。他之所以能录取第一志愿，乃因数学将近满分，国文仅在及格边缘，但因他回国不到三年，在数学与国文总分 220 分中可另加十三分，因此得列第一志愿之榜，真是侥幸。特别要谢谢连络官陈玉亭少校的热心督导。

庆康进入大安国中之后，身高愈长愈高，又爱打篮球，很快就被体育老师选为校队，经常代表学校比赛，有一年并代表台北市与巴西少年篮球队比赛，因此在学业上受了影响，内人虽天天督促，亦无法挽回高中联考的成绩，只考取第七志愿的板桥高中，据说此区不太合适，我们怕他变坏，准备让他停学一年，再参加联考。正在此时，一位再兴高中的体育老师打电话到家，问内人如果他能向校长推荐庆康入校就读，是否愿意让他打球。内人立刻答应，并拜托多多管教，不能让他球打得太多。这位老师原是球探兼辅导老师，经办妥手续，庆康非常幸运地进入了台北最好的私立高中。在此三年期间却辛苦了他的母亲，经常电话查勤小儿是否每晚自修，并告诫篮球不要打得太多。苦口婆心，总算把高中念毕业，考取了台湾大学。在台大四年因为英文程度好，英文老师认为他可以不必上英文课，因此多余的时间就可以打篮球。原先在林务局篮球队打球，后来隶属联勤的飞驼篮球队邀请他参加该球队，因联勤副总司令是我的同学，他看庆康替别的球队打球，对我说：军人的子弟应该要到联勤服务。所以把庆康邀请到飞驼球队，后来每月还有七八千元的津贴。他将这笔钱储蓄起来，作为赴美深造之需。庆康在台大期间，因为打球几乎不太读书，但他除了英文好之外，数学也绝不旷课，所以得天资聪颖之赐，顺利自台大毕业。之后考取美国德州大学都市计划系，获得都市计划硕士学位后，又申请进入普林斯顿大学（Princeton University）就读，先后拿到企管硕士与博士学位，现任香港东方海外集团董事兼掌资讯部门，与夏君婷小姐结婚后，育有二女。

至于小女儿池琳，回国时只有七岁，原在美国上二年级，回国后仍从女师附小二年级念起，因在船上学过国音字母，所以毫无困难地跟上进度。在女师附小读了三年，因迁居，乃转入静心小学，毕业后以优异成绩直升本校初中部继续就读，并在高中联考时，轻松地考上北一女中。高中毕业她考上第二志愿辅仁大学，此时她为积蓄出国学费担任家教四年，于毕业后，因得兄姊在美就近照料，入美国州立马里兰大学（University of Maryland）攻读，获企管硕士，与李大维结婚而未继续深造，生有一男一女，现任台湾“上海香港银行（汇丰银行）”资深副总裁。

与妻结褵五十五载，伊端庄贤淑，纯朴勤俭，育有两男两女。儿女今日之各有所成，全赖余妻之谆谆善诱，严格督导，使他们在学期间都能自励自重，努力向学，使我在奔走国事之际，毫无后顾之忧。除次子和次女外，长女琏系自美国马里兰大学毕业，现任国际货币基金会资深稽核；长男庆国，亦为马里兰大学毕业，现任世界银行财务副总裁之首席行政主管。

九、“国防部”连络局长任内

自美返台后，因出国前的房子业已分配给他人，乃暂将眷属寄居亲友处。我一面忙于寻觅新的住处，另方面又赶着向“国防部”办理报到手续。对于连络局局长一职，我起初有所顾虑，尽管自己在英美就学任职先后有十年之久，对一般的会话与文书应对皆不成问题，然而陆空军及联勤等军种的专门术语，则少有涉及，尤其要担任“总统”和协防司令或顾问团团长之间的翻译，万一发生差错，贻误军机，委实责任重大，因此决定向长官请辞此一职务。当时我先晋见海军黎玉玺副总长，将上述情由报告后，并请他支持。他表示他管不了，要我向上级报告。接着晋见彭孟缉总长，他亦做同样答复。之后见马纪壮副部长，他不但做同样表示，同时对我说：“很好嘛，你接这个职务很适当。”最后晋见“国防部”蒋经国部长，承告知“‘总统’很希望你来接，至于‘总统’的翻译人员，我会安排（就是当时的钱复先生），今后对连络局的行政业务要多注意改进。”蒋部长的一席话，已将我的辞意否决，乃不敢多作坚持即退下。

晋见“总统”的时间排定在次日，当天赴“总统府”前，海军长官刘广凯中将特别赶来劝我：在“总统”面前切勿再次请辞，以免引起误会等语。爱护之情，溢于言表。晋见“总统”时，“总统”对我在“武官”任内的工作颇多奖勉，之后即训示：“接了连络局之后，要多多努力，对外国人要不亢不卑。”“总统”这句话，使我印象深刻，对外国人的态度的确应当如此。如果对他们太卑恭了，反而使他们认为我们过于恭顺而软弱可欺；若太亢直强悍，又不免因无礼而引起争执，因此与外国人交往也以中国人的相关礼俗相待，必无所失。我在英国时如此，在美国时如此，今后与局内同仁对驻“华”美军顾问团及协防司令部连络时，亦当如此。

一九六五年六月一日，我与胡前局长旭光在“国防部”举行交接仪式，由彭总长监交。仪式毕，胡前局长陪我到部本部及参谋本部会见部长、副部长、次长、副总长、联参各次局长等，我是拜见，他系辞行。事毕又到协防部拜会协防司令耿特纳（William E. Gentner, Jr., 1964.7–1967.7）中将及顾问团团长桑鹏（Kenneth O. Sanborn, 1962.8–1965.8）少将。最后回到连络局办公室与各同仁会面，旭光兄并为我一一介绍。同仁们以茶会送旧迎新，仪式简单亲切。

连络局业务

连络局编组系配合参谋本部的联参组织，分为五个组及一个行政室。各组的业务主要是分别负责各联参人事（联一）、情报（联二）、作战（联三）、后勤（联四）、计划（联五）的译事业务。比如联三主司作战业务，美军协防司令部以第七舰队协防台湾，协防司令一定有个计划，如何与我方做作战方面的协调，如何联合作战等。他们把计划送到联参，联参将英文计划送到连络局第三组，我们替他们译成中文，然后连同英文计划及中文译稿送还联参。联参根据我们的译稿作业，作业完后，再于译稿上签注意见送回，我们将之译成英文，再送给协防司令部。如果时间紧急，我们就赶办。其他各局的业务则依性质分配在各相关组内兼办，如连络局第一组除负责人事次长室（联一）的业务外，还负责人事行政局及主计局的业务；连络局第二组除负责情次室业务外，还负责情报局等单位的业务，余类推。

连络局是针对美军协防司令部和顾问团而设，我在连络局期间，先后历经两任美军协防司令，耿特纳及邱约翰（John L. Chew. 1967.7–1970.9）；

三任美军顾问团团长，桑鹏、江森（Dwight B. Johnson, 1965.8–1967.6）、戚烈拉（Richard G. Ciccolella, 1967.6–1970.3）；以及两位大使，赖特（1963.6.29–1965.7.25）和马康卫（Walter P. McConaughy, 1966. 6. 28–1974.4.4）。协防司令必定由海军将领担任，便于与太平洋舰队司令部联系，编阶为中将。协防司令部参谋长则是空军少将，以利海空协同作战。顾问团团长的轮调则为陆空军，无海军，编阶为少将。故连络局的联系对象，除协防司令及顾问团团长外，包含这两个单位的参谋长、各组组长与幕僚，及各军种的顾问组组长等。

连络局的前身为总连络官室，隶属于参谋本部，起初几任总连络官陆海空军都有，最早是余伯泉（陆），之后是皮宗敢（陆）、黄镇球（陆）、黄锡麟（海）、雷炎均（空）等五位将军。以后协防司令部及顾问团人员不断大量增加，总连络官室人员不够用，遂扩编并改制为连络局。胡旭光（空）少将为第一任连络局局长，他是交通大学航空工程系毕业，后又继续到美国密西根（Michigan）大学获得航空工程硕士，回台投效空军。其夫人于金陵女子大学毕业后，也到密西根大学深造，因而认识结婚，夫妇两人英文均佳。胡旭光做了四年的局长，各方连络处事都很成功。当年“国防部”各局局长编阶都是中将，唯独连络局局长编阶是少将，此乃因配合顾问团团长少将的编阶，我认为这样非常恰当。总连络官室从改编为连络局到我接手这些年，是最忙、人最多的时候，但那时各项业务都办得很好。

连络局成员皆选自三军英文素养特优者组成，习惯上如果局长是海军，两位副局长，就分别来自陆、空军，与各组组长主任的编阶相同，都是上校。各组连络官则考选自各军种。当然国防语文学院为连络官的主要来源，但他们毕业后必须经过我们的考试才能进来；另外，若各军种总部的连络室晓得哪一位人才好的话，也经由总部连络室介绍进来。至于各组成员之多寡，视业务之繁简而定，通常作战组比较多，人事和后勤也多，情报则少一点。

当时我的两位副局长，一位是温哈熊上校（陆），一位是李宁上校（空）。温上校毕业于美国维吉尼亚军校（Virginia Military Institute），英文素养特佳，为人亦谦和，是我到局以来的最大支柱，倚畀甚深，我对他也十分敬重。我初来时深受他的指导，彼此之间情感甚笃。与其共事相当时间后，某日蒋“部长”突然召我至其办公室，很客气地问我是否可将温副局长调到他办公室任事，由我再另找一位副局长。当时我虽不舍得让温副局长离开，但“部长”需人，而且那是主官职，我遂毫无异议地同意。回到局里告知哈熊兄此事，向他道贺，并请他代为介绍一人接替。未数日，他介绍郑学燧上校来见，我们交谈后，深庆自己又得到一位中英文素养均佳的副局长佐事。郑上校毕业于清华大学，后投入兵工，为人诚笃合作，实在是一位好助手。温副局长到“国防部”后担任部长室少将主任，之后历任驻美军资组组长、采购团团长，回国后则任联勤上将总司令。郑副局长一直与我共事，我将离职时，他调升军工局局长，后又升任后勤中将次长，于任内病逝，实为可惜。与郑副局长共事两年多期间，彼此经常相互切磋，至今仍深深怀念。郑副局长调升后，陆军派宋哲生上校来接，宋兄英文素养亦属一流，为人也谦和合作。空军李副局长在局期间曾患严重眼疾，但乐于助人，后调李俊清上校接任。李上校英文素养亦属上乘，且为人温文尔雅，同时兼任某大学英文教授。当年连络局成员都是选调各军种英文素养优异者组成，大家团结合作，使涉外业务都能圆满达成任务。

连络局的办公室起初在“总统府”四楼第二号门旁边，后来在“总统府”内的“国防部”太挤，我们即迁到“总统府”右侧一栋联合大楼里办公。

各总部都设有连络室，连络室主任为上校。他们主司各总部的业务，我们则掌管“国防部”的业务，若他们有什么问题，也会同我们联系，彼此协调得很好。

口译经验

那时每年的六月十六日，为三军四校（陆海空政战）联合毕业典礼，于凤山陆军官校举行，“总统”必定亲临训示，同时协防司令或顾问团团长也轮流前去演讲，他们的演讲一向由连络局局长翻译。当时我甫到职未及一月，众人皆关心我的翻译能力，海军长官及友好们也都特别关心我的表现，因为前任胡局长对这一行表现得非常出色。此次演讲轮到协防司令耿特纳中将，耿中将为人严肃正直，不苟言笑。他于毕业典礼前两天就把演讲稿先送来给我，并告知大概不会改变，如有更动也只是小部分，或是回应“总统”训词时加添一点。耿中将很关心我，大概因为他也是海军的缘故。有了他的讲稿就方便多了。我先将演讲稿研读过，再将中文译稿写在原稿底下，当他读稿时，我就跟着看稿子，等念完一段，我也就翻译一段，他如有修正，我就用笔加注于讲稿上，这样做法万无一失。那时我的声音洪亮，发音也很正确，人也特别镇定。演讲完陪同耿特纳中将走向“总统”鞠躬时，“总统”特向我点头示意认可。散会后，各海军将领都来向我道贺，尤以刘广凯总司令很高兴地跑来说，经你这次翻译后，我深信此一职务你可以胜任愉快。后来冯副总司令及其他长官也都向我道贺。

经过几次考验后，我对于口译的场合增加了很多信心。其实只有每年一次的三军四校毕业典礼，以及军事会议有协防司令及顾问团团长参与报告时需要翻译，或外界大场合邀请他们演讲时（如一九六七年八月“国防研究院”第八期研究员毕业典礼，“总统”兼“院长”亲临主持，张其昀主任发函请我担任翻译）的翻译工作外，其余如陪同他们会见我军方长官谈公事，或在酒会或餐会时需要的口头翻译，其实经过短期的磨练后，以及连络局内部同仁的团结合作，这个任务我也很愉快地接下来了。

与美军顾问之交往

同年七月十六日，我接事后一个半月，即奉“国防部”蒋“部长”指示，陪同新到任的美国驻“华”大使赖特上将赴金门访问，当天即回。七月十九日又奉命偕内子陪“大使”夫妇及儿女，清晨坐小飞机到兰屿游览。他们对兰屿的环境及生活状态很感兴趣，看得非常详细，并与当地少男少女们一同跳舞。约莫近黄昏时分才尽兴地乘原机返回台北。“大使”夫妇例应由“外交部”接待，当时蒋“部长”要我夫妇相陪，大概是因为赖特“大使”为海军老将，我们在华府时就已认识，同时我也曾将他右耳重听之事报回国内参考，因此由我们夫妇陪同，会使他们感到亲切。

是年秋，顾问团团长桑鹏空军少将即将任满回国，行前至各部队辞行。外岛乃他们必去之地，当时除我是必须作陪者外，“国防部”其他长官也会陪同前往，此次由海军上将马副部长纪壮陪同。当时金门司令官是马安澜陆军上将，我与他在草山曾同学一年余。他对来访佳宾热烈招待，并坐小艇到大胆岛巡视，对守卫官兵的士气颇多赞扬。夜宿金门岛上招待所，翌日上午继续参观岛上设施，下午搭桑鹏团长专机回台北（美军顾问团团长及协防司令在台北各有一架军用专机）。

桑鹏团长离职后，美方派陆军少将江森来接。此人忠厚友善，对业务处置甚有条理，其夫人也亲切大方，在华约两年，深受军方欢迎。他们因为新到台湾，为期迅速了解各部队与地方情况，因此经常到各地驻有顾问团人员的部队视察，并顺便观赏附近名胜。他们到中南部、澎湖、金门等地，“国防部”高魁元总长、黎玉玺副总长及郑为元副总长等都分别陪同视察，参观游览时各地区司令官夫妇也陪同游览，以尽地主之谊，每次出游均尽兴而归。

这一年的十一月，美国政府因我在美国“武官”任内，与美国海军与陆战队以及海军武官团各国武官合作圆满，交往亲切，特颁赠美国军官级懋绩勋章乙座，送请美国“驻华大使馆公使代馆长”恒安石（Arthur W. Hummel, Jr.）先生代赠，并邀请了参谋总长黎上将、海军冯总司令、协防部司令耿特纳中将、顾问团团长江森少将、海军组组长欧索（Lynn S. Orser）上校，以及我“外交部”有关官员多人参与观礼。美“驻华武官”宣读褒扬状后，继由恒安石先生致贺词，再由我致谢词。我在离美前即听说美海军将颁授这枚勋章给我，没想到旅行这么久后才送到我的手中。

一九六七年六月，江森少将离职，美军派陆军戚烈拉少将来接。戚烈拉矮小精干，曾担任过美军伞兵指挥官，为人直率爽朗，对我军方所需武器装备，尽力争取，对官生演说亦很有内容，“总统”及“部长”颇为赏识，与台北社会人士亦小有来往。其夫人沉默寡言，忠厚善良。夫妇两人个性并不相同，有时也有些小意见。戚烈拉酒量特佳，喜喝金门高粱，有一次到金门访问，尹俊司令官知道他能喝且性格豪爽，即邀请宾客敬他酒，

一九六五年十一月接受美国华府赠勋后，与参谋总长黎玉玺上将（左一）、总司令冯启聪上将（右一）和恒安石代办合影留念。

他来者不拒，都干杯，并请我以牙签为他记数，后来又打通关一杯杯回敬，我数到四十五杯，劝他不要再喝，但最后还是和司令官干了三杯，一共是四十八杯，面不改色。有一次随蒋“部长”及新任“大使”马康卫先生到马公访问，午宴时，戚烈拉喝酒也就斯文多了，没人劝饮他也就随意。欧美人士喝酒并不强人所难，你能喝多少就喝多少，这点要比我们闹酒好得多。

次年的三军四校毕业典礼，“总统”偕夫人同莅凤山，那次正好轮由顾问团团长戚烈拉少将演讲。戚团长这篇讲稿写得相当好，讲完后我与戚团长同去行礼毕，转身走了四五步，“总统”又把我叫回，要我手上的讲稿，我呈上后，他向我笑笑说：“这个借我看看。”我回到台下，戚烈拉将军还在等我，问我何事？我说：“‘总统’大概认为您讲得很好，要把讲稿留下再看看。”话未说完，侍从官来请我，谓“总统”及夫人召见。我赶忙跟随侍从官到“总统”休息室晋见，蒙“总统”及夫人垂询与顾问人员联系情形，并对我口译工作赐予嘉勉，口译能获蒋夫人肯定，内心至为欣喜。过了几天，我收到“总统府”郝柏村侍卫长的亲笔函，将我的译稿寄还给我，译稿最后一页的背面，“总统”特在上面用红铅笔批示：“本件应交三军联合月刊登载为要。中正。中文译稿另抄一份呈阅。”此为我在连络局局长任内获得“总统”亲笔批示的文稿，令我珍惜不已。

每年夏天，“总统”及夫人都会在阳明山中山楼举行茶会招待美国“大使”、“公使”夫妇、美军协防司令夫妇、顾问团团长夫妇，以及三单位的顾问高级人员及夫人，以示联谊与慰问之意，我方高级将领与有关人员也应邀参加。茶会期间，“总统”都分别邀请“大使”、司令、团长等人座谈，“副总统”及蒋“部长”、张群秘书长等作陪。“总统”起立在大厅中行走时，各外宾都热烈鼓掌欢迎，“总统”则满脸笑容点头致意。

我在任期内，曾因一时疏忽，而和蒋“部长”发生一件诚实的误会。事件起因于耿特纳将军于驻台任内丧父，蒋“部长”得知后特召见告知：“协防司令耿特纳近因父丧即将返美丁忧，我想见见他。”我听完后未加思索，回头就跑下楼坐车到协防司令部接耿特纳到“部长”室。因为我想，

一九六七年冬，与顾问团团长戚烈拉在酒会时解说有关问题。

理应由协防司令来见“部长”，若由“部长”亲自去看协防司令，这是从来未有的事。“部长”一见到耿特纳，就对我说：“你误会了，我不是要你把司令请来，我是要你陪我去看司令。”当时我深感歉疚，马上将“部长”的话解译给耿特纳听，并说这是我的疏忽，完全是我的错，非常抱歉。耿特纳笑笑说：“没关系，我本欲来见‘部长’。”我们相处时间久了，彼此相知甚深，他一句话就替我解了围。谈完话，“部长”要我送耿特纳将军下楼上车后再上来。我回到“部长”室，看见“部长”自抽屉内取出一件小东西放在衣袋内，对我说：“你陪我去看看顾问团团长。”我随即跟他下楼。走到楼梯口，“部长”从衣袋内取出那个小东西（小扁盒）放在我手中，我不敢问是什么，也放入衣袋中，继续跟他上车去访戚烈拉团长。与戚烈拉谈话完毕，送“部长”回办公室后，为方才自己的疏忽向“部长”道歉。

他说：“没关系，下次多注意就好了。”回来后我打开小盒子一看，原来是一枚老“总统”七十大寿的纪念金币。我端详金币良久，内心感受到无上的敬意。我因一时疏忽，会错“部长”话中之意，心中的内疚，我想当时“部长”一定从我脸部的表情看出来了，因此以此金币表示慰勉之意。这种无声的领导统御，实在令人钦佩。

某一次美国太平洋地区总司令马侃上将（Admiral Joseph S. McCain, Jr.）由夏威夷飞台晋见“总统”，当时“总统”适在台中日月潭休息，由蒋“部长”接待，第二天上午我奉命陪同，由台北坐马侃上将的飞机飞至台中，再坐轿车上日月潭，记得当时是走山路，沿途农田种植植物甚多，蒋“部长”对各种植物及菜蔬都了如指掌，沿途都介绍给马侃上将，因为夏威夷当地的植物菜类也相当多，可与台湾做一比较，显示地理环境相异的趣味性。当驶经一片香茅草田时，“部长”向他介绍说这是作香料的香茅草，当时我不知道香茅草的英文是什么，我坦诚向“部长”说我不知道这个译名，只好用类似的字来代替，“部长”并不介意，同时还与马侃交谈甚欢，我尽力地转译，一路上谈到日月潭的涵碧楼，稍事休息后，即晋见“总统”。第二天仍坐车下山到台中军用机场，搭马侃上将的原机回台北。回台北后我到处请教香茅草的英文是何字，有许多英语专家都不知道，最后问到总长室的高公鲁参谋主任，他是青年从军留英回来的海军军官。他想了一下说：好像在什么地方听过，发音类似 cinderella，于是翻查字典，找了良久才找到，正确的拼音是 citronella，此字极罕用，就是英文修养极好，或农委会的人也不一定会知道。我马上拿一纸条将此字写上呈给“部长”，我想他一定很乐于知道，因为他对英文很下工夫，发音也不错，经常与外宾直接谈话不用翻译。每隔一段时间我听他说英文，都在进步中。

协防司令耿特纳中将于一九六七年七月任满回国，美政府派海军中将邱约翰来接。邱约翰为人乐观爽朗，乐于助人，夫人也很平易近人，和谐友善，他们在此朋友较多。有一次军事会议，“总统”要听取美军的协防计划，特邀请邱约翰作口头报告，当天他除召集美军协防司令部人员聆听“总统”训示外，并准备一份书面报告由我陪同行至“总统”面前呈给“总

一九六七年冬，美军协防司令邱约翰中将（左）向“总统”蒋公呈递书面报告后，继作口头报告，本人担任翻译。

统”，礼貌甚恭，然后两人又步上讲台开始报告，报告毕，下台仍至“总统”前行礼致敬。所有驻台美军人员对“总统”的礼节都极为重视。

邱约翰夫妇非常喜爱台湾乡村，常藉访问省府主席或高雄市长的机会，顺便到附近农村游览。某次邱夫妇访省府黄杰主席，受到黄主席的热烈欢迎，除听取简报，参观史迹馆及午餐外，因知邱夫人非常爱好花卉，并派员引导至台中市郊的玫瑰花园及嘉义市花卉农村观赏各种新鲜花卉。

协防司令及顾问团团长亦常在其官舍宴客，他们的官舍宽敞，可以宴请不少宾客。顾问团则常在春夏或夏秋之交的黄昏时分，于团本部广场上邀请蒋“部长”及三军高级将领以及眷属儿女们聚会。会场布置各种游戏玩具与小马等供儿童玩耍坐骑，有低阶军官招呼他们；另有酒吧供大人饮用，并有桌椅供大人休息闲谈，此种无所拘束的方式深受大家欢迎。

访问东南亚

一九六七年秋我奉令参加“国防研究院”带职受训，为期十个多月。学员涵盖政、经、外交、文化、军人各层面，大家相聚一堂，高谈阔论，不乏颇有见解之论。因数月相处，频频研讨，将来回到社会上工作，又有许多志趣相投，具有共识的同学，实在方便不少。训练末期，院方安排出国访问，同学（59名）与教职员共七十余人，分南北两组出发，南组到泰国、马来西亚、新加坡、菲律宾四国，北组访日本、韩国，同时出国，也几乎同时回国，大家都尽兴而返。我报名南组，同学包括“外交部”的现任“大使”及退休“大使”，以及财、经、教、法界重要人员，大家感情都很好。因本组同学年纪较长，我与高铭辉（本组年纪最轻的一员，为青年团主任）看起来较年轻，并有活力，而我又是连络局局长，所以分别被选为领队和副领队，我于出发前先备便各种场合的中英文讲稿，以便临场视情况予以修正后运用。高铭辉同学则协助照顾礼品与同学们的动态等事务。

首抵泰国，承蒙老长官彭“大使”陪同，晋见他侬元帅，并互赠纪念品。之后造访泰国国防大学及各有关学府，并获泰国“中华总商会”暨各侨团的欢迎与公宴大会的热情招待。此外各小团体亦分别招待我们，先后参观泰国精致庙宇与河上卖售果菜什货的民船等景，充分感受不同的异国风情。结束泰国之行，继往马来西亚。初抵马国，首先拜会马六甲的“中华总商会”及华裔国会议员陈期岳先生，并承当地侨胞们的热烈招待，参观他们古色古香的居家建筑，令人印象深刻。

从马来西亚到新加坡有公路连接，路程不远，我们遂坐公车往新加坡，沿途观赏南国风光，自有另一种新鲜的感受。甫入新加坡国境，顿感城市清洁有序，房舍公寓也整齐洁净。我们依次拜会了侨团领袖，并参观了市区与虎豹公园等，逗留了两天就搭机飞往菲律宾。到达马尼拉，承“大使”

杭立武先生率侨胞们到机场迎接，并蒙陪同晋见菲总统马可仕（Ferdinand E. Marcos）先生，马可仕谈吐风趣，我们在其总统办公室中交谈良久，并互赠纪念品。菲国华侨商业名人不少，他们和菲国政府与总统都有相当关系，这次参与“中华总商会”欢迎我们，或单独设宴款待我们，都表现出极大的热诚。

两周四国的访问很快地就结束了。团体行动最重合作守时与意见一致，有些同学在参观前对参观地点有少许意见，我耐心协调，或以表决的方式解决，大家都很支持，所以本小组因事前的讨论与协调良好，无论在泰国或菲律宾，皆蒙彭“大使”与杭“大使”及“馆员”们之夸奖，誉为历年国内出访团体最合作、最有秩序的一团。使身为领队的我，倍感荣耀。返回台北，我们又继续回到“国防研究院”上课。

任内回顾

回想四年连络局生涯，与美军协防司令部和顾问团的接触，感触良多。对于连络局的业务，亦有释疑之必要。首先是关于美军协防司令部和顾问团的关系。这两个单位完全没有业务上的关联，因为协防司令部的任务在协防台湾，是战斗的体系，属于美国太平洋舰队，与第七舰队平行。台湾发生什么状况，他直接向太平洋总部报告，并和第七舰队联系，当然，有时候必要的情报，他们也通知顾问团。顾问团则是完全协助台湾军援的争取与人员的训练，他们认定某种军援很适合台湾，就替我们争取。如新的武器来了，即训练我方人员使用。但有时比较精密的武器，我们也派遣人员到美国训练。如 F-104 初到台湾时，我们就先派飞行员到美国受训，由顾问团专门负责这件事。派人训练的业务，不一定经过连络局，连络局经管的是文件，至于口头协调，则由各总部的连络室负责。比方海军总部有海军组的连络人员，约二三十人，陆战队亦设有连络官，彼此联络非常

一九六七年秋“国防研究院”同学东南亚访问团，由杭立武“大使”（左二）率领晋见菲律宾总统马可仕先生（右一），本人与之握手交谈，并互赠礼物。

方便。

另外，顾问团也建议我们人事应如何精简，裁撤冗员，但绝不会干涉我们的人事任用。假使干涉的话，是会碰钉子的。“总统”对此也很严格，对他们以礼相待，但绝不买帐。我在草山受训时，有个时期，美国人想以经费帮忙我们的军队，建议“政府”由他们替我们发饷。那时是我们最穷、最困难的时候，我当时中校的薪饷只够养家活口，但我们人穷志不穷，“总统”在一次与我们的每周聚餐时告诉我们这件事，他意志坚决地说：“我们怎么可以拿他们的钱？这样子以后我们的五六十万军队都要受他们控制了。”那时我感觉“总统”真了不起，当时大家都穷，谁不希望多拿点薪水，但一拿就不得善了，台湾马上就受控制。这是对国家坚定的象征。

顾问团与我们除口头接触外，文书的来往也很频繁，参谋本部各联参如收到文件或回复或去函的文件都送由本局译送，各组长、副局长负责改稿审核，相当忙碌。组员们对稿件的经常接触并与顾问们的时常连系，对英文的磨练日有进步，到他们届年退休时，各公私机构都争相聘请，或自行发展事业，均有良好的出路与成就。“中”美断交之后，美军撤出台湾，连络局降格为连络室，后来且与情报次长室的外事室合并，人员减少很多，然而退伍的袍泽为珍惜当年的友情与合作，至今还有“国防部连络同仁联谊会”的设立，我为首任会长。最初每年聚会一次，后来改为两次，大家携眷相聚一堂，说古道今，虽然有的年近古稀或耄耋之龄，与新血们相聚一起，却是非常的亲切愉快。联谊会最难得者，是仍维持良好的伦理关系，当年长官僚属的关系，不因个人后来职位的升迁而改变。如温哈熊先生已为上将，但每次见到我，仍对我表示礼让。这在军队中是很看重的事。

我在连络局先后四年，在第二年任期届满时，海军冯总司令曾请示蒋“部长”，是否须将我调回海军任舰队职，因那时总司令希望我回海军当布雷舰队司令，但被“部长”否决，并告知池局长将来的职务，他会安排，请无须操心。此后“部长”曾召见我，在突然地情况下，告知情治人员实在太重要了，今后的情治人员一定要培养学识最好、品德最好的人来担任，过去随便选派，在政策上是最大的错误。“部长”忧国忧民，他心中的感叹我十分了解，但是我的业务并不介入其中，同时也从未担任过此类业务，他单独召我谈及此事，是否因我任期将届满后的派职问题，是不是有意要我走向情治这条路呢？当时我一直惦挂在心，然自忖性格耿直，讲话直率，恐不适合担任此项职务，几经思虑，趁与侍卫长胡炘打球时提起此事。胡侍卫长系我在实践学社联战班时期的同学兼好友，他与“部长”经常接近，也知我性格爽直，若“部长”有意要我接手情治系统，恐仍需考虑。故我请他在“部长”面前代我表达上述疑虑。此后“部长”也未再向我提起此事。第四年任期将满，冯总司令未便提出调我出任何职，只向“部长”报告海军指挥参谋大学校长将有异动，故第四年我任期届满，乃派我接任海军参谋大学校长的职务。

十、重返海军职司教育任务

接长海军指挥参谋大学（三军大学海军学院）

我在连络局延任两次，于一九六九年六月一日任期届满，六月四日即奉命接长海军指挥参谋大学，并与原任校长刘耀璇少将举行交接典礼，由总司令冯上将监交，仪式简单隆重。

海军指参大学的沿革史在黎玉玺上将及郑天杰将军的访问纪录中皆已述说详尽，我就不再赘述。然回想当年陆空军都有深造教育的学校，而海军独无，一些年轻海军军官深感失望，期望海军能比照陆空军急速设立指挥参谋学校，给青年军官一个深造教育的机会。当我接任校长之后，坐在简报室听取简报，深为我海军指参大学骄傲，并向当年历任兼主任、校长、教育长、教职员们献上创校维艰的敬意。他们多年来的敬业与辛劳，换来这所可与陆空军指参大学媲美且并驾齐驱的学校，实在得来不易。

本校校址原在左营，五十六年十一月奉命从左营迁至台北大直“国防大学”校区，与“国防大学”校本部及陆空军指参大学为邻，从此无论师资之互聘、教材之研讨等，都极为方便。

一九六九年九月十五日，“国防大学”奉命改为三军大学，设战争学院，陆海空三军指参大学则改为陆海空三军指挥参谋学院，均隶属于三军大学之下，校长仍为前“国防大学”校长余伯泉上将，副校长蒋纬国中将兼战争学院院长，陆海空军各学院院长仍照旧。海军学院在编制上虽改属三军大学，但一切人事后勤等支援，仍由海军总部负责，其他课程之设计与编排等，经常与其他学院协调，彼此参考。师资方面，如果本院无适当人选，关于军事课目可在本校各院聘请相关教官代课，如遇非军事方面的学科，因校址在台北，礼聘各界政经文化学人来校兼课，也较方便，比之以前在左营时，实不可同日而语。

当时海军指参大学的教育长是朱祝尧少将，总教官是刘和谦上校，海军学员队队长欧阳位上校，陆战队队长高巨涛上校，都是一时之选。加之余校长又是以前我在国防部时的老长官，他对战史及战略、战术思想特有研究，经常为我们阐述。蒋副校长也同样爱好各家兵法与战略思想，并不断深入研究，经常与余校长请益钻研，为我们讲课时，举一反三，讲述非常精彩，偶尔间还插笑话一两句，使气氛特别活泼，颇受听讲者欢迎。我处在这种环境之下，和大家亦师亦友，生活亦改变成另一种方式，学习的气氛经常围绕左右。

一九七〇年元月一日，我与总教官刘和谦上校同时升级，他升少将，我升中将，以符院长和总教官的编阶。甫晋级不久，又于同年二月九日奉令入本校“国防大学联合作战系”第四期带职受训，为期四个多月。此次训练，在军事方面由余校长及蒋副校长主讲，政、经、文化等相关课程部分由校部教官讲授，大多聘请外界知名之士担任。同学中，本军有宋长志、俞柏生、高如峰、李北洲、张殿华等人，陆空军亦多以前受过训的同学，一开学大家不免聚集寒暄一番，至为愉快。宋长志当时是以副总司令之职带职受训，我们曾同学多次，这次又在同校受训，因此倍感亲切，有关海院应兴应革的事项，也都能在课余之时提出讨论，有时还可以散步到海院解决一些问题。这次受训对我来说实在非常方便，战争学院与海军学院近在咫尺，如有任何重要事务，院方都可以派人到战院找我，必要时还可以向教官说一声，回到办公室处理，不过这种情况在事实上也极少发生。我在课余时总会跑回办公室看看，以解决一些问题。结业前校方安排一趟韩国之旅，然去者寥寥，因为有的人已经去过，而有些带职受训者也想回原单位看看。这种三军将官联合训练，最大的益处除了研究三军联合作战的战略、战术，以及后勤支援等问题外，最主要的是同学们建立了相识相知的情感，更是今后在业务上或战场上有一个很自然的合作伙伴关系与共识的基础。

七月上旬的一个下午，宋长志副总司令到海院来访，告知海军官校张仁耀校长将调参谋本部联五（计划）次长，遗缺冯总司令及他本人都认为极为重要，而且需要彻底改进，拟报请总统派我去接。这个消息让我又惊又喜。惊者系因我接参院仅仅一年零一个月，扣除四个多月联合作战系的受训，在院时间只有八个月，为学院贡献得太少；喜者是担任海军官校校长，是一个使自己能够年轻、上进、奋发，以身作则的职务，每天和青年学子——海军下一代接班的骨干——在一起，看他们用功、锻炼、成长、进步，走出校门为海军、为国家担负起保国卫民的任务，是多么的严肃与骄傲的使命，也使我感到安慰和高兴。

接长海军军官学校

当我得知将调任海军官校校长时，心中难免有些矛盾。因为任职海参大及海参院的时间很短，尚未有所建树即调往海官校，内心很感不安。但是海军官校校长是许多海军高级将领向往的职务，总司令及两位副总司令曾衡酌其重要性与个人性格，特选派我往接海校，使我可与青年学生朝夕相处，以身作则，好把他们塑造成具有完整人格的青年，以期走出校门成为一位堂堂正正、顶天立地、允文允武、有为有守的海军军官，对海军、国家、社会有所贡献，言念及此，内心不禁又感觉振奋起来。

一九七〇年七月二十二日，我接任新制海军官校第九任校长。甫入校门，看到学生们精神焕发、抬头挺胸地步行于校园内，立觉自己已经来到一所可以使我尽心尽力发挥个人专长的学府。当天上午十一时，“国防部”参谋总长赖名汤上将正好在南部，他是我在连络局长任内追随多时的老长官，故当其得知我于是日接任，于百忙中特莅临本校听取简报，并对本校高级主管训话。由于时间匆促，无暇与学生见面，临行时特别嘱咐代他转达对本校全体官兵与同学的关怀，日后得便将再莅校看看大家。老长官的关注，使我至为感激。

我到校的第四天（七月二十五日），总司令宋长志上将也莅校巡视，并与总队官生共进早餐，因其曾任本校第六任校长多年（1955.12–1962.1），对海官校特别关怀且有经验，于餐毕后与我长谈多时，承他给予许多指点与经验之谈，使我在处理校务方面有所准绳。

接任时，正好五十九年班正期生（一九六六年入学）即将毕业，他们刚结束敦睦远航训练归来。从他们这班开始，毕业后非由少尉起叙，改由中尉任官。九月七日他们在海军总部大礼堂举行毕业生授阶典礼，宋总司令亲临主持。次日上午，全体毕业生又至阳明山中山楼参加由“总统”主持的三军四校联合毕业典礼。毕业后，除一小部分自愿分发到陆战队或电脑补给单位外，其他一律派到太字号、山字号、阳字号各主要军舰见习，谓之中尉见习宫，半年后派职，即负起保国卫民的重责大任。

海军官校的编制是于一九六九年四月奉总司令部令修订：校长之下设副校长（以后取消）、教育长，校务分教育处、行政处、主计室、政治作战部、海军科学部（含作战、兵器、轮机、体育四系）、一般科学部（含数学、理化电机、外文三系）、学生总队、专科学生班、预备学生班、海军史迹馆等十个单位。海官校的学生主要分为三个班别：（1）四年制的正期学生班，其来源是招考普通高中、高职毕业生，及由本校预备班毕业直升的学生；（2）专科学生班分为航海、轮机、电子、电信、行政与补给六个专科，也是招考普通高中、高职毕业生就读，施以二年专科教育训练，毕业后授予少尉官阶派舰或工厂服务；（3）预备学生班，招考初中毕业学生，施以三年类似高中课程及海军基本常识与军事训练，毕业考试及格即可直升正期学生班。当时正期班学生强制规定必须服役满十年，专修班学生则需服役五年。但后来视员额之需要曾作修改。

（一）调整人事及整顿校园

我到校后，除了忙于了解校务与教学情况，以及学生生活和课务情形外，最急要的就是遴选教育与行政两处主管，他们是否敬业、清廉、胜任，关系全校的士气与进步；其他单位的主管当然也相同重要，但是他们都能胜任愉快，惟独上述两处亟须觅请新人。当时一般海军军官对于教育工作都乐意承担，容易遴派，但行政工作则不然，稍有前途发展者，多不愿屈就。我还在参院时，就听说官校行政处长不称职（非海军正规军官），那时我即有个想法，行政处主管全校官生兵的后勤业务，若主管不适任，影响大家的学业、工作与士气至深且巨，乃下定决心在到校接任后，一定要找一位最优秀的年班上校军官担任此职，最多只做两年，将校务整顿好，就保荐他担任一级舰舰长，如此一般人就不会认为行政处不是优秀军官干的，而且表现优良还有升迁到舰队的希望。我做过多年主官，最注意行政处或总务处，这两个部门等于联勤总部，从事后勤补给。假使总务处的处长本身就不廉洁，如此上行下效，将仅有的经费朋分，就没有充足经费办理学校或机关的事务；事务办不好，就影响士气，士气低落，这个单位就做不好。当时有人对我的做法很表赞同，我认为，经费由行政处长全权管理，我自己一个铜板都不管，也不要求他替我买东西，因此我要找一位值得信赖的人。因为优秀的军官只做两年，他绝不会贪污舞弊，否则被我晓得了，他的前途也就完了。

确定用人标准之后，我乃请教许多年班同学，请他们推荐合乎此一条件的人选，最后承海院欧阳位上校介绍，谓在南部海军专科学校担任通讯主任教官的樊学峰上校颇为合适。故我到海官校报到后，即抽空往访该校校长锺汉波少将，并请他帮忙劝说樊上校转任官校任职。但与樊上校会面时，不但樊上校不肯，锺校长也不愿割爱，后经数度拜托与邀请后，总算成功。教育处处长则以本校四十一年班毕业的主任教官尼那松接任，他于三十七年入青岛海校，毕业后即在校任职，从事教育甚久，一切校务非常熟悉，由他接任，最为适当。

以上两个单位布置妥当，我又想到学生副总队长的问题。当时副总队长正好轮调，我心中计划请陆战队派一位优秀的中校军官（营长或副团长）来校担任斯职。因为总队的生活管理与操作都由队职官负责，陆战队的基本操作训练均较海军为佳。所以我想若副总队长改由陆战队的中校军官担任，不但陆操教得好，同时官校勤务也可请陆战队的士兵支援，可省却不少力气。而且每年班都有部分毕业生志愿到陆战队服务，如此既可拉近海军与陆战队的情感，又可加强彼此合作。我先与当时的总队长李恒彰上校（以后任第十五任中将校长）商量，他也有同感，我即赴陆战队司令部拜访过去一同受训的同学兼好友袁国征中将，及副司令何恩廷少将（未久即升中将司令），将我的构想向他们说明，并请他们选派优秀的人才，将来回队可以升任上校团长。我在美任“武官”时，对陆战队派赴美国受训者，不管军官或士官，皆与海军军官一视同仁接待，陆战队军官对此常铭感在心，此亦为我对此构想有把握的一点。承他们乐意支持，未及一周，陆战队就派一位曾担任过何副司令侍从官的营长张亭举中校（陆军官校毕），来官校担任学生队副总队长。张中校工作勤奋负责，深受官生们的欢迎。

由于张副总队长的到职，除了加强总队陆操之外，并利用与陆战队的关系，借调该队兵工，彻底整理学校环境，最显著的就是以最少的经费利用兵工修筑篮球场与中正（司令）台，整修体育场内各单双杠木马与爬绳架等体操器具，使全场焕然一新。其次则是督导行政处及学生总队劳动服务，将校内枯老树木或整棵枯死大树砍伐挖除，这些木材变卖所得价款交由行政处购买大批幼树（澳洲松），植于学校大门至精神堡垒大道两旁，并在大操场边缘，将已被砍伐枯树的空隙补种新树，俾使校园青翠盎然。年前回校观摩，那两排松树已长得高大苍翠，蔚为壮观。

为使学校大操场四周更为雄壮美观，我曾计划将中正台对面的老旧史迹馆拆建为中正堂（大礼堂），两旁附设行政大楼及军史馆，使校区更为整齐实用。次年（一九七一年）二月六日，“国防部”黄杰部长莅校巡视时，我曾与“部长”站在中正堂面向史迹馆方向，报告此一构想，部长深表赞同，但恐经费无法支应，不过应允回部后与参谋本部协调后再议。第二个星期参谋总长赖上将偕联训部主任冯启聪上将、总司令宋上将莅校巡视，并与学生共进早餐，我又将扩建中正堂的计划向赖总长报告，他说："已经知道这个计划，构想虽佳，可惜政府现在经济困难，目前还有更重要的事要办，等以后再说吧。"我聆听之后，也就知难不语了（后来他找我去当"国防部"计划次长的时候，即主管此事。当时军方的钱，完全用在薪饷和生产与添购武器上，房舍的修筑根本不必提，只能由"国防部"或总部，匀挪一些经费支应）。他们早餐后巡视至中正台，见陆战队工兵在赶建工作，对海官校能获得陆战队的支援，都很赞赏。

樊学峰上校在校任职一年多后，正好有某一级舰舰长出缺，我乃向宋总司令报告，谓樊上校非常优秀，学校亦整顿良好，拟请升其当一级舰舰长。所请获允，后来樊上校也升了少将。当行政处樊处长调离后，我之任期亦将届满，时陆战队团长尚未有缺额，乃将张副总队长亭举晋升上校，调兼行政处长；之后调回陆战队升任团长、副师长、少将师长、副司令及"国防部"中将督导官等职。我之承诺一一实现，学校环境与校务亦步入正轨，可谓皆大欢喜。

（二）接办大专院校第二届田径运动大会

黄"部长"及赖总长于一周内先后来校巡视后，我就听说海官校可能要接办"全国"大专院校第二届田径运动大会。正好运动场环境已整修一新，扩建之中正台与新建之体育馆工程也即将完工，可以配合运动大会的举行。只有田径跑道还不够水准，需另筹经费予以翻修。为争取时间，本校即先派体育系主任杨宣艺上校造访台湾区各大综合运动场，研究他们田径跑道的优缺点，以为本校改建之参考。经杨主任比较及研究所得，认为跑道的黏土与煤渣的比例应为二比五（当时跑道还未采用化学原料），厚度应为四十五公分，全用人工铺设，中层的食盐要用十吨，使场地将来使用时能发挥良好的调剂作用。我听取报告后，即责成杨主任负责策划指导，张副总队长配合向陆战队申请兵工，行政处樊处长筹划经费，教育长朱成祥上校协助本人总其成。大会比赛期间，与赛各校教练、选手大加赞扬，咸认为径赛跑道为台湾有史以来最好的跑道，有助于提升选手的成绩。

第二届大专田径赛大会终于宣布在左营海军官校举行，由教育部部长锺皎光先生担任大会会长，本校教育长朱成祥任总干事，郝更生博士担任大会筹备委员会主任委员，其他委员多属体育界专家名流。郝博士对此次运动大会非常关心，经常莅校指导观察，使本校得益匪浅。在运动大会揭幕的前一天上午十时，筹委会特假本校图书馆二楼举行记者会，由郝博士主持，朱成祥兼总干事报告大会筹备经过情形。最后郝博士表示：本届大会在筹备阶段已创造了四项特色：（1）大会服务工作设想细密，准备周详，选手进入选手村之后将有宾至如归之感；（2）重视田径场地整建，将为大会缔造辉煌成绩；（3）掀起全民的体育热潮；（4）海官校池校长事必躬亲，令人敬佩。郝博士在另一家报纸《访名家与国手谈大专二届田径大会》的特写中，对我也另有一些谬奖。当年七十多岁的郝博士在国内与国际体坛都赫赫有名，为人处事均受体育界所敬仰，我们仅是初识，承他赞扬有加，实在不好意思，若说确有成效，那要归功于全校师生与勤务人员的团结合作与努力负责的结果。

大会于一九七一年二月二十七日上午八时三十分在本校隆重揭幕，展开为期三天的赛程，揭幕典礼由兼大会会长教育部锺皎光部长莅临主持，海军总司令宋长志上将、郝更生博士、“全国”大专院校校长、南部地区各界军政首长都应邀参加观礼。揭幕礼首由师大名选手林纯玉小姐点燃圣火，继由军方进行五项精彩表演：（1）海军官校鼓号乐队表演；（2）海军陆战队蛙人操表演；（3）陆军官校刺枪表演；（4）海军舰队仪队操枪表演；（5）九时三十分，空军官校九架介寿机准时于会场上空编队通过，向大会致敬。揭幕礼结束后，十时正展开首日赛程。本届大会共有85所院校参加，选手1,219人，区分为六组角逐175个项目的锦标。其中军事学校派代表参加的，本届也扩增至五所，可谓盛况空前。

大专院校第二届田径大会，在三天和谐、愉快而又热烈的气氛中，进行了 87 项决赛，于青年节下午四时顺利结束。各项竞赛成果丰硕，计:（1）破纪录者一项一人;（2）刷新大会纪录者六项六人;（3）平大会者两项两人;（4）重写上届大专田径运动会纪录者三十六项四十七人;（5）平上届纪录者四项四人;（6）破五专纪录者十项十六人。此外还有五专女子组 1600 公尺接力，与女子甲组 1500 公尺，均为新纪录。闭幕典礼于下午五时举行，由大会名誉副会长“国防部部长”黄杰上将主持，应邀参加闭幕仪式的有海军宋长志总司令，陆训部袁国征司令，空训部赵珊司令，各军事学校校长，高雄地方各界首长，及郝更生博士等。典礼中黄“部长”训勉运动员们不但要研究高深的学问，还要锻炼强健的体魄，如此才能符合我国传统的“德智体群”四育并重的教育精神。他特别强调，这次运动大会的圆满结束，正象征我们文武青年紧密的团结，和国家民族光明的前途。明年第三届“全国”大专院校田径运动会，由省立体专主办，大会总干事朱教育长将会旗呈给黄“部长”，再由黄“部长”授给省立体专。闭幕典礼历时十五分钟完成。

海军官校因举办此次大专院校田径运动大会，承各报的主动报导、宣扬，以及各校教练、运动员们的赞誉，使海官名声大振，无形中替海官做了一次大宣传，对今后招考新生或有帮助。但是学生们经过这次分心之后，必须把他们的心收回来，放在课业上，因此我利用各种集会场合，不论在国父纪念周会，或开学或毕业典礼，或是午餐，不断提醒他们用功读书，变化气质，建立坚强的意志，以及德智体群四育均衡发展的重要性。

（三）参加第二届大专院校游泳比赛

近年来，我的家眷一直住在台北，期间曾在左营借到一幢房舍，暂将他们搬来住一个短时期，但两个孩子因就学的缘故，不久又迁回台北，因此我单独住进办公室后面的一间小卧室，使我有多余的时间与学生相处。早晚两餐由勤务兵到学生餐厅打饭到办公室用膳，中午则到学生餐厅与学生共餐，如此每天都可以见到全体学生与队职官。如有必要向他们讲话时，午餐是最好的时间与场合。如总长、总司令与其他长官、“政府”要员、“立委”、“监委”或外宾来校视察、访问或参观，经常都在中午与同学共进午餐，或训示讲话。我每天在校部，最感到愉快者，即是每天都能与学生接触、谈话，巡视他们自修的情况，特别是走到预备班教室的时候，看到他们年轻、纯真的面貌，及成长健壮的体格，内心感到无比的欣慰。清晨还未吹起床号之前，我就起来，走到校园中，看到学生一个个拿着书本在用功，有的背，有的念。待走到预备班附近的游泳池旁边，也看到即将参赛的选手正在池中勤练。他们之如此勤练，系因为我一直强调，无论如何，在运动会中的游泳比赛，海军官校一定要拿到总成绩第一的锦标。这句话也引起他们的共鸣，故晨昏不懈，加紧练习。这种课外时间的练习，并不影响课业。往年我们都没拿到好成绩，其中当然有不少负面因素，例如：体专学校堂课较少，体育、游泳、球类等，只要专攻一项，那项运动就有专任的教练指导与充裕的时间训练。至于陆军官校人数较海军官校多好几倍，其中体育人才济济，当中一定有相当多民间的体育好手，如游泳好手或县市代表队投入其中，比赛时就可替学校增光。在第一届大专院校游泳比赛，陆官校就拿到总锦标，为此我耿耿于怀，决心一定要夺回。然而海官校若要取得这项总分第一的荣誉，就得利用课余时间勤加练习不可。因此我责成游泳教官、队职官对全体学生上游泳课时要严加督导，不得缺课。对欲参加“全国”大专院校游泳比赛的同学，更要加强训练，以便得标。第二届“全国”大专院校游泳比赛，于一九七一年五月廿九日和三十日在台大游泳池举行，本校游泳代表队表现特别优异，在十项竞赛中，夺得六项冠军，计金牌十二面，银牌五面，铜牌三面，其中一千五百公尺自由式第一、二名，和八百公尺自由式接力，都打破大会纪录，成绩辉煌，荣获大男乙组总冠军。总司令宋上将特别颁发奖金五千元，奖勉代表队同学，这当然是值得我们兴奋和光荣的事，但更令我们兴奋与欣慰的是，代表队全体同学那种奋发和不屈不挠、团结合作、争取荣誉的精神，不但赢得全场大专院校师生们的敬佩与赞扬，同时还主动为我们宣扬，使大家对海官校有了更深刻的认识与好评。

这一年来，海官校由于校园、校舍和运动场的积极整顿，以及在第二届大专院校田径运动大会中的完善服务，与游泳比赛的大捷，使官生兵士气大振，充满了生气与活力，因此大家工作更努力，学习更勤奋，这是一种鼓舞反应，使同学们更走向活泼进步的前程。

此外四、五月间，陆空军官校看了我们的成绩，分别由校长林初耀中将与姚兆元中将，率领教育观摩组莅校观摩联谊，以后本校亦组团赴两校观摩联谊，藉以促进三军官校教育学术与情感的交流。三军官校均在南部，彼此往来极为方便，我们三位校长又是过去受训的同学，因此经常抽空相聚，相互切磋。

（四）敦睦远航

敦睦远航是海官校的一件大事，主要训练海官校应届毕业生长时间的海上航行经验，兼负宣慰侨胞、敦睦“邦交”等任务。他们于漫长的海上航行期间，无论纪律、管理、生活或作息，都以舰规为依据，将他们在校所学得的学科理论与舰上实务操作相印证，期能学以致用。此外远航训练也是借着长期的海上生活，磨炼他们坚忍不拔的意志力和耐波力，使能克服海上生活的重重困难，养成无畏海洋的开阔视野及胸襟，以为尔后服务海军、国家、社会的基础。通常每次访问三四个国家或地区，视当时情况而定，不是每年都一样。敦睦远航始于一九五三年八月十七日，本校一九五三年班应届毕业生到菲律宾访问，支队由丹阳、太湖、太昭三舰编组，赴菲访问十天。在此期间，靠泊马尼拉港，我海军官兵及官校学生，军容壮盛，不但振奋侨心，且轰动菲国军政各界。其后囿于国情，出国远航训练暂停。改以各年班暑期舰训代之。迄至一九六六年十月，一九六六年班应届毕业生又实施远航训练，曾到宫古及琉球群岛访问，成功回航。次年海军总部认为远航成效良好，遂令本校各年班应届毕业生恢复远航训练，并订名为敦睦远航演习，以二或三艘阳字号和山字号编组临时海上支队，遴选有海上经验的优秀少将军官担任支队长，率舰及官生兵，访问各友邦主要港口。我接任校长时，正好一九七〇年班正期生敦睦远航归来，那次远航由副校长杨松泉少将担任支队指挥官，以安阳、玉山、恒山三舰编成支队，访问泰国、菲律宾、韩国及琉球，全程历时七十四天，总航程共计八万一千零三浬。

一九七一年班学生的敦睦远航演习（简称海军一九七一敦睦支队），以襄阳、锺山两舰组成，由刘和谦少将（当时是勤务舰队司令，后历任海军总司令及“国防部”参谋总长）率领，于五月四日由左营出航。远航前一天上午十一时，宋总司令特别南下，对远航一九七一年班学生做精神讲话三十分钟。训话之前先对全体学生点名，训话时，特勉励全体学生虚心学习，充实技能，在国外严守纪律，注重个人言行与团队荣誉，同时并勉励各级干部教官，严格要求、加强训练，处处见他以老校长的关心，道出对学生们的爱护与期盼。而我亦在事前亲自为他们解说国际礼仪与吃西餐时应注意的事项，例如刀、叉、汤匙的摆设与用法，若要用隔座的调味料不可越过邻座去拿，可小声请邻座传递过来；用刀叉时不要发出声音；而切牛排不发出声音的诀窍，是先将刀尖抵住盘底再向下切即可；坐姿要正，谈话要小声等等。讲述时特向海光俱乐部西餐厅借了十几副刀叉、汤匙、餐具等做示范练习。以后并分批请他们到西餐厅实际吃西餐，以资熟习。

这次敦睦支队远航共历时五十七天，航程达一万二千余海里，先后访问了美国的关岛、中途岛、珍珠港、檀香山，琉球的白滩港，及韩国的釜山与镇海，共三国七港。在每一地区均受到我旅居侨胞的热烈欢迎和友邦人士的礼遇接待。有些港口的当地民众和侨胞，还邀请他们到家里做客欢聚。侨胞们得以亲睹祖国海军壮大军容，亲切地招待他们参观舰内装备，平添无限骄傲。支队中除了海军官校 145 名应届毕业生，及其鼓号乐队外，并有海军仪队与军乐队随行，在每一港口所做的精彩表演使友邦人士及侨胞们都赞不绝口。支队此次远航，在学生训练方面都能按计划实施，将理论与实际相印证，成效显著。在宣慰侨胞方面，已使得侨胞对祖国的信心更形坚强。在敦睦邦交方面也受到友邦人士的一致赞扬与好感，可说是圆满达成任务。

在刘指挥官由海外寄回舰令部的报告中，可看出支队在珍珠港及檀香山两地所得侨胞的爱护与友邦的赞誉。当时我驻檀香山“总领事”吴祖禹先生（是极优秀的外交官，我在纽约某次宴会中相识）亦曾表示：以他从事外交工作的立场而言，在当前国际姑息主义气氛弥漫，“外交”局势一时黯淡的情况下，敦睦舰队抵达此间访问，全体官生兵各方面的优异表现，以及在有形与无形之中所作的国民外交工作，不但使友邦人士对“我国”有了新的看法与认识，同时也使他们了解“我国”近年来各方面的进步情形。而由侨胞们的热烈兴奋情绪中，更使他们体会出我中华民族的向心力与内在潜力。吴“总领事”同时认为：敦睦舰队的到访，除了加强了侨胞们对祖国的向往与信心之外，同时华侨各社团组织之间，也产生了更进一步的协调与团结，提高了华侨在当地社会中的地位与声望，是一般官式外交工作无法比拟的。他这一段话实在是至理名言，我深表肯定，并使我回忆起一九四五年欧战胜利后，我国赴英接舰官兵曾参加在伦敦各国的胜利大游行，以及一九四八年接收重庆、灵甫两舰回国，航经各地停泊时，侨胞的热烈欢迎与对国家向心力的情景，前后相互辉映。道出了海外儿女对中华民族万古不竭的情怀。

上面描述的只是敦睦支队所访问七个地区中的两个而已，其余五地也同样的受到当地人士与侨胞的热烈接待与欢迎。七月一日上午，支队两舰在刘指挥官率领下，鱼贯驶入左营军港，宋总司令率舰队司令、军区司令、后勤司令及本人等已先在码头上迎候。由总司令主持的欢迎大会，于上午十时举行，并由艺工九队女队员们先向支队刘指挥官及官生兵代表献花。宋总司令在致词中除嘉勉他们在国外两个月来宣扬国威、敦睦邦交和振奋侨心的贡献外，并特别指出，值此国际姑息气氛甚嚣尘上之际，海军官生兵以优良的表现随舰访问盟邦，宣慰海外侨胞，实具无比重大的意义和贡献。大会历时三十分钟，在随舰出海的一九七一年班学生鼓号乐队的精彩表演后结束。随后学生、仪队与军乐队等都分别归建。

次日上午我即召开一九七一年班学生远航训练检讨会，除全部远航学生外，本校二级以上主管与队职官均参加。我首先说明检讨工作的重要性，并赞扬学生此次远航的优良表现，随即由该班学生代表及随舰队职官报告此次远航训练事项、学生编组、学生生活管理及海上训练操演细节等，并一一予以详尽的研讨，会议纪录留待以后各班次远航的参考。

（五）韩国海军官校师生来访

如同我们海官校应届毕业生一样，韩国海军官校每年应届毕业生在十二月间也有一次远航训练，他们的远航作业及访问情况与我们敦睦演习有很多类似之处。一九七〇年十二月，韩国海官校的远航训练舰队，由辛相大代将率领97名应届毕业生来访。一九七一年则由朴赞极代将率一艘登陆艇母舰（APD）与一艘炮舰（PG）编组的训练舰队及官生兵共641人（其中学生128人）到访。这支舰队于十二月十三日上午抵高雄，九时三十分靠泊高雄新滨码头，受到我海军高雄港资深官刘和谦少将、海军官校教育长朱成祥上校、海军乐队及海军官校学生的盛大欢迎。韩国“驻华海军武官”金相浩上校也代表该国大使前来欢迎，韩侨民会会长、韩侨小学校长及小学生等都在码头迎接。两艘军舰靠泊码头后，朴司令等首先接受我海军舰队艺工队四位小姐的献花，并由高港资深官刘少将及海官校朱教育长陪同检阅仪队及我海军官校学生。随后朴司令即展开拜会活动，拜会高港资深官刘少将，高雄市杨金虎市长、舰队陈庆堃司令，官校池校长及军区郭勋景司令，中午并接受郭司令午宴款待。下午则接受各首长回拜。晚六时舰队陈司令以酒会欢迎朴司令及训练舰队主要官员，继于八时以晚宴款待朴司令等。至于韩国训练舰队应届毕业生则于下午即来我海军官校拜访参观，展开一连串的交谊活动及篮球、足球友谊赛，韩海军乐队、仪队与跆拳队并在此展开表演。下午五时三十分在校部举行由我官校学生演奏的音乐餐会，七时举行舞会联谊。舞会的舞伴在事前筹划时曾发生困难，因为本校学生住家多不在南部，他们如有姊妹不可能前来，学生们功课繁重，很少人能有时间结交当地女友。因此若能邀请到高雄天主教文藻女子外语专科学校的学生参加最为理想，但是她们管教严格，起初我曾亲自洽商该校训导主任（一位修女），未获同意。我又请一位美国顾问的太太兼本校英文教官，亲自拜访该校训导主任，才算答应。在舞会之前，我又向本校同学讲解舞会礼仪及注意事项，如拥抱舞伴不可太紧，手应当如何摆放等。此次舞会相当成功，学生也可在舞会中练习英语，当晚都尽欢而散。女伴有的由家人来接，有的由高年班学生护送她们回家，严格来说这也是一种礼仪教育。

第二天朴司令搭机赴台北拜会我海军总司令及参谋总长，并赴忠烈祠献花，当晚接受宋总司令欢宴后，即搭机返高雄回舰休息。是日韩国海军官生则全天分批参观高雄铝厂及游览澄清湖。第三天上午，我海军官校学生登韩舰参观。下午朴司令拜会陆战队何恩廷司令并参观仪队操枪及特技射击、访问韩国侨校等。韩舰则自下午一时至五时开放，供我民众登舰参观。另外，韩海军之乐队、仪队及跆拳队也在高雄市府前体育场公开表演，供我民众观赏。第四天上午韩训练舰队在我高港海军刘资深官及官校朱教育长率领海官校学生代表，于欢送军乐声中驶离码头。

韩国海军官生兵在“华”访问的表现十分优良，他们也有着埋头苦干、奋发图强的精神。一九五六年、五七年，我在人事署长任内，曾随梁总司令访问韩国，参观韩国海军官校。该校建筑在釜山优美的海港之滨，无论是划舢舨、驶帆、驾小艇的训练或实作，都极为方便而确实，可使学生四年学习之中天天都看到海洋，接近海洋，嗅到海洋的气味，听到海洋的声浪，那才真正是训练海军斗士的地方，内心羡慕不已。当我接长海军官校时，听说空军幼年学校在屏东东港大鹏湾的海边环境甚美，空军幼校因某种原因可能会迁校，遂率同本校教育长、教育处长等前去实地观察环境，大家认为用作海军训练十分理想。当宋总司令来校视察时，我向他报告后，再度陪他前去勘察，在当地策划良久，亦认为此处的确相当理想。后经宋总司令在台北派员访查空军有关单位，他本人也与空总高层打听，得知空军幼校一时尚无法辽校，而且手续极繁，此议乃罢。另一方面，本校自一九四九年迁来现址，已整整二十余年，在此期间经历任校长、同人、学生在经费极端困难之下，胼手胝足，左营校区之建设已颇具规模，在国家财政尚未充裕之时轻言废弃，重新建校，实在也是浪费而不符实际之举，因此向往建校在海边之理想就暂此作罢。

此外，我还有一个构想，某次我巡视校区，走到餐厅旁望向西南方，看见一片大鱼塭，个个相连直到海边，迤逦约两三千公尺远，土质非常松软，我想如果从校区挖一个五六公尺宽，两公尺深的沟渠通往海边，必是轻而易举之事，如果能够挖成，则舢舨可划出海，帆船也可以出海驶风，甚至小汽艇更可以开出海练习驶舵、靠码头等训练。我个人非常重视这项课程，认为可以培养学生不怕风浪、征服海洋的精神。当时经多方打听，收购鱼塭的土地所费不赀且非易事，而我在校期间也不会太长，因此未向上级提出，只当作个人心中的一个理想而已。

（六）海军官校校庆

每年十月十七日是海军官校的校庆，也是海官校最热闹的一天，全体师生官兵都以热烈的心情欢度庆祝活动。一九七一年是本校二十四周年校庆，并不例外的，全体师生、校友及来宾、眷属们约有两三千人参加。庆祝大会由本人主持（过去有时由总司令主持）。上午九时先阅兵分列，学生精神焕发步伐整齐，深获来宾校友们的赞赏。九时三十分庆祝大会开始，仪式简单隆重，首先宣读宋总司令特颁书面训示，勖勉全体官生要坚定革命信心，发扬海权思想，及倡导学术风尚等。随后我向师生们说些勉励的话，欢迎来宾、校友和家属们远道来参加，并希望他们随时给我们指导和建议，使本校教育环境能迅速达到预期的理想目标。大会于十时结束，继由学生鼓号乐队表演。十时三十分，全体来宾校友们参观书法展览及史迹馆。学生的书法作品，因一年来学校的鼓励与用心勤练，颇有进步。史迹馆展出的内部资料、挂照与模型等，则在经常的整理与补充下，内容颇为丰富。中午以大会餐招待校友来宾及学生家长，大家欢聚一堂，极为亲切热闹。餐后还有园游会、篮排球比赛等节目。晚间七时分别在校部率真厅及中正堂举行舞会及电影欣赏会。一整天的节目也在此结束。

对于校庆日期为何定在十月十七日，有些来宾与家长颇感疑惑，我到官校后亦有同样疑问，经细查校史，得知在抗战时期，散处各地的马尾、青岛、黄埔海校与电雷学校，均忙于作战及迁移校址，没有时间与心情庆祝校庆，就是有，日期也不一致。迨至抗战胜利后，政府鉴于海防之重要，急需建设海军培养人才，遂于三十五年六月十六日在上海设立海军军官学校，国民政府蒋主席亲自兼任首任校长，马尾海校未毕业之学生则纳入本校，计有三十六、三十七及三十八共三个年班，至此，我国海军军官教育乃告统一。三十六年十月十七日，领袖蒋公首度莅临海官校巡视，并对全体师生讲话，训诲殷切，勉励有加，全体师生感奋之余，于同年订定是日为新制海军官校校庆纪念日，以示对蒋公之崇高敬意。

（七）随宋总司令访问美国

一九七一年十月，海军总司令宋上将应美国海军军令部部长朱华德（Admiral Elmo R. Zumwalt, Jr.）上将邀请，于十月廿一日启程赴美参观访问，十一月十二日返国，先后共二十三天。在此期间并出席每两年召开一次的第二届世界海权会议，于美国罗德岛州新港举行，共有四十六国的海军首长或代表参加。世界海权会议主要检讨海疆问题，各国海军方面的得失及策划如何加强海军合作等事宜。随同宋总司令赴美访问的尚包括有本人、刘和谦少将及沈方枰中校（后任海军副总司令，现任中山科学研究院院长）等三人。

此次访问地区包括夏威夷和美国本土东西两岸的主要军港八处，休斯顿的太空总署，其间我曾独自访问美国海军官校。这些地方对我来说，虽然是旧地重游，但是由于这次访问的性质和时间上的不同，和七八年前我在美国当“武官”时所得到的观感与收获也有很大的差异。因为这次是追随总司令作参观访问，同时也因中美海军关系的密切，所到之处除了受到上宾之礼接待外，所参观的武器装备和讨论的问题，可说是毫无机密的保留。其次是由于这数年来美军科学工艺的不断发展，使得美海军武器装备比起我过去在美国时所见识到的更为突飞猛进。根据这次访问的观察，我们认为美国现代海军的发展，又迈进一个新纪元。概略而言，新的发展是朝向“舰艇性能多元化”、“舰艇动力核子化”、“操纵自动化”、“武器飞弹化”、“指挥电脑化”的方向迈进。由于上述武器装备不断的发展，也使战略战术的运用经常在改变。我们在美国东岸参观了北极星飞弹和海神飞弹的工厂，以及核子飞弹潜艇学校的训练、设施，留下极深刻的印象。这种战略新武器，可谓集电脑化、自动化、飞弹化、核子化之大成。它的精确性、隐秘性、破坏性以及续航力等，几乎没有任何一种武器可以与之相比。它的功能超出了一个战场的局限，可以延伸到该战场几千里以外的目标。因此，美国有把握控制全面核子大战的发生，吓阻苏俄不敢贸然首先突袭，就完全是依赖这种武器。因为核子潜艇携带了最新式的海神飞弹，经常在接近苏俄的海底对准主要目标，随时候令攻击。而这种高度机动的核子潜艇不像岸上的飞弹基地或是飞机基地，不容易受到敌人先期攻击的毁灭。

美国海军的锐意求新，也非其他国家所能及，他们拥有世界上各民族的精英，第一等的人才和头脑，在各个不同的角落、机构，为避免落在敌人后面招致失败，而殚精竭智地为美国海军研究发展。这种绝不保守、不断创新的精神和作为，实在是美国海军至今仍能执世界海权牛耳的重要原因。

当然他们也有若干困难和缺点，例如新舰新武器耗费不赀，经费短绌，下级干部留营比例不如理想，部分官兵纪律松弛等。不过就大体上评断，他们的优点多于缺点，而若干缺点，都在军令部长朱华德的锐意革新政策下，力谋改进。

这次我们也参观了五角大厦的战略指挥通信中心，大家都知道通信对于战争与作战的重要性，由于太空卫星和电脑的发展，美国的通信效率可说已达到完美的境地。举一个小小的实例来说，当我们在该中心参观的时候，引导的军官问宋总司令要不要和我们台北的海军总部战情中心通话，总司令答应后，不到一分钟，接线兵立刻就接通了台北美军协防部的电话，继由协防部的值日官接通了我们总部的战情官（那时台北是晚上十一点多钟），前后加起来不到两三分钟的时间。之后他们又与美国驻在全世界各国的指挥部试话，不到一分钟，分布在世界各地的电话一连串的回复过来。当然那个时候还没有商务卫星，各国间也没有商务或民间直拨电话，这种通信效率实在令人惊叹。

因宋总司令需参加十一月一至五日的世界海权会议，在此空档，他特别替我安排在二、三两日访问美国海军官校。以前我在驻美“武官”任内，每年美国海军军令部都会安排一次短时间的访问，但仅是些表面的参观，如观赏鼓号乐队、陆操表演等礼貌性走马看花的认识，并不能深入了解。这次有两天的时间，同时我是“中华民国”海军官校校长，因此特别受到热烈的接待。夜宿校长接待室，两天的日程安排紧凑，除了参观他们新的设备外，还听取八个简报，和他们学生聚了一次午餐，参加一次毕业班学生的酒会，一次校长的晚宴，第二天又参加一次两位前台湾协防司令迈尔逊（Charles L. Melson）中将和邱约翰中将合请的午宴。六七年未见的美国海军官校，无论是在组织上、学科上，或者设施上都有了很多的改变和进步。

他们在组织方面最大的改变就是在校长之下增加了一位行政助理，这位行政助理只是中校，下面有三四位助手，协助校长担任策划与协调的工作。因为美国海军官校的编组，并没有副校长或是教育长的编制，校长之下，对于学生的管理和军事训练统归一位少将级的指挥官负责；学科方面由一位文职的教务长负责，有关后勤方面则由一位上校级的行政处长负责。此外还有体育系、招生指导小组、电脑服务中心，以及最近拨归官校指挥的该地区海军巡防处等独立单位，在编组表上都由校长直接管辖。这些单位含学生旅和教务长等，过去都是各行其是，在彼此协调和通盘策划上经常发生困扰，因此现任校长到职后，就增设了一位行政助理和几位助手，以负协调与策划之责。

学科方面最著着的改变，就是学生入校之后可以选修自己感兴趣的主科。当时他们共设有二十八个主科，包含医科、历史、地理、文学，甚至艺术等，这种作法与普通大学相似，但是一般科学与海军科学绝对不能少于全部学分的75%，而所选修的主科不能超过25%，这种限制使他们在选文学或历史为主科后，仍有海军科学的基础，毕业上舰后仍可以担任舰上的职务。同时在学生人数的比例也有所限制，大概与海军有关兵科与工程方面是40%，数学与自然科学30%，社会科学20%，行政管理10%，医学2%，至于每期毕业自愿选陆战科的大概占全部学生的14%。他们这种选修的措施是为了要吸引学科优秀的高中毕业生投考海军官校，因为近年来美国社会的青年对于投考军校并不踊跃的关系。其实这也是治标的办法，一般海军军官并不赞成，大家都认为一个军事学校不应该设立许多与海军无关的学科，任由学生选择。在外文系方面，他们增加了中国语言一科，选读学生有四五十人，二日晚上的晚宴，他们特别安排了高年班的十几位同学作陪，每位同学都非常热情而感兴趣，并希望明年暑假能够参加我们毕业班暑训，以敦睦友谊和增进会话能力。

关于管教方面，他们仍然实施学习干部制度，并且做得非常好，过去低年班为高年班服务的办法早已取消，代之而行的是高年班的学长对低年班的学弟必须加以照顾与诱导，同时学习干部并负责他们所领导的分队学弟们在学科和生活上的指导。这一点和我们现在学生总队所倡导的做法不谋而合。

美国三军官校对于荣誉制度执行得非常严格，只要违犯荣誉制度，绝对开除，所以他们毕业出来的学生都能够自重自爱，尽职负责。他们向我做简报时，特别说明违犯荣誉制度的三大要项是：说谎（lie）、欺骗（cheat）与偷窃（steal）。任何一个学生违犯了这三大要项之一，一定照章开除。他们这种措施给我一个很大的提示和感触，因为荣誉对一个人、一个国民，尤其是一个军人实在是太重要了，我身为海军官校校长，如果不能把同学教导成“视荣誉为自己的第二生命”的话，实在感觉非常惭愧！他们所说的三大要项，说谎与偷窃毋需解释，而欺骗包括的范围就很广，譬如考试舞弊，或是企图舞弊，甚至于旷课等都属于欺骗行为。我每次开除一个学生，内心都感觉非常的难过和不愿意，但是为了树立校规，为了不影响其他的同学，为了海军，为了国家，我也只有忍痛牺牲。我经常在周会上告诚学生，希望学生能发挥自重自爱的精神。我们中国有一句俗语“人穷志不穷”，就是告诉大家做任何事情都要有骨气，不要欺骗，也就是要以荣誉为重。如果学生能把荣誉制度发扬光大，养成习惯，使人人视说谎、欺骗、偷窃如同伤害自己的身体，这样才能够谈得上效忠领袖、服膺主义、爱国家、负责尽职，做一个堂堂正正的革命军人。

美国海官校在教学设施方面的确年年都有改进，近年来又完成了两栋科学馆，里面是数学、电脑、理化、海洋学等教室与设备。他们又准备再加建一栋工程大楼，但是也同样因经费困难而到处募捐。我曾经问他们：过时或陈旧的仪器与装备是否都要淘汰？他们认为这些仪器或装备虽然已经过时，但在教学上仍可应用；只要原理相似，学生有了基础，上舰后用到新的仪器时，经人指点，马上就会了。这一点和我们也有相似之处。我之所以询问，是想探听一下，是否可以经由顾问团获得一部分他们不要的旧装备，以增强本校的设备，然而经他们这一答复，我也就免开尊口了。但是由于这个启示，我深深感觉到，一个基础教育的学校，不可能完全获得当前部队或机关中所使用的新武器或新装备作为软学器材，最重要的仍视学生们是否能够彻底了解它的原理原则。任何一种装备或科学，只要了解它的原理，加上个人的智慧和勤勉，举一反三，再经人指点，一定可以运用自如。

至于美国海官校学生在生活方面的细节，因为只有两天的时间，看不出有什么不同。但是我巡视他们上课的情形，发现每一个人都在认真听讲或实验，没有人打瞌睡或左顾右盼，或坐不端正。与他们共进午餐时，餐前经过学习总队长介绍之后，我也发表一段简短的讲话，接受他们数次掌声；在这种场合，他们却是表现得活泼、亲切、自然。坐在我两边的是学习正、副总队长，两人应对得体，使人感觉的确是受过高等教育的青年。进入餐厅之前，我也再度看到他们鼓号乐队引导全体学生列队进入餐厅的景象，这种措施并非专门为我特别安排，他们每天都如此，不管有没有贵宾，大家都自动自发认真地做，这种精神是值得我们赞佩的。

另外有件小事也值得我们借镜。美国海军自从朱华德将军担任军令部部长后，特准官兵留长发，但是唯一例外的就是美国海军官校，他们所留的是真正的平头，我坐在餐厅中一眼望到四五千人的头，却看不出任何一人的头发较长。我问学习总队长关于留头发的感想，他说当可以留长发的命令宣布之时，该校校长特别请示军令部长，希望海军官校准予例外，仍留平头，同学也绝对服从，而且认为在学期间留长发，既不美观又不方便。他们这种看法和服从命令的彻底，使我感觉他们的学生的确有教养，有深度，不会为了一点小事而违反校规，这就是他们自动自发的精神。

但是不论现代武器装备如何革新进步，部队最基本的仍旧是以人为主体。而更重要的是，任何部队机关是否能够坚强有效，也在于人人是否能够自重自强，并不是光靠物质装备就能发挥效力的。

当我们访美抵达西雅图时，正巧碰上联合国通过了阿尔巴尼亚的“排我纳共案”。当时我们对于联合国丧失公理正义与违背联合国宪章的精神，都感到非常的愤慨，但是我们在总司令的领导下，都以沉着坚定，保持风度和不亢不卑的心情应付局面。其实在我们以后的访问行程中，不但受到隆重的礼遇，而且美军方人士对我们的同情与支持更是格外的真诚与温暖，而一般民众对“我国”的友谊及对我们伟大的领袖，更是自然流露出崇敬与拥戴之意。记得我们在休士顿的时候，曾经遇见一对美国老夫妇，提起联大事件，他们热泪盈眶，觉得美国政府亏负了朋友，感到无限羞愤。我们到了查尔斯顿，正逢美国一年一度的海军协会在海军节当天聚宴，各界到会人士数百人，我们也以贵宾身份被邀参加。宴会开始时，宋总司令更以上宾身份坐在首席。当主持人介绍到总司令时，全体起立鼓掌约二三分钟才坐下，以示敬意。当特约演讲人——参议员安德生先生（前上校）演说时，首先特加致辞，认为联大事件美国政府应有代表向“中华民国”表示歉意与慰问，因此他就代表美国向总司令致意。当总司令再度被提及时，全体来宾又再度起立鼓掌不停。这种真情的流露，实在令我们感动，也充分表示他们每人心中对“中华民国”的一番心意。

(八)短暂的预备学生班教育制度

我到海官校后，对预备班学生特别注意，每晚自修时间都会去巡视，看他们自习的情况，鼓励他们多用功，毕业后直升正规班就容易接受其他更高深的课程。预备班是为补足海军近两年因招收高中毕业生不易的缺憾，计划自己招收初中毕业生予以三年高中同等教育外，另加授军事基本教育，并于暑期训练时，令其参观舰艇造船厂、实施舰艇环岛航训，使之获得一般海军舰艇常识，对海上生活有所体会，也是暑期中的正当活动。一九六八年招考第一届预备班学生，经过同高中的三年教育训练，于一九七一年毕业，与当年招考进来的民间高中毕业学生，编入同一个一九七五年班的班次，再受四年正期班教育训练，于一九七五年毕业，称之谓一九七五年班。他们入学后，由于生活的规律，伙食的良好，不到半年，每个人都立竿见影的与从前大不相同，他们的气质改变了，体格健壮了，同时他们每一个人都具备了争取荣誉的雄心，因此无论是在校内或在校外，虽然他们的年纪最小，却在各种活动中连续不断地赢得锦标。如一九七一年的全校游泳比赛，该班同学获得大队接力赛的团体冠军，在上一季的全校军纪竞赛中，该班又列为全校最优单位，而该班的第三中队，在一九七一年海军莒光连队选拔中脱颖而出。该班的足球队，也在参加全省主席杯足球赛中，荣膺季军，为高雄市成绩最佳的一队。总司令宋上将对于该班学生在校内与校外连续不断争取的荣誉，至表嘉许，对于该班学生个个年轻有为，精神焕发，尤表欣慰。并指示本人，今后对于该班的招生，希望能研究扩大招生的方案，以便更多向往海军的年轻子弟能有机会到海校来学习与生活。并特别指示预备班学生的教育，一定要是德、智、体、群的完整教育，尤其每一个学生都要有坚强的政治认识，做一个完美的革命海军干部。预备班于奉到指示后，曾于一九七一年六月修订了教育计划，期使达到总司令对该班的期望。预备班一九七五年班学生的毕业典礼，总司令并曾亲临主持，可见他对预备班的重视。由于在此之前并未招收过预备班学生，经此两三年开办的结果，大家都认为非常成功，既可培养素质优良的学生，又可补正期班招生不足之数。可惜此项制度只延续了八期，于一九七八年，一九八二年班预备班学生毕业后就停办了。

因为“国防部”另设“中正国防干部预备学校”，各官校预备学生班奉令裁撤，并入该校统筹招生，统一训练，毕业后依各生当初入校志愿、在校成绩，以及体能状况等，分别分发到陆海空三军官校，并入当年招考的正期班学生同时入学。此种制度虽然有其特点，比如毕业后，同窗三载的同学分别到陆、海、空军发展，官校毕业出来服务，大家沟通比较容易；但我个人认为不如由各军事学校自招自训来得完善，因为各军种的特性不同，各预备干部如能先在各军种官校接受预备教育，吸收各该军种的特性，例如海军的暑期舰训、空军的感觉飞行等，都可使预备生提早三年获得进入各该军种特性的印象，使他们进入正期生教育时，对本军种能有更深刻而亲切的感觉。

（九）舢舨与驶帆训练

我在校时，一九七一及一九七二年班学生先后完成舢舨与驶帆训练，使他们对风流的影响有深刻的体验，并能逐渐克服晕船之困难。另外也实施了一九七二年班学生的M5快艇及滑水训练，使他们对小艇及滑水操纵技术得到实际的经验。因为学校并未濒临海边，学生必须步行至左营海军码头，将借来与寄存的M5艇及舢舨等工具轮流使用。这种训练他们极感兴趣，是海军对低阶官士兵及学生不可或缺的传统精神与技艺训练，可以鼓励学生冒险犯难的精神。尤其驶帆是海军船艺部门中极为古老而宝贵的传统技艺，对于不同风向的拉帆、打绳结的学习，都要有特别经验的专门传授。我当校长时还有两三位老军士长懂得此种技艺，现在如不加紧传授，恐怕这种技艺会逐渐失传了！

此外，学校并策订兵棋推演计划，完成一九七〇、七一、七二等三个年班的兵棋推演，藉此他们可增加战术通信指挥能力之运用，并提高作战技能之修养。

（十）课余活动

海军可以说是国际兵种，英文乃是目前通用的语言，也是进修研究学术的重要工具，本校为培育未来之健全海军军官，适应建军备战之需要，配合武器装备不断更新，特加强英文教学，藉以普遍提高学生英文与会话的程度，为海军吸取新知，特整建外语专科教室一间，安装外语教学机及加装冷气设备，以提高同学学习的兴趣，并经常举行英语演讲比赛。一九七一年十月准备参加由高雄美国新闻处、高雄扶轮社，及国际英文演讲会高雄分会联合举办的“全国”大专学生英语演讲比赛。本校特先行举办英语演讲比赛，由本人、朱教育长、翁总教官及四位美军夫人担任评判员，计录取周定中、张元岱及陈禄曾等三名参加，以增见识与经验，他们的成绩都相当不错。为使同学们在课余的时间能重视体育及文康活动，以强壮体魄，调剂身心，校方鼓励他们成立各类球队与社团。体育活动方面，除依课表由学校体育系授课外，另成立有足、篮、排、橄榄球及游泳代表队。例如一九七一年“介寿杯”各军事学校篮、足球队比赛中，海校成绩表现颇为优良。游泳队在历次竞赛中都是名列前茅，出尽锋头。文康活动方面，按同学们的兴趣，分别成立合唱团、军乐队、轻音乐社、书画社、桥棋社、国乐社等，在课余时间展开活动，对同学们的休闲助益很大。一九七一年九月总部举办全军歌唱比赛验收，由一九七三年班 100 名同学组成的合唱团表现优异，代表本军参加在台北举行之“国军”合唱团比赛，获得极高的评价。这也说明了海军官校学生允文允武的一面。

（十一）学校的生活管理

本校对学生的管教是以严管善教，身教重于言教为主要原则，期于谆谆善诱，勤予辅导中，使学生能自发、自动、自治、自律，培育成为优秀的革命干部。其有关措施，举其要者简述如下：

有关培养读书风气方面：读书风气直接关系到学生的进德修业，如何培养与提高，应为教育工作之重点。本校经采取各项有效措施，诸如增加实用课程，聘任优良师资，加强课业辅导，减少学生勤务及不必要之活动，使学生有充裕时间读书，榜示学生考试成绩，并在周会上公开表扬与奖励成绩优异学生，鼓励学生相互切磋研究等。学生多能奋发勤学，在不断持续加强之下，当不难蔚为风气。

在变化学生气质方面：海军官校是培养革命干部的摇篮，而革命干部首重气质，故本校将变化学生气质列为首要工作。学生一进校门就积极督促他们变化气质，使他们从普通人变成革命军人。我在周会经常苦口婆心地要求他们，训勉他们，并告诉他们美国陆军西点军校的训练是非常严格的，他们在言谈举止之中，自然流露出一种特殊的气质，使人一眼即可看出他是西点军校出身的。美国海军军官当中，凡是海军官校出身的军官，也可以看出他们的气度。因此我要求学生来到官校后，一定要变化气质，在气质上革新，使人自然对你发生一种尊敬的感觉。要想革新气质，当时我认为还要从培养气度和风度着手。第一，要培养宽容的气度。所谓“有容乃大”，我们要能有容纳万物的胸襟，不嫉妒，不贪私，不唯我独尊，要有牺牲小我，完成大我的精神。第二，要培养优雅的风度。所谓风度，简单概括来说，就是良好的声音表情和良好的姿态表情，它代表个人气度、气量、气概、态度、外形等。一个人可能有良好的道德、学识、能力，但他不一定有优美的风度，一个风度优美的人，别人见了以后，便自然会产生一种敬意，像吴稚晖先生当年赞扬国父是一位很诚恳，平易近人的绅士，就是由于国父具有一种自然而大方的风度。至于气度与风度的区别，是“隐之于内者为气度”，“形之于外者为风度”。所以，气度与风度实际上是一种修养，也是气质上革新的必然表现。我在任内发现经过队职官严格督导的学生都有诸多优良的表现，如违纪事件之降低，考试舞弊的减少，对外活动之争得荣誉等，均已显示气质确有变化，颇具成效。比如预备班的学生系来自初中毕业生，许多原有的坏习惯如作弊、打瞌睡等都还没改过来，他们一入校，我们就盯得非常严，他们也改变得非常快，到第二年时已可看出他们在气质上明显的改变。

高年班学生学习干部制度，主要在于养成学生自动、自觉、自治的守法精神，及培养高年班学生之领导与指挥能力，但于执行时，因学生之年龄与修养关系，偏差在所难免，故对学习干部之选派及管理技术，均要求队职人员严密督导，以纠正偏差。本人及本校有关高级军官都经常召集他们讲话，指示要点。后来观察他们在作法上已大有改进。照理高年班学长在气质方面应已培养成足以令人敬仰的状态（身教），再佐以言教，应当可以给予新进同学们一个良好的表率，正符合古人所谓“移风易俗”、“高山仰止”的境地。

（十二）长官视察与来宾访问

本校在硬体设施方面，除已运用有限经费陆续扩建中正台（司令台）、田径跑道、篮球场、器械操场地，以配合“全国”大专院校第二届田径赛在本校举行，及新建符合国际水准之体育馆一栋，使学生今后体育活动不再受天候之影响外；并兴建“庄敬楼”，此为三层楼之战技大楼，里面设备新颖，统一施教以增强教育效果；另外又兴建专修班二层寝室大楼一栋，使学生作息舒畅，增强求学精神；且为解决频繁且人数众多的参观者的用餐问题，又于餐厅旁边兴建正期班厨房一栋及校本部厕所一间，设计新式，美观适用，也符合“军纪五要”厨厕要干净之要求。当时经济仍甚困难，军方陆上房舍建设大都受到限制，无法依照理想一蹴而成，因此遂拟订了建校远程计划，以供尔后校区发展之参考蓝图，从整建营舍及校区环境着手，逐年赓续发展，使本校环境更臻优美，适于学习之军事教育学府。在我卸任前，除限于经费未能按计划兴建的大楼外，校区大致整建得相当完美，每逢总部、“国防部”、参谋本部招待外宾访问台湾南部，本校乃成为必访重地。

本校教授及教官为加强教学功能，提高教学效果，经常研发自制各类教学示范仪板及解剖各种机器实体，以增进学生学习兴趣，例如电机系教官为使学生充分了解电子计算机之计算逻辑与电路操作原理，曾设计“数字计算机逻辑电路实验板”及“半导体装置实验电路示范板”各一具，在教学上甚具功效。

平时在校期间，我除了每天和学生、教官、队职官以及校部官兵们接触外，并不时忙于接待国内外各阶层长官、人士的巡视、考察、访问、观摩、参观。经我统计在校两年任内大概有六七十次之多。国内除军中各级长官及“立法”及“监察委员”经常来校巡视、考察之外，就是各军事院校及民间有关学校的观摩访问。一九七一年二月廿五日下午，“全国”各中等学校训导主任一行五百余人，由竹南中学训导主任蒋伟先生率领，副总司令李敦谦中将陪同莅校访问，听取简报，参观教学设施与学生鼓号乐队表演后，于六时由总长赖上将主持，在学生餐厅设宴款待。三月二日下午，另一批“全国”各中等学校训导主任访问团 360 人，也莅校访问，这次则由我主持接待。其他如陆、空军官校、空军幼校、“国防”医学院等都有人来参观，人数较多者如“国立”政治大学教育系应届毕业生 60 人、“国立”台湾大学港澳侨生 150 人、高雄县全县高（国）中应届毕业生 1,500 余人，以及台南县团管区后备军人干部代表 1,180 人，都先后莅校参观教学设施及海军史迹馆。以上所述都是国内人士莅校人数较多的访问参观团体。至于来访的国际人士之国籍有美国、菲律宾、日本、韩国、泰国、越南、高棉、奥地利、巴西、委内瑞拉、刚果等十一个国家。人员有驻“华”美军协防司令、顾问团团长、美海军各舰队司令、海军总司令（委内瑞拉）、“驻华大使”（三位）、“驻华武官”、史学家、作家、记者、记者公会主席、菲律宾血干团支会会员及美国的“中国海军之友”等。至于国外大批访客莅校参观访问，除有两批韩国海军训练舰队由两位训练司令分别于一九七〇年底与一九七一年底率领两批应届毕业生各百余人莅校访问联谊，业于前节说明外，另有菲律宾三军指挥参谋大学员生访问团一行 120 人，由校长吉达亚上校率领，于一九七二年四月二十一日莅校参观，由我主持接待及简报后，并检阅学生分列式及参观校区。四月廿八日下午，泰国“驻华大使”萨农海军少将特专程由台北来访，当年我们同时在美国担任驻美武官，彼此联系密切，友谊甚笃，我亲自陪同参观校区、教室、史迹馆等处，二人多年未见，倍感亲切。据他告知，本军其他单位他也参观过，认为我们的海军要比他们的强大好多倍，言下之意不胜感慨。

就在这四月间，总司令宋上将陪同顾问团新任团长巴恩斯少将莅校访问，承告知“国防部”计划参谋次长（联五）以张仁耀中将（前任海官校校长）因病住院多时，无适人接替，赖总长需人甚急，并认为我官校任期即将届满，要我即去接任斯职。当时我心中已有准备，因为前些时候赖总长莅校时已向我提过，但没想到会这么快。与总司令洽商后，拟定于五月底专修班第六期学生 161 员毕业后，于六月二日即赴参谋本部报到。留下一个月的时间以便处理校本部未了事务，与教职员、学生们多接触，以珍惜这两年来的相处。

十一、军旅生涯的最后阶段

任“国防部”参谋本部计划参谋次长

一九七二年六月一日，我奉令调接参谋本部计划参谋次长（联五）。我对“国防部”环境并不陌生，这次已经是三进“国防部”。首次到“国防部”系担任第一厅副厅长（此时已改为人事次长室，即联一），第二次是连络局局长。此次接长联五，距担任连络局局长一职仅隔三年，与部内人士并不生疏。总长赖名汤上将（空军），副总长雷炎均上将（空军）均系昔日老长官。本室执行官常持绣中将（陆军）在联五已经很久，为人精明干练，负责尽职，文笔思维均佳，对联五的业务了如指掌，在代理期间胜任愉快，然碍于联参次长任命的不成文规定：联一（人事）次长属陆军，联二（情报）属空军，联三（作战）属陆军，联四（后勤）属联勤，联五（计划）属海军，因此常中将一直无法升任联五次长。我到任后，承其多方指导，很快便进入状态，日后二人也成为合作无间的好朋友。各联参执行官、助理亦为陆海空三军各派一员。以联五为例，若担任助理次长的执行官是陆军，其他两位助理次长就由海空军各派一员。当时海军助理是海军陆战队罗张少将（以后曾任陆战队中将司令及警政署署长），空军助理为许华江少将（兼“国大代表”）。他们两位在业务上对我也协助良多。

联五业务分为五个业务处，一个行政室（据闻该室已精减，业务并入其他各有关处）。第一处负责综合，二处负责企划预算，三处负责研究发展，四处负责编制装备，五处负责系统分析。各处处长及行政室主任编阶均为少将。我接事后，虽然事务繁忙，由于大家的团结合作，上级各次重要决策都能顺利执行。

（一）F5E 军机生产计划

任内比较重要的工作，即是以美金两亿四千万元与美方合作生产 115 架 F5E 型喷射战斗机的协调工作。当年我空军装备不但少且过于老旧，一旦发生战事，恐将无法因应台澎金马制空之需要。现代战争，除拥有各式飞弹外，制空权的取得，关系胜负甚巨，没有制空权就没有制海权，没有制海权就谈不上防御作战，更何况海岛的纵深不够。我到任后，赖总长就首先指示我迅速办理此事。当时协调的单位包括有关联参、主计局，以及承造单位航空发展中心。该中心已于一九七〇年底与美方合作完成第一架 UH1H 型直升机，接着又以新台币八亿元增造六十八架。由于航发中心的技术日有精进，遂有再与美方合作生产 F5E 的决定。经多方协调赶办，于一九七三年二月与美国国防部签约合作生产 115 架 F5E 中正号战斗机。又经一年多的合作研制，第一架成机终于在一九七四年十月三十日出厂。嗣后 115 架 F5E 亦次第完成。

记得赶办作业期间，有一次正在开军事会议，“总统”蒋公亲自主持，有关将领都在听取报告，我亦在场。突然间，赖总长要我即去见蒋“院长”经国先生。到“院长”座前，他交我一张致美方同意合作生产 F5E 军机的电文，嘱我译妥后随即发出。我速将此电文送连络局翻译，审核译文无误，再送呈蒋“院长”批覆，之后送交发出，往来时间不到半小时。特别提及此事，乃因美国在艾森豪总统时代，非常支持“我国”，然 1969 年尼克松就任美国总统后，其对俄政策转变成“以谈判代替对抗”的“尼克松主义”时代，并谋求改善美国与中共的关系；继之又在联合国通过排我纳共，使我于一九七一年十月廿五日退出联合国，军援随之紧缩或停止，我军方不得不发奋图强，趁美国军方与民间尚对我友善之际，尽量争取科技合作，以增强我军装备不足之憾。

另方面“中央”亦积极发展中山科学研究院（简称中科院），以负责军中所有精密武器装备的研究发展。该院人才济济，多为各专业项目中的硕士或博士。他们的研发成果相当可观，无论陆海空军各种武器装备，只要各军提出，他们都竭尽所能地研制出来。我以业务需要，经常访问该院，由各组组长陪同说明，使我对其研发工作印象深刻，如有涉及签办文件或开会讨论时，亦知如何处理。某次我访问该院的电子研究所，所长刘曙曦上校（后升任中将院长，并得郝前总长赏识，晋升上将）、副所长陆宝荪上校（后升中将，并派驻荷兰接任柳鹤图“大使”遗职，配合监制向荷兰政府订购的潜水艇）都是海军机械学校毕业后又出国深造的高材生，他们均学有专长，致力于研发工作。

（二）“国军”计划预算制度

另外值得一提者，是“国军”企（计）划预算制度的推行。一九六三年我在“驻美武官”任内，在一个应酬场合巧遇一位美国海军中将主计长（Comptroller General），为人精明干练又健谈，谈起战略武器与预算的整体运用，更是头头是道。细听后方知他所谈者即美国国防部部长麦纳玛拉（Robert S. McNamara）所创始的计划预算制度的一部分。当麦氏接任国防部长之后，认为国防事务极为繁复庞大，耗用资源惊人，管理问题十分重要，因此管理思想遂不断演进创新。一九六一年间一种新的“计划预算制度”（Planning, Programming and Budget System，简称 P. P. B. S.）就应运而生，并由美国国防部率先施行，成效优异。一九六五年八月美国政府与企业界认为此项制度确实可取，遂全面采纳实施，继而风行全球，并公认此一制度实属管理上之一大革新。当时我“国防部”了解此种制度的功能与绩效，再经过长时间的研究发展，以原有的预算制度为基础，撷取美军计划预算制度之精神，配合“国情”与“国军”需求，特于一九六八年订颁“国军企划预算制度发展构想”，研拟长期（五年、十年）发展计划，逐步推展修订，以改进计划与预算的全般体制，重新设计“国军”施政计划结构，检讨修订“国军”会计制度，研究改进后勤补给制度，强化自动资料处理作业等，期使“国军”自战略与兵力之设计，以迄施政计划之作为，对于预算之编制及资源之耗用，都能相互配合，脉络一贯，使计划作为更臻健全，而成本观念也能普遍建立。经不断研究与试行，自一九七五年度起遂正式颁布实施，并定名为“国军企划预算制度”。

“国军”企划预算制度正式颁布实施之前，“国防部”先在各军种总部选择部分单位试办“推行企划预算制度”。当年我在海军官校校长任内，海官校就被选为试办单位之一，海军其他试办单位还有舰队司令部、陆战队司令部、后勤司令部三个单位，期间曾受“国防部”“推行企划预算制度”作业视察组的视察与指导。一九七二年六月我奉调“国防部”计划参谋次长时，此制度仍在积极研究、改进与试行中。当时主办单位是主计局，协办单位是计划次长室，主导官是副总长雷炎均上将，我与主计局汤茂松局长也经常随同雷副总长到各总部宣导视察，或单独率组到各总部一级单位宣导访问，执行甚为认真。

一九七九年“行政院”鉴于“国防部”推行企划预算制度甚具成效，遂正式通令所属全面采行，并改称“计划预算制度”，后来“国军”亦将“企划预算制度”改为“计划预算制度”。这些制度的后续演变或改进情形，我于一九七六年军职外调后就没有接触了。

（三）随赖总长访问菲律宾、美国

在计划参谋次长任内曾奉命随同总长赖名汤上将访问菲律宾及美国，先后共十八日。同行随员除本人外，尚有后勤助理次长董萍少将（后晋升后勤中将次长及其他军职，退休后担任铁路局局长及交通部地下铁路工程处处长等职，为人公正清廉，负责尽职）及侍从参谋周述森少校二员。行程是先访菲律宾，再访美国。

我们一行三人于一九七三年七月廿八日上午随总长搭专机离台赴菲，飞抵马尼拉时，菲律宾参谋总长艾斯宾诺（Romeo C. Espino）将军及各军总司令，以及我方刘锴“大使”及侨领、华侨等百余人在场迎接，场面盛大热烈。稍事休息后，随即正式拜会艾斯宾诺将军。下午则拜访保安司令罗慕斯（Fidel Ramos）将军,他是前菲律宾“驻华大使”老罗慕斯（Narciso Ramos）先生的儿子，美国西点军校毕业，为人正直且精明干练，当时大家都认为他前途无量，如今果然当选为菲律宾总统。是日晚艾斯宾诺之公子在官邸举行婚礼，我们与刘锴“大使”均受邀观礼与晚宴，菲总统马可仕夫妇并莅临道贺。婚礼毕，我与董萍少将在官邸花园散步，适遇马可仕总统夫妇因回府经过，特别停步与我们握手寒暄。晚宴采自助式，置桌椅于花园中，并有仆役服务。男宾多着菲式礼服，款式有如长袖衬衫，但布料与制作却特别精致美观，据说取材于棕树，将之抽丝纺制而成，炎夏穿着赴宴，的确十分凉爽轻便，省去西装领带的束缚，实为亚热带国家值得仿效的服装。

廿九日美驻菲军事首长邀请我们参观苏比克湾（Subic Bay）美海军基地，基地形势雄伟，海域广阔，可停泊各型舰艇，并有大规模舰艇修护设施，为远东规模庞大的海军基地。中午应旅菲侨胞一百多人的午宴款待，席间各侨领相继发表演说，赖总长也致答谢词并报告“国情”状况以慰勉侨胞。下午赖总长赴当地赖氏宗祠上香，我即休假往访多年不见之海校同学刘英伟君。刘是菲国侨民，当年考取海校，毕业后曾与我同在一个游击布雷队共事，彼此互相鼓励、照顾、出击作战。抗战胜利后，他与李容娟小姐结婚，随即携眷回故居马尼拉经商。多年老友在未预知的状况下相会，真是倍感亲切。当晚艾斯宾诺总长在马尼拉一家名贵的家庭式饭店邀请参访成员晚宴，菜肴可口，气氛也十分愉快。

三十日上午十一时，由刘锴“大使”陪同至菲国总统府晋见马可仕总统，赖总长与菲总统交换礼物，寒暄数语后，两人即进入内室谈话，我们与刘“大使”则在会客室等候。约四十五分钟后，他们谈话完毕出来，马可仕总统亲授勋章予赖总长，我们与观礼人员稍事寒暄后，即离开菲总统府，访菲日程亦告结束。

三十日午后即搭机离开菲境，经关岛、夏威夷，于第二天清晨抵达洛杉矶。上午拜访市长布莱德利先生（Thomas Bradley）后，即由一日裔美国人引导我们参观该市的发展计划，及洛城各有关机构。二、三两日在洛城自由活动，四日飞抵纽约逗留两天，于六日午后搭美方军机抵华盛顿。八月七日上午十时，美联合参谋首长会议主席摩尔（Thomas H. Moorer）上将以隆重军礼欢迎赖总长。摩尔是美海军四星上将，曾担任过美太平洋舰队司令及海军军令部部长，与我海军将领关系深厚。军礼毕，赖总长与摩尔上将同车至五角大厦其办公室作正式的拜访叙谈，继又拜会国防部长史勒辛格（James R. Schlesinger）、副部长克里门兹（William P. Clements）、陆军参谋长及军援处长等。八日晨摩尔来旅馆接赖总长打高尔夫球，球叙毕，中午由陈香梅女士做东，在其水门寓所午餐。当日傍晚，我“驻美大使”沈剑虹先生为赖总长在双橡园举行酒会，摩尔将军、美陆军部长及美陆海空军将领及侨领等两三百人与会。

九日晨八时半飞离华盛顿，中午抵旧金山，参观当地一食品工厂。十日晨前往附近哈蒙特港（Humter Port）慰勉在该港接收潜艇海狮号的一批海军官兵。海狮号为美方允予拨交我海军两艘潜艇之一，另一艘为海豹号，两艘都未装配鱼雷，因为合约上只允作训练之用。十日中午飞离旧金山，晚抵达夏威夷，美军太平洋总部司令盖勒（Noel A. M. Gayler）夫妇在机场迎接，晚住入该总部招待所。次日上午九时赖总长正式拜访盖勒上将，并接受军礼欢迎。下午太平洋总部派一位雅兹（Yates）少将陪同我们到茂伊（Maui）岛参观，该岛有居民四万人，农产丰富，风景优美，也是一个避暑胜地。晚访珍珠港，盖勒上将宴请晚餐。

十二日晨七时半离开招待所，盖勒夫妇至机场送别，我们即登机飞离夏威夷向关岛航进。此一航程计 3, 797 浬，采美方所谓的跳跃飞行（jumpping flying）向西越过太平洋各群岛。因系低空飞行，且为难得之机会，当赖总长因疲倦而闭目养神之际，我则聚精会神地鸟瞰各岛景致以及周边状况，二次大战期间被美军炸沉的各型日舰仍清晰可见。离夏威夷约两小时，飞抵琼斯敦（Jonston）岛，岛上仅一条跑道，一间办公大楼和一间旅馆，其他似乎什么都没有。这是离夏威夷西南方最近的一个小岛，在军事上可能有其作用。再向西飞行就飞越东经一百八十度的国际换日线。本线东西相差一日，因此当时我们在线之东是八月十二日的星期日，飞过国际换日线后就变成八月十三日的星期一了。我们继续西飞经关玑恩（Qunjiain）、托朋尼（Topone）及特拉克（Truk）诸岛，于下午五时抵达关岛。一路飞来有如观光太平洋群岛，令人记忆深刻，尤其是在特拉克周围海域沉船累累，乃二次大战末期美日两国海军主要战场之一。两国海军曾以大批舰机在此进行激战，参与此役的日本海军几乎全军覆没。日本海空军受此挫败，在军事上日走下坡，终至无条件投降。记得研究海战史时，教官经常提出此一战役作战略战术之研讨与评监，今能亲莅其境，深感幸运。我驻关岛的“总领事”是雷爱玲女士，承她及其夫婿的接待，我们愉快地过了一晚。十四日晨六时自关岛飞冲绳，约午后三时抵那霸机场稍停，随即飞返台北，结束此次访问菲、美之旅。

出任海军副总司令

一九七三年九月十一日，海军总部黄锡麟副总司令届龄退休，我奉令接任其职，是日宋总司令为黄中将授勋并为我布达，我在“国防部”计划次长室一年余之工作乃告结束。多年来副总司令都是两位，当时资深的黄中将主管军令，资浅的李敦谦中将主管军政，分别协助总司令统管全军军务。我接任后，因李中将较我资深，改掌军令，我则主管军政，如此配合，在执行上非常良好。未及半载，李副总司令也于一九七四年二月一日届龄退休，原先安排由“总统府”侍卫长邹坚中将来接，然因当时“总统”蒋公卧病未愈，邹中将未便离职来就，宋总司令遂与我商谈，可否暂由我身兼军令、军政两职。当时我已到职半年，对业务处理已很顺手，我想暂时兼代军令部门，绝无问题，何况宋总司令对我相知甚切，平时对我也照顾有加，在这种情况下，再忙也得承受，遂一口答应。

一九七三年底初任海军副总司令所摄。

副总司令的职责乃秉承总司令的指示处理各项军政要务，余如主持各种计划检讨会、代表总司令主持各项大会、接待“政府”相关院会长官视察、招待外宾访问、随侍“国防部”长官巡视外岛防务，以及赴南部基地视察各一级单位的作业与军纪等。如是，肩负副总司令双职，总计十八个月，在总司令领导下也平稳度过。兹按时间顺序将任内值得一提者胪列数项，简述如下：

（一）司法案件

甫一到职，宋总司令就指示我一个任务，要我主审一位少将级主官被告贪污案件。此案似乎专等我到职才着手审理，据闻被告已在押多时，因其为少将军官，主审官需由高一级的中将担任，而过去我与他并无同学或同事关系，主持审理自然比较客观。然而我对海军的任何军政事务都可处理，唯独对司法案件没有经验，同时也不很了解，但是总司令的指示无法推辞，只好向军法处李家灏处长请教有关本案的案情以及处理程序。承他告知本案业经军法处承办军法官初步研审过，正反证据俱全，现只需组织一个高级审判法庭，由我为审判长，另有两位（或四位）军法官（其中一位是承办军法官），一位检察官及一位书记官组成。开庭时，我虽为主审官，但只需询问主要问题，其余细节则由承办军法官或其他军法官发问。有此了解后，我一切依法办理，择日开庭，当时被告的妻儿及亲友均在场旁听。庭审时间约一个多小时，庭审后，审判长与各军法官召开评议会，以审断被告有罪或无罪。评议结果以被告具有充分的资料证明，平时为人也平实和睦，遂公议“被告无罪”。至此我的任务结束，由军法处将审判经过备文报“国防部”核定，若“国防部”不同意评议结果，他们还要复判，此即所谓的“一审一复判”。但我们所判此案经“国防部”核可，因此毋庸再行复判。

（二）接待回国侨胞访问南部海军基地

到职的第二个月，即奉命南下左营海军基地主持接待来自世界各地146个侨团，3，200余位回国参加十月庆典的侨胞。他们在侨委会副委员长刘宗瀚先生陪同下，于十月二十日上午八时抵达海军基地。我与总部政战部主任杨松泉中将、陆战队司令何恩廷中将，以及南部海军各一级单位主官，在军区大门口迎接，并以隆重军礼欢迎。随后侨胞分成两组分道参观舰队与陆战队。类似的参观访问每年都有，只是此次规模较大耳。

（三）了解后勤作业情况

后勤补给与作战有相辅相成达到最终胜利的功效，其重要性至为明显，我过去未曾主管过后勤业务，因此到总部后就先安排访问和巡视后勤司令部与所属单位，以了解后勤作业能量，及解决后勤支援作业所遭遇的难题。后勤司令部督导管辖范围至广，包括海军造船厂、仓库、制造所、后勤部队等单位，我以两天的时间率后勤署刘署长及有关人员南下左营基地，于十一月十三日上午八时抵达后令部，听取由戴副司令主持的有关后勤司令部组织概况及电脑作业简报，并巡视后令部营区及电脑作业情形。两天上午先后巡视后令部所属单位装备及各项后勤设施，以及后勤部队及料配件总库；下午则分别巡视第一及第四造船厂。我在太康舰时曾到一厂做过修护保养，深知内部情况，经过将近二十年，两厂的情况已有所改变，听取各厂概况简报及观赏简介影片后，由各厂长陪同巡视厂区及厂内各工场作业情形。

（四）主持海军各工程计划进度检讨会

“政府”迁台多年，经济不断发展，财源已较前宽裕，无论民间、军中都积极展开各项建设，当时海军在宋总司令策划下，也有四个工程建设计划，我奉命管制各工程的进度并举行工程进度检讨会。各工程为保密起见，分别依性质冠以代名，如水星、龙渊、凤凰、庄强等计划。每个计划之中有许多工程，每个工程都要分别或整体招标，有些大工程招标时我也奉命主持，记得主持某小港干船坞的开标时，当时议价竞标者是一位荣工处的副处长，为人正派，通常军方为避免商人送红包的陋习，都愿意交给荣工处议价承包，此一工程经我方数度杀价后，由荣工处得标，得标后我特别慎重声明，无论本部承办人员或荣工处承造人员，不得有任何贪污舞弊、偷工减料的行为，如有发现，均送军法办理。照理对荣工处人员我无权置喙，然生平最痛恨贪污舞弊，尤其是工程建设，若有贪污必会偷工减料，结果工程结构不但不坚固，而且还会发生危险，故对部内负责工程的人员监督特别严格。在一九七四年一、二月间共举行了四个工程计划进度的检讨会。其中一个计划中牵涉到苏澳北方澳渔村迁建的子计划，此计划“政府”所给补偿优厚，新迁渔村对捕鱼也无碍，县长与村长都乐意合作，因此该村迁建速度极快，我第二次去视察时，他们已全部迁完。我环视该港真是形势天成，是个非常理想的军事小港湾，依据当时精诚演习的最新构想，将苏澳港辟建为海军北部基地，辟建工程分三期进行，自一九七一年度始，预定七个年度完成。计划新建防波堤870公尺，护岸950公尺，码头3, 550公尺，船坞一座及航泊、港防、通信、补给、医疗等后勤设施。我在任时，一九七三年度第一期工程仍继续进行中。

（五）接待南区教授在南部海军基地聚会

一九七四年南区教授春节年会于二月十二日上午假海军南部基地左营文康中心举行。南区各县市大专院校及三军官校教授、讲师约一千二百余人到场参与盛会，我奉命代表总司令到场欢迎。大会由教育部长蒋彦士先生及“中央”党部青年工作会主任王唯农先生主持，“救国团”执行长宋时选先生、舰队李司令、海官校白校长、陆官校秦校长及本人，也都应邀参加大会开幕式。蒋部长首先在会中作简短的致词。午餐后稍事休息，与会人员在海军专人引导下，搭乘专车参观海军官校、舰艇，及陆战队后离去。

（六）“立法院国防委员会”委员视察海军基地

一年一度的“立法院国防委员会”委员视察，是三军公认不能忽视的重要项目。南区教授春节年会结束的第二天，“立法院国防委员会”考察小组二十五人，在“国防部”冯副部长的陪同下抵达南部海军基地，视察海军各项教育和训练设施，本人奉命代表总司令专程南下接待。“立法委员”一行首先考察海军官校，本人与海官白校长、黄教育长、赵主任等均在复兴馆前迎迓，并陪同检阅学生仪队及学生分列式。冯副部长与“立委代表”蒋肇周先生在阅兵分列后分别致辞。随后“立委”们又到官校率真厅听取一项校务幻灯简报，之后分组参观该校各项设施。参观完毕，所有委员与官校各部门有关负责人在率真厅举行检讨座谈会，分就官校的教育、训练、装备及师资等方面提出问题，由官校有关人员一一答复。午餐后稍事休憩，即乘专车绕道港区，视察靠泊在港的舰艇，然后继往陆战队视察。我陪同“立委”们在陆战队大礼堂听取幻灯队务简报，参观仪队操枪、莒拳表演、战情设施、研究发展成果、官兵生活设施及山地训练等一连串活动。这些设施与成果活动并非一般参观人员所能看到，因为山地训练必须到附近山区才能实施实战演习，所涉范围至广，耗时较多。回队后“立委”们并与该队各重要主管座谈，交换意见。至下午将近五时，才结束全部的考察行程离去。

（七）中正理工学院教授参观海军南部基地

中正理工学院教授访问团一行二十五人由吕则仁中将率领，于六月十一日上午八时莅临海军基地参观，他们参观的重点与一般参观者不同，着重于武器装备与造船厂的修造等，因此当日上午我先陪同他们前往军港码头登十号军舰，参观舰上武器装备和战技操演。随后转往 GC 一号军舰午餐。午后一时许，继往海军第一造船厂参观访问，后勤司令部牟司令在场主持接待，他们听取厂方简报后，即分赴第一厂各场房参观，同时并与在该厂服务的理工学院毕业同学举行座谈会。因我临时奉命需于次日随同参谋总长赖上将赴乌坵前线视察防务，乃先行离去。

（八）陪同“行政院”徐副院长庆钟先生赴马祖慰问

依循往例，凡“政府”长官部长或副总长以上官员赴外岛视察或慰问，因必须乘坐海军舰船前往，向由海军总司令或副总司令陪同前往，以因应途中的突发状况，同时也可慰问驻岛海军官兵。一九七五年六月二十四日，“行政院”徐副院长率领“政府”要员最多的一次外岛访问团赴马祖视察，成员包括财政部长李国鼎，“政务委员”李登辉，内政部长林金生，“司法行政部长”王任远，交通部长高玉树，经设会主任委员张继正，国科会主委徐贤修，研考会主委杨家麟，青辅会主委潘振球，“行政院”副秘书长张祖贻，“故宫博物院”院长蒋复璁，“国防部”副部长冯启聪上将，副参谋总长王多年上将，人事行政局局长陈桂华等人，由我陪同，冒着海上强劲风浪和绵绵细雨走访前线，祝贺军民端节快乐，除致赠驻军加菜金台币二十万元外，并转达“总统”及蒋“院长”的关怀。徐副院长抵达战地时，防区司令官偕连江县县长在码头欢迎，随即在云台阁听取简报，视察连江县政府及所属各单位、马祖军医院等，同时并深入基层部队及东引、北竿离岛巡视。当晚，徐副院长及陪同人员在介寿堂观赏了马祖各界端节同乐晚会，由“国防部”艺工总队话剧队演出“吾爱吾家”三幕五场时代剧。次日徐副院长及随行人员即搭舰返台。

（九）率总部政绩检阅组视察陆战队业务

对海军各单位来说，海军陆战队的成长与进步，均足以当做其他各单位的模范。他们旺盛的企图心和坚强的意志力，不但是克敌制胜的要素，做起事来，更是迅速确实。我在海军官校任内，曾商请陆战队派员修建司令台及运动场，效率之高，令人激赏。

一九七四年三月十八日，我奉命率总部政绩检阅小组，到陆战队检阅司令何中将任内的政绩。通常一位一级单位主官将要任满调迁时，总部都会派检阅政绩小组到该单位检阅该主官任内的政绩，以作派职或调迁的参考。

考察组先听取简报后，全体检阅官就分成六个小组分别视察。分别是后勤医务、政战、作战训练与情报、人事、通信的研究发展、主计和一般行政、军法、动员和编装史政等六项十五个单元的业务。

我与两位视导官巡视该队四个直属单位：军法局、陆战队医院、陆战队学校和陆战队士校。沿途由副司令耿继文中将、参谋长罗张少将，及政战主任王少将陪同。首先到军法局，该局有教诲室的设置，颇具意义，对犯错者有启发向上的功效。同时该局又能利用空地克难生产，既实惠又能美化环境。随后参观陆战队医院，该院医疗水准相当良好，并添置多种新式科学诊疗仪器，对病患的诊疗与照顾也能令人满意。

参观陆战队学校时，先听取十分钟简报，对该校教育计划与训练目标，都正确完善，各种措施及训练也显出是一个培养陆战队军官的独特学府。余如教育训练器材的电动沙盘、演习教室等，也足以使学员了解两栖作战的特质。凡海、陆军官校毕业投入陆战队者，必须经过所谓的“地狱训练”，才能成为真正的陆战队军官，而这种训练也使成员体格更为强健。

最后参观陆战队士校，甫一进门就感受到年轻陆战队员们的活力与焕发的精神，使营区看起来特别有朝气。士校的哈子文校长（黎总司令的内弟，陆军官校毕业后入陆战队）特别指着一长排二层新大楼，一层教室，一层寝室，仅耗资一百二十万元建成，除材料需费外，其余全用兵工，所以陆战队的兵工很会做事，其自力更生的精神真令人佩服。整体而言，陆战队的营区整顿与果化（种植果树），均执行得非常彻底。

（十）妇联会捐建海军莒光眷舍

蒋夫人为关怀海军有眷无舍的尉级军官及士官生活，交由妇联总会接洽，于凤山市郊兴建完成176户四层公寓住宅，无论格局、光线和设备，都符合现代化住宅的必备条件。妇联总会特于六月廿七日上午，于凤山莒光眷村现场举行隆重的交接仪式。总会由林慎常务委员代表，海军总部由本人代表主持。观礼者尚有妇联总会萧德华常委及王亚权总干事，海总部政战部杨松泉主任，第一军区杨司令，薛主任，及总部眷管处刘处长，高雄县林渊源县长等数十位来宾，以及眷舍官兵代表。

交接仪式于上午九时四十分举行，在军乐声中，林常委代表蒋夫人将象征性的一大份文件交予本人，随后致词指出，蒋夫人关怀军眷生活，自一九六一年开始，即大批建造军眷住宅，配给辛劳的三军有眷无舍官兵，蒋夫人这种关切及爱护官兵的德意，获得一致拥戴。我在仪式中也代表海军致谢辞，除说明这一期海军官兵176户住宅，是按尉官与士官缺舍人数比例分配，计尉官84位，士官92位。并勉励分配到眷舍的官兵，要在工作岗位上加倍努力，希望军眷们彼此和睦相处，守望相助，共同维持眷区环境的整洁优美，讲求公共卫生，以报答蒋夫人这项为提升军眷水准带给官兵的恩泽与德意。最后代表全军官兵向蒋夫人致最崇高的谢忱与敬意，仪式历时二十分钟。

（十一）巡视新训中心及四所专科学校

一九七四年七月，我南下海军基地详细视察海军各训练机构，除后勤与陆战队已巡视外，这次专门巡视新兵训练中心及舰艇训练司令部等四个专科学校——航海、轮机、通信电子、兵器各专科学校。四所专科学校与新训中心之校址，乃由前士兵（士官）学校旧址划分而成，另外再扩充附近营地，加筑专科教室。各校彼此相邻，颇为方便。

新兵训练中心专门训练每年入伍的新兵，是一个独立的单位，与专科学校毫无关联，中心主官当时亦称为指挥官，他们所上的科目主要是陆操、船艺、兵器、救火、游泳及损害管制（含救护）等项目。这些项目都是他们上船后的起码技能，同时也是他们服从天职的磨炼所在地。我在新训中心王指挥官的陪同下，不厌其烦地仔细巡视。此外还看到他们养猪种菜的成果，为中心伙食增添不少营养，这在待遇不佳的当时，是一种颇为积极的克难方法。总体而言，该中心在王指挥官的领导之下，颇多进步，官兵精神焕发，营区也清洁整齐。离去前，对王指挥官特予嘉勉。

过去的士官学校训练士官非常简单，在武器方面只有枪炮、水鱼雷等数种，现代精密武器与二次大战期间的鱼雷大炮实在不可同日而语，舰上的武器装备日新月异，大都使用新式仪器，以电脑操控。一有新装备增加或换装，所有运用该项装备的官士兵，都要到相关各专科学校受训。受训时间长短也视各项新装备的情况而异。

四所专科学校的校长都是少将阶，教育长、教官、教授等都是遴选军中专精各该项武器装备的军官担任。训练效果极为良好。各校由舰队训练司令部（简称舰训部）负责管辖督导。当时我即由该部指挥官林蛰生中将陪同到各校听取简报，巡视各教室的新式仪器装备，与学员上课情形等，大家学习的精神都极为旺盛，校区也非常整齐清洁，很有当年英国各专科学校的模样。

四所专科学校于改名为航海学校、轮机学校、通信电子学校，以及兵器学校后，在精简人事的考虑下，一九九六年四校又合并成海军技术学校。

（十二）接待泰国海军总司令沙雅上将

泰国海军沙雅上将伉俪及随员，预订于一九七四年十月八日来访，并参加我“国庆”大典，不巧宋总司令因母丧丁忧，不便亲自迎送，令我全权负责。正巧是时内子已先赴美协助长女分娩，无法分身回国接待，故我乃电预定接任副总司令，时任总统府侍卫长的邹坚夫妇，商请由邹夫人充

一九七四年十月“国庆”酒会，与泰国海军总司令沙雅上将表示亲善姿态。

女主人一职，接待沙雅夫人，承其爽朗应允，并将此情况事先告知沙雅上将，亦获其谅解。因此我与邹夫人至松山机场相迎时，他们都十分愉悦而满意。

此行成员包括沙雅上将夫妇，及随员史孟中将夫妇，和安普少将等，均下榻于圆山饭店。是日下午三时，由我陪同往海军总司令部拜会宋总司令，然后到忠烈祠，向我革命先烈及“国军”阵亡将士献花致敬。当晚即在圆山饭店设宴款待。

翌日上午，陪其拜会参谋总长赖名汤上将，赖总长代表我“政府”赠勋。随后陪同他们参观“故宫博物院”等名胜。傍晚时分，我与邹夫人代表宋总司令夫妇在圆山饭店举行欢迎酒会与晚宴，泰国“驻华大使”、“公使”、“武官”夫妇，及泰侨多人出席，席间并介绍我方出席海军将领，以利日后交流。

十日上午，陪同沙雅夫妇等人坐在双十“国庆”阅兵台，看我精神抖擞、步伐整齐的壮大“国军”通过阅兵台，及集合于台前广场等候训示。典礼经一小时结束，“国军”归回建制，民间队伍则表演舞狮及杂耍等庆祝活动。沙雅将军等人对我充满异国风味的民间活动颇感兴趣。

十一日上午陪同沙雅将军一行搭机赴南部基地参观。先抵海军陆战队基地拜会司令何恩廷中将，何司令以精致队徽一座相赠，并陪同接受军礼欢迎、检阅精壮仪队，及参观队史馆，中午接受何司令午宴款待。下午我们一行拜会舰队指挥官李北洲中将，参观舰队与舰训机构。晚上军区司令郭勋景中将邀请南部各一级单位主官作陪，设宴接待沙雅将军等人。是夜宿明德招待所。次日拜会海军官校，由校长白树绵中将接待，参观该校专科教室、史迹馆、校区与学生鼓号乐队、分列式、陆操等，然后搭专机北返，稍事休息。下午由我方派联络室主任数人陪同，至市区观光或采购，于十三日搭机返国。

行前在机场举行的记者会，沙雅将军强调“中华民国”海军的进步与壮大，使他留下深刻印象，并坚信“中华民国”海军定能达成任何艰难的作战任务，并说“中华民国”社会繁荣安定，民生乐利，以及蓬勃的朝气，都充分显示出“中华民国”光明的远景。

记者招待会完毕，在贵宾室等候飞机时，总部摄影战士特送来数本相册，内容包括适才合影之镜头，沙雅上将引为惊奇，频说这是最好、最为宝贵的礼物，并赞扬摄影师技术高超。

（十三）福利委员会

由于福利办理的好坏与否，影响官兵眷属的士气至巨，故各军种都非常重视福利委员会，差不多一年开会一次到二次。其正副主任委员，分别由军政副总司令及政战部主任兼任，常务委员由各一级单位主官兼任（如军区司令、舰队司令、官校校长等），共约三十余名。

一九七五年一月二十二日，我偕副主任委员杨松泉中将南下，在四海一家主持海军第十八届第一次福利委员会议，到有各单位常务委员三十一人、各福利营站主官等百余人与会。会前我致词表示，当年本军各福利单位全体服务官兵，卓有绩效，甚获官兵及眷属们好评，今后福利营站应更加强服务措施，培养员工“服务至上”的热忱，继续为官兵眷属提供最直接的服务。继颁奖金及奖牌予“国军”一九七四年度绩优的四位福利站代表，以资表扬。随后由委员会、福利处及第501站，为半年来的业务质询展开工作报告，并就十三个提案进行讨论。会中各单位福利部门委员等也就各本军福利工作优缺点提出广泛检讨及建议，我都一一裁示交付有关单位或部门解决。我在结论时表示：本军福利单位的健全与否，关系全军官兵眷属的福利与士气，唯有福利人员献智献力，解决困难，员工尽心认真地工作下，才能彻底做好服务工作。最后勉励与会人员彼此合作互助，共同为福利工作努力。

（十四）陪同“立法院”侨政委员会委员莅海军第四造船厂参观

一九七五年二月二十八日上午九时，“立法院”侨政委员会一行二十余人，由召集委员徐亨先生领队，在“国防部”副部长冯启聪上将陪同下，抵达海军第四造船厂参观。众所周知，徐亨委员在年轻时为知名的游泳、水球、足球等运动好手，之后历任侨领、“我国”奥运会主席、“全国”体协理事长及国际奥运会委员及国际红十字会会长等职，现任“国策”顾问，同时也是成功的实业家，但却很少人知道，徐委员也系海军退役将领，较冯启聪上将高一个年班，并曾与海军资深军官率领海军官兵，赴美国迈阿密接收八舰回国，为舰长之一。是日我偕后令部牟司令及四厂吴厂长等热烈欢迎。在该厂会议室我首先代表总司令致词欢迎，之后向委员们介绍该厂干部，并观赏四厂设施及修造一贯作业情形的幻灯简报。徐委员随后致词，对海军近年来修造能力的显著提高，及整体战力的不断增强甚表赞誉。之后即由吴厂长引导和说明，参观该厂的生产管制中心、安全管制中心、电脑终端机、铁工场、造船一贯作业区，及升降船台等设备和作业情形。这一系列装备系当年海军为更新工厂设施及申购机具等作业的“庄强计划”，其中升降船台设备，是南下参观后勤工厂各团体最感兴趣的。通常修造船舶都在船坞中进行，海军第四造船厂却因环境与地质的限制，无法建造干船坞。一九七一年间，得知美国有家建造升降船台技术的Parson公司，遂积极与该公司合作，在四厂有限的水域空间设置一座可承载300多公尺长，足够安置太字号舰船的升降船台，后为因应阳字号的修护工作，又将之改为440公尺长，承载量达4,400吨的船台。其原理系在岸边水域挖一艘阳字号或其他相等体积舰船的吃水深度，水域范围与升降船台大小相同，船台两旁各有24支强有力的支柱，可支撑船台上下，每根支柱都有一个马达（Motor），要升降时，48个马达同时运作（Synchonize Lifting System），以发挥其统合的马力。欲修护船舰，则将船台降至与该船吃水等高的深度，船进入船台系好缆绳，再将载船的船台升起，就可以进行修护的作业。若要造船，一如船坞造船一样，先将新船各部位在工厂或岸上拼拢好，再由轨道推（或吊）到船台上拼装成船型后，再将船台降至水中，使船浮靠在岸边，进行船内及船面上的工作。船台空出后，又恢复其他用途，实在非常方便。当时此一升降船台在远东可谓独一无二，即在世界上亦不多见，因此参观团体若到南部参观造船厂，都到四厂而不到一厂参观。

各委员参观毕，又与该厂主管以上人员回到会议室举行座谈会，会中多位委员就海军修造舰艇情形及未来发展趋势等热烈发问，均由海军主管人员分别作答。在结论中，邹志奋委员代表各委员对四厂的科学管理与卓越修造成效赞誉备至，于十二时半结束参观离去。

（十五）“总统”蒋公崩殂与海军高级人事异动

“总统”蒋公自一九七五年春病情转剧，旧罹肺疾复发，特于三月二十九日召蒋夫人、严副“总统”、及蒋经国、倪文亚、田炯锦、杨亮功、余俊贤等五院“院长”聆受口述遗嘱，由秦孝仪先生承命记之。四月五日下午蒋“总统”尚一再垂询蒋“院长”当日工作情形，然下午十时二十分即心脏病突发，经急救无效，于午夜十一时五十分崩殂。次日消息发出，全民哀恸，军方官兵更是悲痛不已。海军总部由宋总司令主持，我则南下率官兵及美军海军顾问向设于基地之灵堂献花，哀悼致敬。

此后数月间，邹侍卫长在“总统府”及官邸为协助清理“总统”崩殂后的有关事宜，短期间不能回部任职，因此我又继续兼代至邹副总司令到任为止。溯自一九七四年二月一日李敦谦副总司令退休后，我一人兼负双职，至邹副总司令一九七五年八月一日到职为止，整整有一年半的时间。在任期间，由于总司令的充分授权，参谋长陈东海、副参谋长赵锦龙、刘和谦、政战部主任杨松泉，以及各单位主官的通力合作，在政务推行方面极为顺利。军中各部队和单位之间的情感交流亦颇为和谐。某日中午循例与总司令在大厅与部内官兵共进午餐时，闲谈中，总司令曾若有所思地说，平时只要一位副总司令兼管军政、军令，事权更易统一。我亦深有同感。

八月一日邹坚中将把官邸事务交接完毕，即奉令来接副总司令一职。我将兼管的军政事务交还邹中将主管，并随时向他解说细节，彼此相处极为愉快。我们二人过去虽未曾直接共事过，但彼此先后留英，早已熟习，同时他又接我“驻美武官”一职，在美交接即曾有过一段时间相处，因此他的到职，我们并不生疏，有时谈起往事，反而有说有笑。一九七六年初，外传宋总司令将高升为参谋总长，遗缺将由邹中将升任。对此消息我早已耳闻，但海军内部又传应由我接任。其实我从未作此想象，除了上舰系由自己争取之外，向来不忮不求，何况邹中将的资历与我无分轩轾，又比我年轻，因此若少我一任，使后进青年将领早日升迁，岂不更好。所以当时我的心境极为平静，并未对即将离职一事介意。同时我也做了心理准备，以便因应调职后任何情况的发生。此后又谣传如邹副总司令升任总司令，我可能调升参谋本部副参谋总长职，但当时“国防部”因精减人事新规定：若参谋总长是某一军种，该军种的副参谋总长将予以精减。故我也不可能再回“国防部”，否则上级一定会考虑。这种情况正是俗称的“机运”，回想当年受训结业时，“总统”蒋公曾亲笔批示由我担任太康舰长，此后担任各任主官以迄副总司令，都是一帆风顺，因而有“福将”之称，此皆拜“机运”绝佳所赐，此时在海军的“机运”已不再，今后只有靠自己另创“机运”了。

一九七六年二月初旬某天下午，宋总司令特别到我的办公室告知，上级已确定于三月一日由他晋升参谋总长，遗职由邹副总司令晋任，蒋院长并托他带话给我，谓历年来我任各级主官都很称职，今因军中无适当职位可安排，正好省属台湾航业公司业绩不佳，人事紊乱，希望我能前去整顿，不知我的意向如何？当时我虽不知台航公司的内情，仍不加思索地应允。宋总司令又转达蒋“院长”问我是否有其他请求？我答称没有。我的性格一向是不忮不求，乐观进取，并不会因为未能留在军中而泄气，任何地方都可以去发展，反正迟早都要退的，心中虽然如此想，但在军中的四十个年头，不管在生活、事业、人事与情感，难免有所怀念。此后进入航运业，无论生活环境或对人对事将有 180 度转变。在此最后两周期间，我除了安排到南部基地各单位辞行外，并设法了解台湾航业公司的内部人事与业务情况。

（十六）全军财务工程购案监工人员讲习

多年来由于“政府”励精图治，经济日见宽裕，用于“国防”的整备建设渐形积极，各军种的采购工程等业务亦日趋繁杂，所需专业筹办人员日渐增多，因此海军对全军财务工程，购案以及监工人员必须更审慎管理，并给予讲习与警惕。一九七五年六月下旬，我奉命赴南部基地中正堂主持全军一九七六年度财务、工程、购案暨监工人员讲习会，由基地各有关单位首长陪同，于上午八时三十分开始，对基地有关单位承办人、监察官等约三百余人讲话。我首先对与会人员的辛劳尽职，成效卓著表示嘉许，并鼓励大家今后应该不以现有成就为满足，应循有关法令，继续力求检讨改进，增强战力，使工作做得更好。随后又分就财务、营缮工程及采购三方面做了详细的指点。同时并指出“预算即是命令”，任何工程绝对不可破坏预算制度，该用则用，不该用者绝不浪费分文。关于营缮工程的施工，首要注意施工前计划周详，讲实用，避免浪费，同时更要勤访厂商的信誉，经常勘查工地、建材的管理，施工中则避免改变计划，掌握完工进度，分段检验等，施工期间或前后，严禁接受厂商招待与贿赂，公正而客观地验收工程，如此才能保证工程的完整与实用。对于“品质标准”应是采购人员需要特别注意的。补给人员事前的访价，计划，拟定底价，贯彻采购政策，每一项都要竭尽心智，才能以最好的材料，完成最完善的工程建筑。对于监察人员则以讲求“实”相勉励，当时“行政院”蒋院长曾指示任何工作应本“确实、踏实、诚实”三实要求去做，品德与操守更是监察人员应有的道德观。我举出几个案例，以助说明“实”的重要性，藉以勉励与会人员务必贯彻力行。这次讲习的课程还包括贪污治罪条例、案例报告、座谈会等，与会人员下午接受一项测验，并签订一份自我保证书，矢志贯彻上级革新指示，绝不虚伪造假，勾结舞弊，保证节约财力，认真监办，积极贯彻工作纪律，发扬廉能诚朴风气。

（十七）在南部海军基地主持最后一次训练检讨会与访问

自邹副总司令到职后，我只管军令部门的业务，在时间分配上较为充裕，因此有较多时间注意作战与训练方面事务。一九七五年十二月二十二日为舰队一九七六年上半年度（会计年度）的训练检讨会，与海军陆战队一九七六年度的年中训练检查。我于是日分赴舰令部与陆战队主持。

上午八时三十分，承舰队司令李北洲中将陪同，至该部会议室举行这项训练检讨会，计有各有关主管以上及参谋人员三十余人参加。会中首先由各有关部门主管分别就舰队半年来在政治作战、部队、体能、战备、战术、联合作战等十二要项，及岸训等训练情形，提出深入的实施状况及成效检讨报告。继由与会人员就各项训练情形提出检讨，及今后加强改进的建议，均分别获致具体决议。我在结论中，除嘉许舰队官兵半年来在执行各项训练任务的卓越表现与长足进步外，并勉励全体与会人员应百尺竿头更进一步，切实地贯彻上级对部队训练所作“从严、从难、求精、求实”的指示，以全面增进海军的整体战力。检讨会于十时三十分圆满结束。与李司令闲聊数十分钟后，乘中午空档时间走访海军官校新任校长郑本基中将，并与同学共进午餐，勉励学生应努力求学，注意德智体群的均衡发展，变化气质，以培养优良的风度。当年我在海官校任职时的学生都已毕业，只余由预备班一九七三与一九七四年班直升官校一九七七与一九七八年班的学生一百多人，此时相见，彼此都有一份亲切感。

下午一时三十分抵达陆战队，承司令孔令晟中将陪同，先至简报室听取年中训练检查报告，继由副司令黄光洛中将陪同，分赴凤鼻头及凤岫西地区巡视靶场实弹射击训练及两栖侦察训练，演习逼真，效果良好，下午四时四十分始结束视察。

（十八）赴南部基地辞行

海军的部队、学校、后勤各单位，几乎全在南部基地，这两年半来，我平均每个月都会南下一两次主持会议或视察，或是陪同长官、外宾、委员以及团体访问参观，和基地各单位主官及成员，建立良好关系，每回见面都倍感亲切。一九七六年二月底的前两天，我特别抽空赴南部辞行。首先到舰队司令部，没想到指挥官李北洲中将安排仪队迎送，并将陆战队、官校之外的南部海军主官全邀集至舰令部为我送行，包括第一军区司令杨西翰中将、后勤司令林蛰生中将、两栖部队司令蒋豪达中将，以及其他将级主官数十人，以茶会欢送。随后我到第一军区司令部及后勤司令部辞行，又承他们热情接待。中午李指挥官偕各主官在四海一家为我设宴惜别，多年共事的公私情谊，在茶会和午宴中表露无遗。

午宴后随后令部司令林蛰生中将至后令部参加该部同人所设的惜别茶会，聚谈约半小时，转赴海军陆战队向司令孔令晟中将等高级将领辞行，

一九七六年二月廿七日赴南部基地辞行，海军官校校长郑本基中将（左五）以学生鼓号仪队迎于校门前。左四罗绮中将，左六李北洲中将等诸将领陪行。

之后赶赴海军官校辞行。午后三时抵达海军官校，校长郑本基中将及教育长、政战部主任，率仪队及鼓号乐队迎于校门前，校阅完毕即进入率真厅，甫入厅内，即受满厅的教职员及学生队伍的鼓掌欢迎，此时仪队及三位年班代表进入大厅，站在我的面前，仪式乃正式展开。郑校长首先致词，随后一九七七年班同学李皓代表学生致词，致词内容由其撰写在横幅宣纸，并裱在一个红色的大镜框内，致词完毕，由两位不同年班的同学代表送呈给我。事前并未料想海官校会以如此隆重而感动的方式为我辞行。细听他们所说的每段话，竟使我感动得流泪了，师生感情是如此的珍贵。虽然我已外调到航运界发展，不能像他们所说的：仍像以往一样……继续不断地指导他们，引导他们，但是我会勇敢地、坚强地朝上级指示的工作方向，去奋斗拓展，作为他们几十年后退休时的榜样。我致词后郑校长又送我一册全校师生的签名簿，至为珍贵。随后我即下来与大家一一握手道别。先前握过手的同学，迅速地跑到外面道路两旁“站舷”欢送，鼓号乐队全体前导送我出校门，我与校长及随同前来的各单位高级主官握别后离去。

（十九）在海军的最后一天

一九七六年二月二十八日，是我在海军生活近四十五年岁月中，最后一天穿着海军军服与军方长官及友人道别，过完今日，这一身笔挺的军服就不会在我身上出现了。

当天上班后，先到总司令办公室闲谈，随后于九时三十分在总部升旗台前，参加由总司令主持的先“总统”蒋公铜像揭幕典礼。我曾私自庆幸，在我离开海军的最后一天，还能赶上这个重要的仪式。在“总统”像前，我在心中向领袖默祷与保证，我仍未老，此后仍将遵照先“总统”训示，为国家民族奉献自己尚存的智慧与精力，继续不断地努力向前迈进。典礼完毕，赶赴“国防部”向部长高魁元上将辞行，谈话间他问我是否有他可以帮忙的事？我说没有，并谢谢他在我担任连络局局长期间的教导与爱护（当时他任参谋总长）。随后向副部长冯上将，总长赖上将及各副总长及次长们一一辞别，然后赶回总部办理未竟事宜。下午宋总司令为我颁授云麾勋章一面，并以酒会欢送，是晚总司令伉俪又在碧海山庄设宴邀请我夫妇两人，及有关将领夫妇参加，席间承其赠送名表一对。晚宴毕，就此辞别主人与海军同人，数十年的相识与友谊，今后各奔东西，恐将难以经常相聚了。

忆及我在士官学校教育处任职期间，苦无机会上船时，曾于家中与内子闲聊道：我这一生，若能担任一任上校主官之后退役，我就很满意了，只要家庭和乐就好；若有幸，能升少将，那就很意外。因为那时我想，上不了船，前途只能到此为止。之后，上了太康舰，一直很顺利地上来，也升到副总司令，对于这一生，是没什么遗憾的。虽然要升总司令也不难，但这是机运，不能勉强！除此之外还有政治的因素。我看了刘广凯和黎玉玺两位先生的自传，觉得要做总司令是不容易的，其中的政治运作，以及各种应酬场合的周旋，是相当辛苦的。

十二、台湾航业股份有限公司

踏入航运业

一九七六年二月二十九日，办好海军军职外调手续及辞别海军袍泽后，第二天（三月一日）上午即着西服至台湾航业公司报到。穿了几十年的军服在军中服勤，突然换了便服去上班，的确有些不太习惯；但却有个好处，可以随时提醒我做事要放低姿态，讲话不要太军事化，要有“做什么，像什么”的心态，以便与人和谐相处，办好本职业务。

到达台航，先拜会董事长黄锡麟先生，与即将卸任的总经理陈精文先生。在海军时我即接任黄董事长的副总司令职务，今又相聚共事，深以为喜；陈总经理则是海军轮机系的老前辈，曾任海军总部舰政署署长，年资较黄董事长还要高，我们在海军时即彼此认识。

交接仪式当天上午由台湾省政府派主计处林主计长莅临主持，仪式后由黄董事长主持公司的送旧迎新茶会。事前我对公司状况已有相当了解，在欢迎会中看到大部分同仁，并作了简单交谈后，更加深了我对人事整顿的信心。一个公司或团体是否能够兴旺发达，人事因素非常重要，尤其是几个重要部门的领导人（key men），更是业务荣枯的关键。他们可以使公司发挥团队精神，导向发展壮大的境界；他们也可以自私自利，使同仁离心离德，士气低落，导致业务一蹶不振。若有一人如此，将影响全体情绪，故一发现有这种人存在，必须用各种方法请他离开。此次我奉调来此，即是奉命整顿人事，也难免要得罪人。然而我并不顾虑这些，凡是曾在海军共事过的同仁都知道我的个性，所以我执行起来也较为顺利。我到公司的第三天，奉“行政院”蒋经国“院长”召见，他对我过去在军中及国外服勤的表现都很表满意，对调我到台航去整顿人事，乃不得已之事，希望我继续努力。最后问我是否有需要他帮助的地方？我答没有。随后乃将自己对台航的了解状况向他作简单的报告，重点摆在人事复杂与公司债务负担太重两项。当时他因糖尿病的关系，正在点眼药，点完眼药对我说：关于人事方面，要大刀阔斧地干；至于债务，因属省府权责，要我先向省府洽商。承“院长”指示，使我对今后的业务处理更有信心。

航运特性

航业公司的营运本是一种具有高周期起伏和高危险性的企业，业者须经常面对世界经济无法控制的荣枯更替。有关资料显示在 1950 年至 1976 年间，海运量的成长，大体上均应世界经济的变化而呈现高低（高峰与谷底）起伏的现象，约可分为四个循环（cycle），平均约每六年为一个循环，简图如下：

次序	第一循环	第二循环	第三循环	第四循环
峰谷	谷 峰	谷 峰	谷 峰	谷 峰
时间	1952–55——58——60——62——64——67——73——76			

（依世界经济成长状况，每个循环或有一、二年之差别）

值得注意的是，高峰期率都很短暂，而衰疲期却相对的较为长久。航运的发展与国际政治、经济息息相关，世界政治、经济又是变幻莫测，因此航业营运就呈现风险大、平均利润低的基本特性，一定期间的营收或高或低极不稳定。然而任何企业若以营利为目的，冒风险固属理所当然，可是航业风险所涉及的范围却比较广泛而深远。因为航业公司的成败系于公司的营运方式、船舶种类与型式、自银行或其他来源所得到的融资性质、本身的财务结构，及对未来世界贸易发展趋势的估计与因应是否正确等因素。我相信台航历任总经理因公司为公营机构，上面层级多，受到各种限制，实际上无法细心规划，以致到我接手时，财务亏损已累积至数亿元。这个数字对于当时仅是中小型的航运公司而言，是一个大数字，尤其在航运不景气的时候，更难弥补，而积久的利息利上加利，无异雪上加霜。我甫到公司时，同仁士气皆很低落，然而我并不气馁，在此情况下，若不冲破困境，台航将永无出头之日。

当时我的构想是先把人事安置好，然后再将财务健全起来，训练货柜人才，订造货柜轮，使公司走向货柜化与现代化。当然要公司货柜化并非短期间所能达成，因为货柜轮加上数目众多的货柜、货柜场，以及搬运货柜的机具等，都所费不赀，但是只要有决心，持续而耐心地向省府与“议会”沟通说服，这些阻力总是可以克服。何况当时国内外银行界资金过剩，很愿意贷款给航运业，尤其是建造新船，如果省府肯担保，他们更是放心。

公司编组

台湾航业公司只是台湾省政府建制下一个三级单位的公营公司（与省政府各港务局同），一切作为计划都要经过省交通处第三科审查后再送给交通处长，重要业务如造船、贷款等，还要经过省府委员会开会研议通过后，经秘书长到省主席批示下来，快者个把月，慢者则要几个月，等到此时经谈妥的造船或贷款的初约利机已失，对方早已转寻其他对象，我方如要另行订约或协议贷款，就没那么方便了。省府在台中，公司在台北，当时又无民航机来往，每要请示或交涉事情，总需耗费一两天的时间。

当时台航的组织很简单，总经理之上设董事会、董事长，董事多为省政府成员，历任董事长大多不太管事，只有黄锡麟董事长每天上班。公司经理部门内外的大小事务均由总经理负责。总经理之下有二位副总经理，一位主任秘书，下辖三部一处四室：业务部、船务部、财务部、会计处、秘书室、人事室、公共关系室、行政室。另有一位常务董事，常驻公司，好像在黄董事长之前就有，经常还问问公司业务。两位副总经理，一位是石兆鹭先生，空军退役，已在公司多年，主管业务、船务、人事、公关等，为人老成和谐。另一位是沙临范先生，海军财务少将退役，主管财务、会计、行政等事宜，为人忠厚清廉，所管业务正是他的本行，使我放心不少。另外还设有三位专门委员，其中郭承枫先生是会计专才，文笔甚佳，对公司贡献良多。原主任秘书早已退休，我因业务需要，商请海总主任秘书邱奇少将（曾任海军“驻美副武官”及海道测量局局长）接任，他为人忠厚笃实，中英文修养均佳，进入状况极快，如要切实整顿业务，实在需要这样的助手协助。他品德操守都是一流，石副总经理退休后，他很自然地就接升副总职务，可惜后来因车祸身亡，乃航运界一大损失，公司同仁咸感惋惜。邱主秘升任副总后，我即选公司老人张勖宁先生担任主秘，他做事干练，思维细密，颇能适职。我离开海军，除了因当时业务需要，只带了邱奇一人外，此后我调职或兼任其他职务，都从未随带人员，单枪匹马一人赴任，以免制造冗员，受人批评。故各部处室的主管，除业务、船务两部乃公司的灵魂最为重要外，其他大都沿用公司的老人，品德操守大都良好，都很能为公司着想。至于业务与船务两部，乃公司盈亏之所赖，既可为公司赚钱，也可为公司赔钱，其人事需视营运的需要而随时调整。

确定重要主管

一九七五年七月十六日业务处以台彰轮计时包船方式自台驶日转中东，

途经新加坡，因包船者的私人纠纷，累及该轮在新加坡被扣，几经交涉，始于十一月办妥解押事宜，并奉交通处指示续航中东目的港交货，以重国家对外贸易信誉。时因中东卸货港设备简陋，卸货量极微，而候卸船只甚多，不能设法抢先，竟使该轮停泊中东候卸达七个月之久，船期损失至巨。至一九七六年六月底止，该轮营运亏损已达新台币两千五百余万元，且其他之散装货运亦不理想，亏损约一亿两千一百余万元。前总经理认为损失太重，遂将业务经理陈敏生先生记一大过，改调专员。陈先生是一位学者，经常著述航运书籍，并在海洋学院兼任教授，深受学生欢迎，只是对业务实务未尽精明。他调职后，由一位驻埠船长陈飞先生暂代，以便我到任后另觅妥人。业务部的经理至为难求，除了要有经验能干之外，品德操守更要好，否则若不忠于本职，所揽的好货可能会被掉包，同时对他手下的业务人员，也要个个认识清楚他们的品德与能力。我曾拜访各大公司友人请托代为介绍，但都无适任者，本公司新人中，如张义源（现任台航总经理）、施清溪（现任台航船务副总经理）、吕联禧、黄金河、王肖卿等人都是大专毕业的高材生，但可惜都太年轻。当时我对航运虽非内行，但我知道此一缺额至为重要，除亲自多与陈船长代理的业务接触外，只有耐心地等待。

四月间某日，阳明海运公司曹仲周董事长派其秘书梁逢秀先生陪同吴振亚先生来见，据梁秘书介绍，吴君是海军官校一九五二年班第一名毕业，非常有活力，上校时即自动退役，投效航业工作，多年来在香港新兴海运公司服务，并升至业务部经理，当时其公子因水土不服，全身奇痒难耐，曾赴美治疗，然仍无效，遂辞职回台，另谋事业。曹董事长知我仍在寻觅此种人才，故代为推荐。我与吴君并不认识，但深知他的学识与能力，且担任过航运业务多年，正是本公司所需要的人才。当即决定聘任为业务部经理，并请主任秘书办理就任手续。吴君接任后，即着手整顿业务部的人事与业务，使我轻松不少。（我离开台航，吴君旋亦辞职，后任财政部商品检验局局长，及历任财政部部长的英文主任秘书。已于前几年退休。）

业务部主管确定，接着要处理船务部主管的人事问题。船务部主管造船、修船、船员聘雇与调任等，有时还负责购买旧船。不过通常船公司如果经济充裕，都不愿买旧船，因为旧船内部或机器的缺陷，卖主为易于求售，不一定会据实告诉买主，而买主若非由本人，而由第三者或公司职员与卖主交涉，其中难免不无弊端。台航过去也买过旧船，每次均由船务部主办，我未到任前，即听闻船务部对处理该项业务颇受议论，到职后公司内部仍有谈论，然原任船务部经理据闻因有特殊背景，过去三任总经理都未予调动，因此船务部也就无法改进。我到任后即示意请他自退，有时交办或商讨事项均不找他，直接找副理或承办人员研讨，未久他确知我的意向，遂写报告辞职，我立即批准让他离退。

船务部主管人才较易觅得，当时船务部的副理兼工务课课长施清溪先生即可胜任，他毕业于大同工学院，年轻优秀，能力甚强，经与人事室协调后，认为他确属经理人才，资历如能多培养一段时间，更能服众，当时外界挖角风气颇盛，他亦在受挖之列，经我诚意挽留，他亦乐于留下，协助新任经理革新该部业务。新任船务部经理是前海军第四造船厂厂长陈启明先生，为人谦恭负责，深具技术修养，到职后即能与同仁协调合作，解决各项问题。

业务与船务两主管人事聘定后，其他各部门主管多系老人，大都忠良可靠，对于公文业务均甚熟练，如再佐以革新精简措施，多访各轮发掘问题，对船岸之间的合作联系，将更为密切。

此外，基隆、高雄各有一个分公司，负责各轮到港后的卸货装货等后勤补给，以及报关、人员调遣等任务。因为公司船舶不多，各分公司的人员配备亦少。高雄港因有台澎轮一艘，配员较基隆分公司稍多。天气好时，台澎轮每天要往返澎湖一趟，来往旅客不少，人数多时，每年则稍有盈余，否则以该轮之老旧，亦不免在亏损之列。此外尚有货轮十艘，其中包括散装货轮（多装运五谷）及杂货轮各四艘（二者均为大统舱），多类型货轮（可装五谷、杂货及煤炭）及冷藏轮各一艘，由于吨位大小不一，性能各异，保养甚为困难，营运调配亦颇感不易。且五年内将有六艘船龄超越十五年，装备性能老旧落伍，保养费偏高，揽货亦愈感困难，倘不适时补充而汰旧换新，在竞争日趋剧烈的国际航运市场上，势将难以立足。

船舶及人事问题

船队落伍状况既如上述，公司为求生存，自应速谋改善，因鉴于我对外贸易出口以工业产品为主，海运以货柜轮为必然之趋势，进口则以大宗矿产品为主，仍以散装轮承运为最适宜，乃研订造船计划，请求省府准予建造28,000吨级之多用途散装轮二艘及20,000吨级货柜轮二艘，前者业经省府核准，并准按该轮之造价二成（520万美元）作为订船前必需自筹之资金，至于其余八成船价，则仍由本公司自行借款支应，交船营运后分八年期偿付本息。该两轮于一九七七年八月廿四日与台湾造船公司签约订造；至于货柜轮两艘，因造价较昂，省库为全力支援十项建设，需延至一九七九、八〇会计年度再行订造。公司多年未造新船，今能答允先造两艘，对士气不无鼓舞。通常造船完成时间需要两年，在此两年先置时间，公司应积极整顿人事，训练货柜轮船岸人才。

我到台航接任时，公司有船员620人，以自有船舶十一艘及租用“中油公司”油轮两艘，除必须配置及备用轮调之船员人数而言，仍嫌过多，且部分乙级船员（水手）年事已高，体力已难胜任海上艰辛之工作。因为以烧煤船来算，每船只需三十几人即够，620人几乎多出一倍。当时陆上员工194人，以船舶数及企业观点来看，员额亦嫌偏大，尤因少数船岸工作人员不能适职，缺乏团队精神与企业观念。针对上述现况，我召集各主管及主要干部开会研商，分别就船岸人事改进如下：

（一）海员部分

1. 为加强船员阵容，将不适任船员（含船长）调换，并选用年轻体健之船员替补年老力衰者，促进工作效率。

2. 为发挥团队精神，凡船舶到离港口，由我本人经常率领有关高级人员上船慰勉，并作出航指示或改进缺点，俾使船岸工作密切配合，随时改进缺点，杜绝各项浪费。

3. 为整饬船员纪律，明订各级船员任务标准，严格执行，绝对做到功过严明，奖惩公正，以提高士气。

（二）陆员部分

1. 为加强监督阶层领导能力，已遴选品德操守与专业才能兼优之人才，担任本公司业务与船务两重要部门经理与副理。

2. 为求适才适职提高士气，将工作不力或绩效不著者调离本职，品学兼优积极进取者，予以调整适职或予晋升较高职务。

3. 为贯彻精简，除按规定办理限龄退休外，所遗职务除技术人员及专才外，都就现有人员中调配担任，不予进用新人。今后增建新船，除因现有合格船员不敷配置，必须增补者外，陆员皆不增加，期使海陆员工减至合理标准。并本企业管理之要旨，研拟精简合理之组织与员额编制，达成彻底精简与制度化之目标，并随时予以集训以增加新知。

对于我的新作风，被裁船员并未反弹，因为依照船上船员年龄规定，五十五岁退休是应当的，曾有一两位私下至办公室吵闹，对于这种无理取闹的人，我都采取强硬态度，把他们撵出去。任何一家公司，整顿人事是非常重要的，绝对不能讲人情，否则制度一经破坏，将尾大不掉。所以每至新的任所，我首先整顿人事，人事整顿完毕，即开始团结人事，知人善任，公司才有希望。

财务问题

我初至台航，即听说公司财务状况至为恶劣，但究系坏到何种程度，则不甚清楚，后经听取简报，及深入了解，才知问题确实十分严重。台航当年资本额为新台币六亿九百余万元，而自有船舶十一艘的账面净值则为新台币十七亿六千余万元，不足之资本约新台币十一亿五千余万元，完全以举债支应。此项船债除历年已偿付者外，在今后八年中还要自行偿付本息新台币十一亿八百余万元。由于还本期限短，利息重，而每年营运所得资金还不够偿付此项船债本息，还要另借短期融资弥补。此外营运周转所需资金，也是依赖短期借款维持。当时此项短期借款也达新台币两亿四千多万元，年需支付利息三千余万元，凡此都因资本不足，造成营运负担加重，收支无法平衡，而形成财务上的恶性循环。长此以往，不仅到期船债无款可偿，即经常开支也多有延欠。

迫于现势，我到职仅三个月，即经常跑台中省府，上自谢东闵主席、瞿韶华秘书长、财政厅锺时益厅长、交通处陈树曦处长与主计处林主计长，以及各有关主管幕僚，商请支援，俾能暂苏财务之窘困。但经省府专案小组核定，仅极小部分船债稍予延期偿付，对本公司财务实无改善之效，以致资本结构脆弱如旧，短期借款有增无减，营运负担愈加沉重，收支无法平衡，成为公司当时最感困难之课题，亟待解决。

此后数月，凡我到台中参加省议会与交通处的会议时，必向陈树曦处长及锺时益厅长（与我为“国防研究院”同学）诉苦，请求特别支援。然格于制度，他们亦爱莫能助，言谈中暗指只有向上级请示方有希望。经锺先生之指教，我才恍然大悟，遂集各部门主管，并由邱主任秘书主笔，写一报告呈蒋“院长”，将我到职九个月来台航的状况与改革措施，以及面临之困难择要禀呈，并请“政府”给予增资，以健全资本结构，使本公司在人事、财务、船舶俱获得改进的情况下，增强竞争力，以促进业务之开拓。报告最后提出：“照本公司目前资本不足情形而言，如能获得增资新台币六亿元，财务状况当可臻完善，惟在兼顾省府支援十项建设，库力亦有不足，而又能使本公司财务获得必要之改善情况下，能予增资新台币四亿元，庶几可使困难解决。职拟本此原则，继续向省府解释争取，以底于成。”希望“院长”能赐予交办。

一九七六年十二月一日，我随带这份有十张打字纸的签呈晋见院长，事前曾担心这么长的报告，不知“院长”有无时间过目。蒙“院长”垂询台航公司情形，乃将签呈的内容一一向“院长”做口头报告，并将随带之书面签呈面呈给他，“院长”收下后说：“让我看看。”并勖勉我继续努力。我看当时“院长”的神情颇为愉悦，自忖此签呈有可能批交省府办理。后来我到省府开会时，乃问锺厅长我的签呈是否已批交下来？不久，锺厅长即电话告知我的签呈已交下，嘱我准备资料，以备省府瞿秘书长率司锺厅长、陈处长、林主计长，以及省府各有关委员到台航视察，并听取简报。

公司同人听闻省府各要员将来视察，均士气大振，加紧准备简报资料。而省府各厅、处长和主计长听取简报后，了解本公司的财务状况确实陷入困境，乃答应回去报告谢主席后再设法筹措支援，但本会计年度经费都已分配完毕，须待下年度方克筹应。因事实如此，只有鼓励大家苦撑等待。后承陈树曦处长告知，此四亿元增资已蒙谢主席核准，有此巨款增资在望，以后办理小额短期贷款也较为方便。据公司资深同人告知，台航公司从来未曾受“政府”增资过，而且这次又是巨头增资，实甚难得。因此也增加了公司同人的信心与士气，并提高了团队精神。

业务状况

到公司将近一年后，各项业务都先后或同时加以整顿，已稍有眉目。在营运业务方面，虽经加强经营，但由于能源危机后，船舶运输成本增加甚多，最高者超过 400%（如燃油），最低者也将近 50%（如船舶保险费）；而国际运价在那三年间却反而下跌 50%。以谷类为例，一九七四年年底每吨计程运价 35 美元，一九七五年底降至 11. 5 美元，一九七六年底稍稍回升至 15. 25 美元，但仍远低于运输成本，且无好转迹象，更因举世经济萎缩，贸易减少，海运货源锐减，形成船吨过剩之局面。凡此均显示经营业务的外在因素甚为恶劣。加以本公司内部如人事、船舶、财务之情况亦无健全之配合，以致业务仍难以开展。当时仅就本身能力所及，尽力谋求改善，如增强船队活力，控制装卸货时间，提高服务精神，健全资本结构等，以减轻营运负担及促进收支平衡；同时本着脚踏实地、稳健经营之方针，以配合贸易需要来发展。

当时我出口货物约有 80%为外轮所承运，原有的杂货轮实无法与货柜轮相竞争，势非发展货柜轮不足以挽回颓势。营运货柜轮并非两艘即可竟其功，至少必须多艘方可开始营业，除了货轮本身需要巨额投资外，其他如货柜、机具、货柜场、专业人员等，都要庞大的资本。为未雨绸缪，增强实力，追上时代，本公司必须先筹划事前训练货柜轮岸上执行业务的人才，至于货柜、货柜场、机具等硬体设备，或租或买，都容易解决。然而人才的训练谈何容易，阳明和长荣船运公司，都是派人到美国训练，我们这个小公司哪有如此庞大的经费呢？因此我转念请求这两家大公司义务帮我们训练。因为阳明公司的曹董事长仲周是我在海军的老长官；长荣的张董事长荣发则系台航的老同事，当时我很有信心，认为他们一定会答应。我先往访阳明曹董事长，据告他们派到美国受训的人员还未回国，否则他们很愿意帮忙。我遂转道走访长荣张荣发董事长与叶复兴总经理，承他们爽朗的应允，并欢迎我们派一组人员免费到长荣公司上课，并到货柜场实习约三四周的时间。此种气派及情谊，使我永难忘怀。

张、叶两先生早年曾在台航服务过，我到台航后，听说以往在台航服务过的同人，离开后在外面创业，都发展得很成功，其中尤以张荣发先生最为出色。因心存敬佩，遂请总务室发帖邀请这些老同人联谊欢聚，一方面表示怀旧与敬意，一方面请教关于业务上的要诀。承他们应邀参加，席间谈笑风生，对往后在航业界中聚会时，亦多几位可资商谈的友好。

国内自行设计船舶

过去国人造船多使用外人绘制的设计图，对于刚成立不久的船舶设计中心之图样，尚无信心，自从台航呈请省府核建两艘多用途轮后，并允船舶设计中心绘制设计图，无形中等于替他们做了一次宣传，在获得好评的同时，亦使该中心声名大噪。当时该中心执行长为留学英国的造船专家厉汝尚博士，闻悉台船将造新船，特来访问，告知该中心成立以后，网罗国内所有具造船经验的专家，研发船体设计蓝图，颇有成效，只因造船公司对该中心所设计之蓝图因从未使用过，故对之无信任感，致该中心之蓝图在国内无法推销，业务亦无法展开。我听后深有所感，国外名厂的造船蓝图，在开始时也必须要有人勇于尝试，否则这张蓝图就永远无法应用，如有缺点也就无从改进。船舶联合设计中心是“中华民国”唯一的公营船舶设计中心，其业务无法推展，实为遗憾之事。故我深思熟虑之后，与台航主管部门协商，同意应允厉博士使用他们的设计图，作为我们新建两艘船舶之蓝图。这是一个大胆的决定，如果造的不理想，我自当负起这个责任，但为了开拓国家重要的造船企业，我愿意承担这种责任。因为初次的造船设计如果没有实际地按图建造，就不能够发现缺点予以改进。台湾造船技术在当年已颇有口碑，于国际间也树立良好的信誉。国外航业界常向我订制巨型油轮和货轮，然在造船设计方面，向依国外造船先进国家是赖，对国内造船成本和竞争而言，均受很大的影响。因此“政府”积极推动“国轮国造”工作，特别辅导成立船舶设计发展中心，使船舶制造的蓝图也能自给自足，不必仰赖他国。然而此目标若无船公司支持，那此一中心也无法发挥功能了，所谓“国轮国造”之美名，也仅是制造他国设计的船，并非真正的“国轮国造”。

台航这两艘多用途船委托船舶联合设计中心绘制蓝图后，该中心因过去缺乏经验，为慎重计，特将此两艘设计完成后的模型，一方面送请台湾大学船舶试验中心进行船模试验，另一方面又送往西德汉堡船模试验所试验，经过国内外专责试验机构之试验结果，证实较目前国外一般同型船之性能更为优越，此不但使国人对今后造船设计工作获得莫大鼓励，更增强无比的信心。船舶自行设计已成定案，台湾航业公司、联合船舶设计中心及台湾造船公司遂于一九七七年八月廿四日举行新船签约典礼，订造两艘28, 900 吨的多用途船。这是台湾有史以来自行设计、自行制造的新船，诚可庆贺。

由于散装轮航运业务在一九七七年底仍无起色，各航运公司都在增建货柜轮，多用途船虽也能装货柜，但大舱因无固定导槽，如运货柜还要用特制绳带系绑或装上导槽，系解之间很费时间，因此在一九七八年初我到阳明海运公司后，发现有四艘多用途船改装成货柜船，台航为配合阳明公司组成货柜船队共营，也将这两艘正在动工而未成型的多用途轮改为全货柜轮，并将船尾稍微加长，使原先仅能装 842 个廿呎长货柜的空间，变成可装 912 个。幸好蓝图是“本国”船舶设计中心绘制，稍微修改蓝图，改装起来非常方便。

接收油轮

当年“中油公司”到中东购运原油，均委托“中国造船公司”建造十万吨或二十万吨油轮，建妥后分别委托阳明公司与台航公司承运，两公司对此一任务视为稳赚不赔的业务，利润未必可观，但在航运业仍在谷底的时期，大家都很欢迎。我到职后，在青年节的第二天，“中油公司”将有一艘新建十万吨油轮华运号要交由台航营运，必须由总经理亲自签字交接。在青年节那天，天气晴朗，往年此日上午我都要到忠烈祠陪祭，因已调离海军，在家无事，我见院中仅有的一棵大树枝叶过于茂盛，一旦台风来袭，整棵大树可能被拔起，乃藉放假时间修剪。遂将自制之竹梯靠在一丛大树枝上，准备工作。爬上去时虽有些摇晃，自恃运动基础尚佳，也未在意，当爬到第五阶时，即以大剪刀剪掉太密的树枝，因用力过猛，身体左倾带动竹梯向左倾倒，我乃随梯向左跌倒，头先撞上围墙，身体才落地，随即不省人事，只觉眼冒金星，躺在矮树丛中。幸好小女池琳在院中看书，惊见我跌下，急至屋内找人救助，是日正好有位罗崇兑老兵在家，急忙跑到院中，见我尚未清醒，就在嘴唇上方的人中处以大拇指指甲用力掐下，我遂清醒，但心跳快速，左头顶也撞了一个隆包，后来内子陪我到中心诊所检查并照X光，初诊尚无大碍，然因是假期，主治医师不在，住院医师及内人都要我住院休息，等待主治医师诊断后再回家。我因感觉尚好，且次日还要与“中油公司”签约接收承运油轮之事，坚决不肯住院，住院医师也就不勉强地让我回家。次日上午我忍住伤痛与“中油公司”签妥十万吨油轮华运号交由本公司营运合约，台航在艰苦经营中又多了一艘油轮代营来挹注，深感庆幸。

揽货代理

多年来台航因为船舶老旧，数目不多，揽货地区多受限制，多在美洲、日本两地，因此在美国旧金山设有一个总代理，叫“美国世界航运”，这个总代理是专为台航而设，并未兼做其他航运公司的生意，因此内部除董事长兼总经理俞扬和先生外，另聘有揽货人员及驻埠船长各一人，以及女秘书一人总管文书收发、接听电话及接待普通客人等事务（都是美国人）。因业务单纯，开销节省，多年来双方相安无事。我到公司后，俞先生曾一度洽商让他负责较多地区的揽货业务，范围包括一部分非美洲地区的业务，当时我因急于朝向货柜轮运务发展，他们又无此人才与经验，而且美洲之外地区业务广大复杂，他们所能做的，我们的业务部都能做，并且更能就近督导，自由控制，如有必要，一如各大海运公司之做法，我们也可在世界各地派任公司代表，或聘用当地优秀代理行代为揽货及办理通关事宜。我虽此中生手，但亦深谙其中要领，因此加以婉拒，请其就现有业务加强运作。

在日本，公司则委托一位前招商局职员陈先谟先生主持的“万和株式会社”（Manwa）代理业务，该行主要负责招商局（后为阳明公司）与其他公司的业务，组织较大，信用卓著，陈先生为人忠厚善良，双方合作良好。

本公司并派一位既通日语亦懂运务的林伯仁先生为驻日代表，当本公司船货运到日本的任一港口时，他都先去等候接应，并与万和代理行联系，办理一切手续。另外，揽货手续亦委托万和代理行代为处理。

以上所述系公司的四艘定时什货轮的业务。至于另四艘散装货轮大多在台自行揽货，虽在外埠进口之谷类大宗货物亦可在台议妥价目后，从外埠起运。有时部分船只散货或什货为配合市场需要，改按包船方式营运，因计时包船之变动成本由货方自理，故运价较低，成本也低。如有好的货主与运价，此种营运方式倒颇为简便。然在航运市场上，大家都为自己的利益斤斤计较，彼此都要计算自己的成本与利润，此种机会是不可多得的。

省府交通处及议会

省府交通处主管省府所辖几个交通单位，如台湾航业公司、四个港务局、铁路局、省公路局等。处长陈树曦先生为人爽朗明快，每个月都要召集本公司及各局首长到省府交通处开一次座谈会，分别报告各单位的情况或特别状况，使处长能够了解各单位的最新消息。会毕在处长官舍备有午餐，请各首长便饭，极富人情味。此外省议会开会遇有质询，涉及省府附属单位预算时，各单位首长都得到台中省议会备询，好在当时省议员们对海运业了解或涉入者极少，问题相对不多，只有交通组几位议员有时会至公司听简报，或到码头参观，平时交往尚称和谐。

我在台航将近一年，对省府各级及议会人士都很熟识，因鉴于台航受各种因素的限制，要想发展实不容易，任何一项预算都要经过五关：省府三关，议会二关。预算到省府的第一关是交通处；第二关是五人小组，由财政厅、主计处、经建会、秘书处和人事处五个单位的代表或副处长组成；第三关是省府委员会。如果顺利通过这些关口，还要经过议会的交通委员会，及议会的大会审查。若这五关都侥幸通过，那冗长的时间也要磨死人，在商务上一切利机都失去了，遑论交易！我申请核准的补助款四亿元，到我快离开时仍未拨下，不知是否因必须通过这些关所致。当时我想既然省府所辖的公司经营如此困难，“中央”又另有一公营的阳明海运公司，为节省人力、财力和物力，何不将两个公司合并，以减少困扰？更何况本公司在卅七、八年时，本来就是台湾省政府与招商局合办的公司，卅八年三月才奉令改组为股份有限公司，当时招商局的董事长徐学禹先生，与副总经理韦焕章先生还分别奉派兼任台航的董事长与总经理。到我接任时，招商局还是台航的股东兼董事，因此我即向各有关人士建议台航与招商局合并的问题，省府谢主席及陈处长都很赞成，但议会坚决不同意，交通部也不很赞成，因为省府与交通部并非同一系统，合并手续至为繁杂，因而此议乃作罢，我也就更专心研究如何提振台航的营运。

视察各轮

台航的船舶虽很老旧，我为了解各轮的情况与船员的勤惰和素质，自到职的第三个月起，就分期率各有关同人到每艘船去访问。访问时机大多在船舶返航后，一则慰问船长、船员长时间在外航行的辛劳，另则看看船上的保养情形，并藉此机会使公司有关同人与船上人员沟通意见，俾能合作无间，发挥团队精神。每次视察保养情形，必至机舱与厨厕，一如在海军舰上的清洁检查，机舱、厨房必须油污不沾，而且均手戴白手套到处摸拭。老实说，商轮上的机舱清洁传统与海军差不多，戴了手套摸拭栏杆和机器，均是纤尘不染。因为商船的机器几乎天天在运作，如果不善加保养，如何能维持十几、二十年呢？至于散装轮的谷舱（大统舱）也需要经常保持清洁，因为舱壁与小横梁间，经常会生谷虫，如清舱后不仔细清洗，使谷虫在运抵美国目的港后被美方农业部门派在各港口的检查员查到，将拒绝整艘谷轮卸载或罚款，因此四艘装谷物的散装轮，每艘我都下肩舱与舱底仔细检查是否有谷虫或不洁杂物存在，以提高船员们的警觉。

某次我正好在美国西雅图访问，刚巧有一艘公司的谷轮在西雅图附近一条内河的港埠码头靠泊，将要装载，我遂请代理行一位代表陪我驱车前往查看。我赶到时，数名美方农业检查员正在检查谷舱，每人手执手电筒检查得非常仔细，通过后即开始装载。我与船长等在旁观看，询问其沿途航行情况并慰问各船员后，又驱车赶回西雅图。这是我对散装轮装载谷物受检查的一次实际经验，这经验并非每位船公司的主管都可遇到的。

出国访问

一九七六年双十节我在日本访问，这天艳阳高照，天气非常好，万和株式会社陈先谟社长及台航代表陪我坐车到神户，慰问甫由台湾载运香蕉来日的冷冻船台云轮，该轮已卸货完毕，正候货回台。由于是日为双十节，全轮挂满了旗，并在官厅挂国父遗像以示庆祝，他们知我们将至，故特等我们到时举行仪式。仪式简单隆重，于唱“国歌”后结束，然后举行小型酒会，并有岸上及邻船数名日人参加，颇为热闹。酒会后，我们留船午餐，并询问船上及旅途航行情况，与船员们相聚至午后始搭车返回东京。

在东京逗留一天，转赴美国旧金山察访代理行的业务，当时正好有台莲（散装轮）、台宁（干货轮）也在美国，承代理行俞先生派该行驻埠船长劳勃特（Capt. Robert）先生陪同前往，实际察看该轮的装载情形，并与劳勃特船长谈及装载计算问题，我觉得他的计算方式很科学，值得本公司船长、大副及有关人员参考。我回国后曾告诉驶美船只有关人员，可多与劳勃特船长交谈研究船务，以撷取他山之石。劳勃特船长是美国资深船长，为人稳重和善，退休后应聘为美国世界航运代理行驻埠船长，工作很努力，与其几番往来，我们也成为好友，公余之暇，他还陪我游览各港湾名胜。俞先生及其夫人亦陪我游览附近名胜，俞夫人贤淑大方、温婉敦厚，实不愧为名门之后，大家闺秀。

招商局挖角

我在台航近两年，除了充实自己关于国际及本省航运市场的学识与经验外，并多与航业界人士接触请教，对公司同人于人事整顿告一段落后，即促进公司同人的团队精神，谋求建立健全的船队与财务基础，以求开拓业务的发展。同人等以四亿补助款即将拨下，对公司前景抱有很大希望，大家士气也为之一振。

正在此时，阳明海运公司董事长曹仲周先生，在某次航运业会议议场相遇，告诉我阳明公司总经理张恩骏先生将于一九七八年二月限龄退休，他已报请交通部高玉树部长，拟调我到阳明公司接总经理一职，正征求省府谢主席及交通处陈处长同意中，希望我能同意。这是一个意外的消息。事实上我这两年在台航花了不少心力，将它整顿恢复健康，今后还要施以医疗，使它茁壮，同时也与公司同人建立了不错的感情，若说离就离，于心似有亏欠，乃请曹董事长让我考虑两天。曹先生是我在海军的老长官，论资历年岁，较马纪壮和刘广凯两位将军要早，为人忠厚爽直，当年他与刘广凯将军同为海军副总司令，刘因战功升总司令，先“总统”蒋公为借重曹先生的才能，请他负责整顿招商局，并一度兼任交通部次长，当年招商局因由大陆转进来台，一切人事、财产等的迁移，至为复杂，而且想主持招商局的大员颇不乏人，曹先生接事后，曲折颇多，幸得蒋公的支持，总算未负所望。如今曹先生此举，实乃基于爱护心理，故我回公司后，经与黄董事长及各高级人员洽谈，他们都认为：以台航的立场言，当然不愿我离开，但为我个人计，到招商局则更容易发展，而且该公司为国营，直属交通部，一切手续均较简便，并可照顾到台航业务，都劝我应当接受邀请。两日后，我即答复曹董事长接受他的善意，准备移职招商局。

未数日，省府与交通部都发出关于我离到职的公文，同时省府也发出来接台航总经理的人选陈东海先生（曾任海军总部中将参谋长）。交接典礼于一九七八年三月一日举行，移交后我即赴台湾银行省主席台北办公室，向谢主席辞行，并谢谢他这两年来对台航的爱护与支持，主席则笑容满面地拍拍我的肩膀说："我本来不想让你离开，但是那边比这边容易发展，你去也好，过去以后，将来如果把台航合并过去，也比较容易处理。"见到交通处陈处长时，他亦如是说。在台航整整两年期间，我竭尽心力学习航业的经营与运作的知识，并从中撷取许多航运经营经验，使我到招商局后，不至于被认为是门外汉或空降部队。

十三、招商局与阳明海运公司

在台湾航业公司服务两年，一九七八年三月二日即转任招商局及阳明海运公司总经理。一九八〇年四月一日，招商局及阳明公司董事长曹仲周先生届龄退休，报准由我升任。翌年七月一日，招商局实施机构精简措施，阳明公司纳入国营事业体制，我乃专任阳明公司董事长职务。一九八八年十二月十六日届龄退休后，又继任海运社团海运研究协会理事长五年，至一九九四年三月期满为止。我自一九七六年三月离开海军以来，在航运业已整整服务了十八年，在此期间除本职外，又兼任几个主要航运社团的理事长与理事主席职务，使我对于航运业的认知与了解更为深刻。

招商局轮船股份有限公司沿革

招商局创立于清同治十年（一八七一年），初为官商合营，定名为“轮船招商公局”，设总局于上海，后改名“轮船招商局”。中经官督商办，商办隶部，至民国十六年统一后，我政府定都南京，以该局关系国计民生，遂先予清查整理，继于民国二十一年正式收归国营，易名为“国营招商局”，并扶植其经营与发展。民国二十六年抗日战事爆发，上海陷入敌手，全国海岸先后为敌封锁，招商局乃将重心内移，并配合沉轮封江，以阻敌舰船沿江进入内地。民国三十四年八月抗战胜利，重回上海，不仅恢复旧观，且益更茁壮。三十七年九月改组为股份有限公司，定名为“招商局轮船股份有限公司”，改组时，资本额定为金圆券六亿元，共分六百万股，于九月十日起发行股票，以半数充作金圆券发行准备为国库所有，其余半数则委由中央银行公开出售与国民，迨财政经济紧急处分令变更，才停止出售，但究已出售若干，已无资料可查。

三十七年冬大陆局势逆转，招商局承命担负所有军公物资及人员百分之八十以上的撤运来台工作，其后海南岛、舟山之撤移，富国岛之撤军及接运韩国反共义士，更是无役不与。此时招商局之业务虽日渐萎缩，但对国家交付之任务，仍竭力以赴，艰危不辞。在业务上，鉴于国内大陆航线尽失，船舶性能多不适远洋航行，国际基础未立，整个航业处于危急窘困之境。招商局为维持台湾地区对外航运之畅通，乃先巩固台日航线，承运输日之糖、盐、米、煤、香蕉等，进口则以肥料、水泥、木材、面粉等项。继之以自由轮开拓远洋航线，以较低廉之运价承运进口生产器材原料与出口外销产品，藉以制衡外轮之垄断与操纵。并倡导同业合作经营，组织海外航务联营总处，共同谋求业务之发展。对政府迁台初期之国家经济建设与外贸拓展颇著贡献。

一九七二年以后，由于国际政治情势急剧转变，政府为适应国际环境之需要，乃成立阳明海运公司，将招商局所有货轮以一般商业行为售予阳明公司，招商局仅保留代营“中油公司”油轮业务。至一九八一年七月招商局复予精简，仅保留机构名称及修船厂业务与小型轮船一艘租与阳明公司营业。迨至一九九五年七月一日复经由立法与预算程序，将招商局并入阳明海运公司，结束此一具有一百二十三年悠久历史之航运公司。

阳明海运股份有限公司沿革

一九七二年九月，日本承认中共政权，并与我断绝“外交关系”，“政府”维护国有资产，维持台湾地区对外海运贸易之畅通，并避免招商局轮船在海外受中共当局的杯葛，乃另设置一对外不明白宣示之“国营”航业公司，将招商局航行国际间之货轮，依普通商业行为以出售方式移置该公司名下，对外独立营运，于是阳明海运股份有限公司乃于一九七二年十二月二十八日依法组设成立，营运迄今。

招商局与阳明公司对外各为独立法人，各自管有其船舶之调度和业务之处理，至于财务收支及人员管理等，则统由招商局负责处理，年度预决算亦由招商局合并编制。阳明公司之营运收支等账目为符法令规定，则另立专簿登记，并有财务报告。阳明公司之董事、监察人及各级工作人员统由招商局原有之董事、监察人及各级工作人员兼任。此一措施在执行相当时间后，尤其在美国与中共建交后，涉及国际海事法律与保险理赔等业务之处理，困扰甚多，几经研议，并征询国际政治及法律专家之意见后，乃研拟调整“国营”航业机构方案为：阳明海运公司由“政府”以增资改组，正式纳入“国营”事业体制；招商局则予精简机构，紧缩员额，并予减资与紧缩业务营运范围，自一九八一年七月一日开始实施。实施后运作颇为顺利，后又有阳明公司“国营”事业民营化之研议，各有关业务人员兴致极为浓厚，研拟积极推动，并依公开发行规定印就股票，送交“国库”保管。迨至民营化时，股票始予释出，故至今票面尚为本人姓名，仍继续在市面上流通沿用。

一九九五年七月一日，招商局奉命并入阳明海运公司；一九九六年二月十五日起，阳明海运公司完成“国营”事业民营化，步入另一阶段之新里程，接续并发挥优良的航业经营绩效。

初到招商局及阳明海运公司

一九七八年三月一日离开台湾航业公司后，次日未带一兵一卒，单枪匹马到招商局报到。因服务台航期间，经常前来请教，彼此并不陌生。拜会曹仲周董事长，及与卸任总经理张恩骏先生晤谈后，即到会议室举行交接仪式。各处室主要人员均在场观礼。礼毕与各副总、主管闲谈，遂由张恩骏先生陪同到总经理办公室，承告公司一般状况及人事情况。

当时三位副总经理分别是业务郭洪威先生，船务部由陈直夫先生主持，并兼立法院公关（后由老船长吉佩琮先生接任，新任经理部门主任秘书张雄先生兼国会公关），财务部门为方世济先生。董事会兼经理部门主任秘书为王鸿文先生，王君后升副总经理，董事会主秘由董同琏女士接任，经理部门则由张雄先生接任。另有常驻办公的顾问陈仲衡先生，所有业务上之公文，均先经过陈君再送总经理上呈董事长。陈君曾在台航当过短期总经理，与曹公系天津南开中学同学，故曹公倚畀甚深，特聘为顾问，以资谘询。然其所根据资料多是英国出版的《劳氏什志》（*Lloyds List*）内的新闻，并无实务经验，此刊物我也经常阅读，所述资料仅能参考，不过曹公对其极为信任。卸任总经理张恩骏乃一老好人，在此情况下，他就乐得不管，有公文就盖章上呈，致各营运事务多照陈顾问签注意见批示。当时公司业务正积极朝向货柜运输迈进，陈君未必完全了解，反而是自美受训回来之业务人员及业务部门主管，因平时对实务多所接触，更为清楚。遇此情况，我必召请业务部门主管，或副总经理到办公室，了解清楚后，另签意见或支持原签，或径赴曹公办公室当面说明，或径予批复。

我认为经理部门的业务乃总经理的权责，不可推卸责任，尤以公营机构为然。当时我对一般业务的了解，因在台航的磨炼与自修，初来时大约可以摸索到八九成，其余一两成多属货柜轮的规章条例，以及海损保险等业务，遇此案件，必请承办主管说明原委，了解后再签注转呈，或当面向董事长报告。有时郭副总经理也会到我办公室报告，或解说，或闲谈有关业务问题，几乎每天来一两次，与我关系日密，我对公司业务亦渐感娴熟。郭副总手下两员大将，一位业务处经理陈庭辉先生（现任阳明董事长），一为船运处经理陈纯熙先生（现任裕民航运公司总经理），均系成功大学毕业投考进来，二人均从业务员做起，敬业努力，深受公司同人之推崇，也是我进公司后之良师益友，如有疑问，他们三人必有答案。

平时得空，我常走访各办公室，发觉公司经多次招考后，内部确是人才济济，如能善加运用，定能发挥一股力量。然而大批货柜轮陆续造成后，现有人员仍感不敷，仍须大量增用新人方济于事。因而协调“考试院”、交通部与考选部等单位，计划自行办理特种考试以应需要。公司主管单位乃就交通事业人员特种考试规则关于“水运人员应考资格与应考科目”先做检讨，并调查各大专院校所授课程范围后，决定扩大应试资格及增加应试科目之难度，亦即所列应试资格与应考科目，不限于仅有的一两所大专院校航运管理科系的毕业生，如此人才不致过于集中，也不违背“国营”事业用人应普及的目标。凡工商与管理学院各相关科系毕业生，均可报名应考。自公告招考之日至考试日期约有两个月，应考人对应试科目中未曾在校选修者，尚有时间准备，如此既可广收各大专院校的优秀人才，又符合公平公开原则。我到公司的第一年（一九七八年）即开始举办此种扩大特考一次，此后任内每五年（一九八三、一九八八年）举办一次，共录取160人，这批来自各大专院校的高材生，已成为今日阳明公司的中高级干部，也为阳明奠定坚厚有力的基础。

董事长与总经理之关系

“国营”事业首长或员工，虽有许多法令约束，但管理制度并不健全，尤其主其事的董事长与总经理多非同源，个人理念不尽相同，权与责如何区处，成为主管机关之重要课题。因此各主管部会皆订有所属事业机构与主管机关董事长（董事会）总经理权责划分表，经由“行政院”核定实施，俾使董事长与总经理执行业务时，有所依循。虽然如此，仍时闻某些机构人事不免有所龃龉，甚而妨碍业务之发展。故一个机构之董事长与总经理贵能忍让相容，协调配合，不但对该事业之发展助益良多，对所属员工亦能激发团队精神，使业务蒸蒸日上。离开军中后迈入航运业，在这种关系上，我得到不少宝贵的经验。通常能力强的下属个性也强，只要知其为人正派，且对事业的认知与处理都很正确，就可任由其发挥；如发现与自己的理念或处事态度不相契合时，可以与之沟通协商，择善实施，如此既非否定，又非驳斥，事情就很容易解决，彼此也不失和谐。

我在台航两年，黄董事长甚尊重总经理的权责，我们相处甚为融洽。调至阳明公司后，头两年任总经理，由于陈顾问的经常干预，曹公在习惯上仍涉入一般业务公文的处理，对此情况，我尚能容忍配合，毫不计较，其所批示，也可作为我的处理范例，但如批示内容与事理不合时，我则携卷向曹公说明，彼亦乐于接受。迨我接任董事长，郭洪威先生升任总经理，我们因已共事两年，深知彼此个性，我又实任两任总经理，对业务个中奥妙，多已了然，升任董事长后，更能掌握中肯，知所节制。郭君服务招商局数十年，为人灵活正派，航运界颇著名望，对我之合作与协助更为尽力。我在任的十一年间，董事长与总经理间，皆各本权责，恰如其分地督导与配合，带动公司上下更能发挥团队精神，使阳明业务迅速向前开展。

积极建造货柜轮

我接任总经理时，阳明公司筹备推展货柜运输业务已历有年数，并已建造四艘二万八千吨之多用途船，命名为春夏秋冬四“明”。预定开辟台湾、日本与美国东岸货柜运输定期航线，以该四艘多用途船权充货柜轮。一九七八年六月九日首航，由春明轮装载台湾出口货柜，自基隆驶赴日本转往美国，自此奠定了阳明公司货柜运输之始基。

为赶上世界各先进国家大航运公司之超前货柜化，同年六月十日特与“中国造船公司”签约建造第一期经建计划项下之 1, 608 个 TEU（二十尺长货柜）新一代全货柜船七艘（日、月、星、辰、耀、海、宙七“明”）。

第二期（一九八二年）则向“中国造船公司”建造四艘（康、健、福、寿四“明”）1,846 个 TEU 全柜船。一九八四年受交通部航政司指示在该期造船计划下承造巴拿马极限型散装船三艘。此后为配合第三期经建计划，又向“中国造船公司”建造 3, 042 个 TEU 全货柜船八艘（吉、祥、如、意四“明”及富、贵、昌、隆四“明”，两批八艘）。此八艘最新式货柜轮相继于一九八六年七、八月，一九八七年三、五、九、十二月及一九八八年一、五月交船，并陆续开辟远东至美西，远东至地中海，远东至西北欧，远东至澳洲之货柜定期航线，逐步完成以台湾为中心对外之辐射航线网。

对此十余艘新型货柜轮能够顺利地按期完成，除了应感谢造船厂员工尽力赶工外，最应感谢的是总工程师鲍威先生，及其领导的驻厂监工组同人们的热心尽职。鲍总工程师是海军官一九五二年班第二名毕业，在海军工程学院深造，曾任轮机长，对轮机造诣学有专精，官拜海军上校即自请

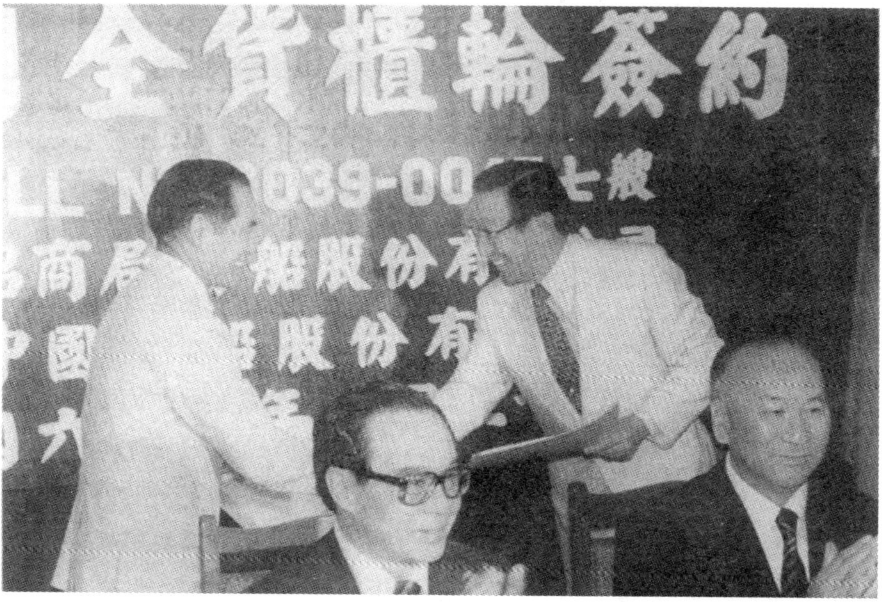

一九七八年六月十日与“中国造船公司”定造七艘 1，608 个 TEU 货柜输，我与“中船”晏海波总经理（后右）签约后交换文件，曹仲周董事长（前左）与王先登董事长（前右）在场观礼。

退伍，报聘新加坡某造船厂任修造工程师。为人精明干练，正直无私，一切照合约办理，绝不接受其他游说而更换厂牌或机件。十余年来深受长官及同人之敬佩。有时民间大亨或少数民代会陪同厂家代表造访董事长或总经理，企图向我推介采用该厂机器，但我等均不为所动，并严辞拒绝，久而久之，大家均知阳明公司之作风，也就无人再来关说了。

公、民营航业公司造船程序大有不同，因而其发展速度亦不同。公营航业公司如需造船，必须经过交通部审议，再转由经建会开会审议，公司董事长列席说明增建之必要性，再由各委员评议后，由主任委员裁定同意、增减或不同意，最后尚需报请“行政院长”裁决，并送请“立法院”交通委员会通过。因造船经费之二成需由“政府”列预算增资阳明公司资本额津贴，其余八成则以公司每年盈余按约定成数摊还。民营公司造船则比较简单，毋需按“国营”公司必须“国轮国造”之规定，可自选时机在国外选价廉之造船厂定造，并可随时选国内外之银行贷款，利率亦较优惠。本公司计划大批建船时，国外数家银行特专程来台拜访本公司商洽贷款事宜，可惜碍于规定，“国营”公司不得自行向各银行贷款，因此这也是公营航运公司受法令规定无法与民营航运公司竞争的原因之一。

阳明公司在八十年代已造新船二十余艘，由于员工朝气蓬勃，努力为公司打拼，一九八五年五月十日，本公司获英国托运人协会评为“服务及信誉令人满意”公司之一；同年十一月阳明又当选为美国新闻界选出全球十大定期船公司之一。同时我们又获交通部颁发营运优良奖状，“行政院”亦颁奖奖励，自此公司就一天天的发达起来。

赴美日视察及春明轮首航

到公司四个多月，公司同人均忙于开辟台湾至日本及美国东岸货柜运输航线的事，我是新任总经理，更不能例外。春明轮完工交船后，同人们更紧锣密鼓，积极筹备。台、日、美东三地总代理之组成及是否称职最为重要。台北市（台湾区）之泰明总代理行由总经理王天一先生主持，并经常与阳明总公司联系，如有要事，亦可就近协调洽商。日本东京之总代理是“万和株式会社”，社长陈先谟先生，已与招商局阳明公司合作多年，手下人员完整，能力甚强，亦无问题。仅美国东岸纽约是由台北总公司派员组成之“阳明国际船务行有限公司”（Solar International Shipping Agency Inc.），简称阳明船务行，该行董事长由阳明曹董事长兼，另董事两人由我及该行总经理甘敏先生兼任。该行组成时，我尚未到职，曹公特选公司货轮船长中能力较强，英语表达亦颇出众之甘先生担任斯职，并嘱其在总公司及日本总代理行（部分职员亦由招商局过去）中挑选十一二员随同赴美组成，其余不敷人员可就地聘雇。该行组成数月迄未发挥绩效，曹董事长及交通部不时收到告状之小报告，因此曹公欲了解究竟，派我率业务处经理陈庭辉，赴美日各港视察代理行之业务一个半月，重点摆在纽约，并藉春明轮首航美东靠泊各港所开酒会之机会，欢迎客户贸商及当地有关人员，并做宣传。

我与陈经理于一九七八年七月九日搭机径飞美西旧金山，纽约甘总经理在机场迎接，未作休息，即换机飞东岸亚特兰大（Atlanta），再转机飞春明轮处女航装卸货的靠泊港沙凡那（Savannah）港。抵达已是深夜，翌晨九时登春明轮慰问船长、船员等人。十一日傍晚在春明轮上举行酒会，招待当地市长格林（Greene）退役海军少将、本公司东岸一带地区揽货代表杰克（Jack Tilly）先生，及该地区附近之货主贸商等人，以酬谢他们的热心协助。格林市长及杰克先生均与“中华民国”特别友善，我们之间亦一见如故，此后仍常通信联络。十二日中午离沙港飞威明顿（Wilmington）港等候春明轮到达，傍晚又在船上设酒会接待威港货商人士，格林市长及杰克先生亦赶来助兴，中午并接受格林市长之午宴招待。十四日上午到费城（Philadelphia），中午该地揽货代理 Holt 先生宴请午餐，下午春明轮进港，办理上下货工作，是日晚仍在船上设酒会接待当地货主贸商，大家均尽兴而返。

此次在美国东岸邻近三港迎接阳明公司首航货轮，以小型酒会欢迎当地货主贸商和港勤人员，宣告阳明海运公司不久将以新一代的大型货柜轮为大家服务，深得宣传之效。

七月十六日晨，由费城 Zia 船长驾车赴纽约阳明船务行办公室后，即打长途电话向曹董事长报告春明轮靠泊各港之经过。曹公甚为满意。是日中午邀请阳明船务行全体职员午餐，说明此次与陈经理来美之目的与动机。并与陈经理在阳明行办公室，和甘总经理及刘渊副总经理谈有关该行内部人事作业有关问题，此后二十余日，均观察该行作业情况，并分批与行内中外主要职员十余人个别谈话，以了解行内问题、个人生活与工作概况等，其余时间则与陈经理分别忙于会客或外出访问，以了解美国东部货运市场的运作。

八月十一日结束访美行程，下午搭机飞东京，因时差关系，于十三日清晨抵达东京机场，陈社长及主要干部均到机场迎接。先访万和会社，该社中、日员工约二十余人，工作勤奋，陈社长为之一一介绍，其中有三四位是前招商局之老人。此后数日先后拜访我驻东京代表马树礼先生、参观横滨码头货柜场，在万和会社了解日本方面之作业与货运情形，并与万和有运务关系之三井仓库社长共进晚餐。第四日稍作休闲。十七日上午飞大阪，参观神户码头及货柜场。十八日则访万和会社在神户之支店。十九日返回台北，向曹董事长面报美、日之行的观察细节及处理状况，承其赞许，圆满达成历经四十二天的考察行程。

我觉得有关航运之发展，美国能做的我们也都能做，唯独电脑一项，我们正待急起直追，另外他们在货柜码头的管理也是我们难望其项背的。不过即使我们发现这些仍待改进的事项而向港务局建议，一时仍然难以达成改善的目的，因为港务局经费短绌，力不从心。同时港务局的制度也有缺点，航运界常呼吁应将港务局归属当地市政府，某些行政权责应直属交通部，而不属省府，以一事权。但这些要求一直办不通，因为省府不愿放弃港务局庞大税收之故。

欧洲之行

美日考察完毕，四季轮之“夏、秋、冬”明三轮均将次第完工，加入营运。一九七九年六月，又将“阳、和、启”明三轮改装为全货柜轮。接着“日、月、星、辰、耀、海、宙”等七轮亦将于一九八〇年三月至十月先后完工交船，因此远东至地中海及北欧货柜定期航线之揽货代理行亟待选定。同年十月我率运务处陈纯熙经理前往意、法、比、荷、德、英等国，考察当地港口、代理行，以及市场情况，以备公司于次年开辟之中欧航线预作安排。出发前两三个月，已有上述欧洲各国近百家代理揽货行来函，并附资料向阳明申请为地区代理或总代理。运务处已先就公司所需条件仔细分析，从申请公司的性质、规模与能力，政治背景与其他方面考量，自各地区分别选出最优之两三家列表参考，再于考察期间实地查证。我们先后与各代理行之负责人及有关经理人员深入洽谈，就阳明开辟新航线之有关问题交换意见，最后并参观其办公处所与人员工作之情绪，从而断定何者为优。至于应如何选择最优者为欧洲区总代理，或由阳明自行成立欧洲办事处，以及总代理设置之地点，当时我与陈经理均认为，以英国之代理行为总代理，并设在伦敦较为适宜。因为当时伦敦仍为欧洲区经济、金融、抗业及保险之重心，而英文又为航业之国际语言，易于沟通，且与各地区之通讯也以伦敦最为便捷。当时长荣航运公司已先在伦敦设置船东代表办事处，综理欧洲区全盘运务与业务事宜，并揽载英国之进出口货品。有此实例可供参考，本公司初无设立船东办事处之需要，但可派代表数人驻总代理处负责协调督导之责。经与 Johnson & Stevens 交换意见，他们表示该公司若能成为阳明之总代理，可提供我们驻欧代表办公室及一切设备以供使用，表现至为合作。我与陈经理协商，决定以 Johnson & Stevens Agencies Ltd. 为总代理，经选定的其他六国的揽货代理行，均由其统筹协调。当时已选定各代理行中，争取总代理的还有德国汉堡的 Unimar Seetransport Gesellschaft Mbh.，但相较之下，仍以英国占优势，如果将来情势变迁，再将两家互换，亦不困难。（我离开后，情势变迁，近闻总代理行已转至德国。）

至于市场情况，因长荣海运公司先于半年前（同年五月间）在欧洲开办货柜运输，以平均低于当时独霸市场之远欧运费同盟（FEFC）约三到五成之运价从事竞揽，故该公司在短短数月内即打入欧洲市场，使 FEFC 深受其扰，屡经开会研商对策，然迄未能遏止长荣公司之强力竞争。

一般认为，长荣公司当时以六艘全货柜船配置，并于年底前增至八艘，约每周可有一船靠泊；若阳明公司也以非同盟（Non-Conf.）姿态经营，则甚多大货主通运商将脱离运费同盟，而改用非运费同盟。长荣公司当时已稍提高其运价，因其订单已超过需要，因此大多认为本公司如开始经营中欧航线，以非运费同盟较为有利。本公司初跑欧洲线，知名度不高，欧洲一般货主为与远东地区竞争市场（尤以日本产品倾销欧洲为甚），均希望运价低廉，以加强产品在市场之竞争能力，遂有逐渐使用运费价廉而可靠之非运费同盟之势。英国福特公司当时曾与长荣签约，议定自次年元月起，每年交运五千个货柜，即其一例。综观该航线当时之竞争情况，可谓相当剧烈，然据闻长荣以六艘 1,200 TEU 及二艘 1,700 TEU 货柜轮往返装运，其去程均呈满载，返程亦接近满载。货柜船吨位过多之情况，在当时的台欧航线上即已呈现。经与各代理行调查揽货之可能性，据告，如一个月至少两艘船，逐渐增至每十天一个船次，而运价比运费同盟低 20%左右，以策略性的争取，则每次在英、德、荷、比、法等五国即可揽得 1,080 至 1,520 TEU 货柜，而其中约 70%为 20 呎货柜，30%为 40 呎货柜。不过 40 呎货柜有渐增之势，最好尽早开辟航线，以免予人捷足先登之机。

陈经理与我相偕在欧洲各国马不停蹄地来回奔走，经与各揽货代理行间磋商比较，终于选定各国之代理行，初步决定如下：意大利 Intersea S. R.L.，法国 Cie Charles Le Borgne，西班牙 Catalana Del Mar S. A.（Barcelona），英国 Johnson & Stevens Agencies Ltd.（兼总代理），荷兰 F. A. Voigt & Co.

B.V.，德国 Unimar Seetransport Gesellschaft Mbh.，比利时 Muller-Thomsen Antwerpen N. V.。

上述各代理行于十月二十四日如期初步评定完成。我们在欧洲各国约停留十七天，每天都在各揽货代理行间穿梭，与他们交谈也增加我们在货柜运输方面不少见识。任务完成，遂与陈经理返国，由其向曹董事长及有关同人简报此行选择各代理行之经过，及欧洲航运市场之最新状况。

我们建议公司欧洲线之开辟，似不宜再次拖延，虽则该航线目前暂时呈现吨位过剩、竞争剧烈之状，然此亦为航业发展过程中之自然现象，不久市场机能将出现优胜劣败，淘汰部分不健全的航运机构，而再度恢复航运景气。若待航运显现景气时方考虑加入，则将永落人后。况且阳明若延迟加入时机，等航线为其他大公司垄断后，他日欲思打入此市场，无异难上加难。而该线为配合国货国运及“政府”正大力鼓吹发展之多边贸易，纯粹代表国轮之阳明如能早日投入该航线，似乎在航业政策上，也有实际上的必要。至于开辟之时机及派遣之船舶，以次年九月第一批七艘全货柜轮交至第五艘“耀明轮”时，即可开辟。

初期为使美国西岸航线（1979. 10. 16 开辟）及欧洲线均能维持起码而合理之船期间隔，欧洲线似可调派四艘（16 天一航次）营运，其余三艘则暂时配置于美西线。同时以盟外船经营，运价策略具有弹性，船期能准确，尽量配合货方需求，此一新航线则属绝对可行。为充分准备，以利开展，各单位在配合上应早为筹措。次年初宜由业务、运务单位，派必要干员到欧洲货柜轮拟湾靠之各国，实地深入研究欧洲内陆转运情况、货柜装卸、场站、集货各项成本，以及进一步与各代理行研讨市场策略，与建立阳明公司的知名度等问题。

此一简报与建议均获曹董事长首肯及各同人之支持，并聘定所遴选之总代理行及各代理行，积极筹备推动。事后证明我们遴选之总代理行及各代理行，服务均极热心，直至我任董事长退休时（1988. 12. 16），他们仍为阳明海运公司而努力不懈。

为配合即将实施繁琐之货柜运输业务，本公司于同年十二月一日成立企划处，促使业务经营企业化，并全面推行电脑化，与欧美、远东、澳洲各代理行连线作业。此一措施为经营货柜轮公司的必须配备，但人才不易获得。正巧公司某部副理卢峰海先生以所司非其所好，欲转换他职，我鼓励他继续升学，且公司打算成立一个企划部，建立与全世界联系的电脑网路，届时将赋予他这个重任。他很高兴，公余自修获得硕士与博士学位，勤事研发，加上本身处事能力甚强，因年资不足，先派其代理企划部经理。经其努力经营发展，功能甚佳。现已升任阳明公司总经理。

升任阳明海运公司暨招商局董事长

一九八〇年四月一日，阳明海运公司暨招商局董事长曹仲周先生届龄退休，奉准由我升任。我乃向交通部力荐业务副总经理郭洪威先生迁升总经理一职，亦蒙核准。我二人之升任，首开招商局总经理、董事长内升之先例，于鼓舞两公司员工士气及安定人事上，有莫大助益，且自此后建立一优良典范。

回忆我在两年总经理任内，虽经过能源危机、船舶造价高涨、海运市场运价低落等数次风险，幸赖曹前董事长的指导支持，郭前业务副总经理的合作与经营得法，以及公司全体内外勤与船队同仁上下一心，和衷共济，终能渡过难关。同时继续革新人事，从企划管理来强化组织功能，并在航线船只调配和营运计划上，由以往的被动守势，改为主动攻势，积极谋求建造新型货柜轮，与国际上的各大航运公司相竞争。我们也凭着恒心与毅力，以及准确的船期、良好的服务、合理的运作，争取到不少生意。到了八十年代，阳明海运在国际海运市场所拥有的已不是一席之地，而是颇负盛名的后起之秀。我接任董事长后，深体董事长与总经理之职权分际，与郭总经理合作十分良好，每天他仍如往昔般，到我办公室报告重要决策事件，或闲谈公司日常事务，我也经常询问各副总经理或有关经理处长以了解其他有关问题，使我对公司业务保持接触，不至于脱节。

远征欧洲与开辟新航线

“政府”迁台至七十年代末期，尚无自有国轮船队行驶欧洲（西北欧）定期货柜运输的航线，缺乏对外轮制衡的力量，运费也任由远欧运费同盟自订，予取予求。凡由欧洲输台或由台输欧货物之用费，较日本输欧或由欧输日之运费普遍高出二成左右。而台湾较日本去（回）欧航程要节省两天，此种不公平运费，使“我国”拓展对欧贸易存在明显的不利因素。而招商局迁台后，以种种限制，所属船舶亦未再湾靠香港，使航行区域缺少一个重要港口。因此本公司经过审慎筹划，乃先以新建四艘“康、健、福、寿”1,842 个 TEU 全货柜轮，于一九八三年三月开辟远东至西北欧的定期航线，并湾靠香港，增揽转运货载。不料此举竟招致远欧运费同盟之全面杯葛，并尽一切可能方法，以孤立抵制阳明在湾靠各港口之营运，诸如阳明在各地租购之新货柜不予承运、转运，以及运价之抵制、舆论之制裁等，多方打击。阳明对此杯葛措施，早有因应方案，因为货主都喜欢运价低廉的海运公司，我们只要保持航期准确的纪录，代理行有面子，货主必乐于与我们来往。同时每载一个货柜，阳明的代理行可从中抽取 5%—7% 的费用，所以他们也会为我们排除上述的困难。长荣即靠此而发展起来。我们原期营运最初一两年会有相当亏损，然因阳明内部员工之努力，各地区代理行之应变尽职，国内进出口贸易商之爱戴，以及欧洲各地区对阳明之欢迎，竟能在营运之初期即有若干盈余。为此一新航线之开辟，奠定日后欧洲航线之良好基础。本人与郭总经理也因此案于七十三年元月荣获交通部颁发航港一等一级奖章各一座。另本公司自一九八三年度起连续数年工作考成，均经“行政院”核定评列甲等，本人与郭总经理每年亦各记大功乙次。

本公司继远欧航线开辟之成功，为实现建立以台湾地区为中心之对外辐射状航线网，因拟将触角再伸向南北太平洋地区之澳纽与日韩。但以远东澳洲航线一向由同盟船只行驶，强烈抵制非同盟船只靠泊澳纽各港口，因此阳明尝试克服种种困难，于一九八四年八月加入远澳同盟，指派“和明轮”一艘顺利加入运作。此一航线货载配额不多，但象征意义多于实质，且每年均略有盈余。同年九月开辟中日韩航线，自基隆湾靠高雄、神户、釜山，每十一天一航次，由“启明轮”担任首航，业绩甚佳。

分配建造巴拿马极限型散装轮

阳明海运公司于筹划开辟远东至欧洲航线时，原拟于第二期经建计划申请建造一系列七艘同型货柜轮，以维持每周固定一个航班，不料于呈报“行政院”经建会审议时，未获主事长官同意，仅允准建造四艘。而当时“政府”正推动建造大宗物资之散装轮，以国轮自有船队承运百分之七十为目标，希望一次建造九艘 66, 000 吨巴拿马极限型之散装轮（其船身大小正好可以通过巴拿马运河），分配各大航运公司每家一至二艘承建，然其时因散装货运价格不稳，各航运公司多不愿承造，致所余三艘无处分配，主管单位以阳明为公营公司，似应接受分配，乃力劝阳明同意建造该三艘散装轮。阳明与其他海运公司均依美国大湖区至台湾的小麦运费来评估，认为与建造新船之费勉可获致平衡，且得货主同意，乃配合“政府”需要（不接受已不可能）申建三艘 66, 000 吨之散装轮，命名为“智、仁、勇”三明。

然而当新船建造完竣，即将交船之际，小麦运费由原先的每吨四十美元降为十六美元左右，因此民间公司建造之六艘新船纷纷拒绝接船，最后由主管部层报核定先予交船，本利分期付款延后三至六年摊还，同时给予少数民间公司运价之若干保障，才获解决。阳明因系“国营”事业，仅准予延后三至六年摊还本息，但等到摊还本息时，由于累计成本加重，造成该三艘散装轮年年巨额亏损。而民间所承建之二艘，于营运数年后拒付本息，由“中国造船公司”收回拍卖，并担负巨额之损失。设若当年“政府”能准许阳明建造七艘货柜轮之申请，不但阳明得以逐年盈余，且可大幅改善阳明营运体质。然而因此一错误之政策，若干年间，阳明反需以货柜轮之盈余贴补此三艘散装轮每年数亿元之亏损，差别之大，实有天壤之别。可见错误决策后果的严重性。我曾为此事与交通部航政司的官员理论，不应建造此型货船，但政策已无改变可能，他们已买妥钢板建造，我气得差点想挂冠而去，但也没办法，因为当时阳明已经有所盈余，健全营运体质后，可以一直建造新船，与长荣并驾齐驱。交通部长连战先生曾为此事到经建会力争，但航政司不支持，遂造成这种严重的后果。

新船下水的命名掷瓶典礼

由于船价高昂，各航运公司若新造大船，可说是一件大事，每日必监督船厂施工进度是否延搁，品质是否有瑕疵。大的船公司并派有船东代表处驻厂监督，以解决制造上的问题。阳明派驻中船之代表处主任为总工程师鲍威先生，他系海军官校一九五二年班高材生，曾担任轮机长，对船体结构及机械均有深入研究，为人清廉正直、勇于负责，阳明开办之初，他为阳明造船尽心尽力，实为不可多得之专才。

通常建造一艘大货轮需要一年到一年半或两年的时间才能完成，交船前通常船厂都要洽请船方定期举行下水命名掷瓶典礼，以示庆祝。这种仪式最早源自英国，当时所造船只都很小，并在岸边搭架先造船身，船架下有圆形木可以滚动，当船身及内部船舱机器等都安装好后，即可将船架连船自圆形木上推入水中。做此一动作前有一小仪式，由一位贵夫人或小姐手执一瓶香槟酒走到船头边，将酒瓶敲击船壳，瓶破酒溅，同时口念“我

命名你为 ×× 轮，祝你一帆风顺！”船即滑入水中，很是简单。时至今日，经过时代的演进，所造船舰愈来愈大，不可能拿一瓶香槟酒向高大的船头敲，遂改为典礼的方式，由船东本人（董事长或总经理）及造船厂董事长或总经理共同主持，另请一位夫人或小姐担任命名掷瓶仪式。典礼台上则请贵宾及两个公司主要人员及外宾观礼。典礼开始先由船公司及造船厂主持人分别作简单的报告，再邀请“政府”首长或贵宾致词。之后主持命名的夫人或小姐宣读贺词及命名，然后以特制精致的小斧斩断安置在礼桌上的一根绳索，此索连接至船首系挂的一个特制大圆布彩球，球内系有香槟酒一大瓶及大批彩色纸条及飞鸽，当绳索被切断时，彩球即张开，同时酒瓶亦撞向船壳，瓶破酒香四溢，彩纸则迎风飞扬，群鸽亦绕船飞翔，甚为美观，此时乐声再起，典礼亦于声乐中完成。

这是西式的新船下水仪式，中国人以前造船完成后，将妈祖娘娘供上去，吹奏喇叭、唢呐等乐器。早期的军舰也供妈祖，我在抗战期间上楚观舰当见习生，在舰上的水兵舱（船尾）后面就供一尊妈祖神像。水兵多来自乡间，官员受新式教育，并不迷信，为了安定士兵的心理，也不反对士兵供奉。上香大概是由水手长早晚烧香。我个人并不迷信，我认为只要舰长本身才学够，士兵在训练管理上得法，他们在心理上就不会有问题。

我在阳明服务十年零九个半月的时间中，先后代表公司接收了二十六艘货柜轮与三艘巴拿马型散装轮。每次货轮完工下水，依例举行下水典礼，除表吉利外，并有庆祝与宣传之意。本公司下水典礼向由董事长或总经理主持，命名及掷瓶仪式则经常邀请交通部部长或次长夫人，甚或由内人主持。如部长或次长夫人莅临，部长及次长均陪同前来，藉机慰勉公司同人并致贺词。每次典礼都极为顺利成功。

参与社团活动

我升任阳明海运公司董事长后，由于仅负公司经营决策之责，不再涉及公司日常经营业务，在时间运用上较不受束缚，可以尽量参加各有关社团，为航运业的团结合作，略尽微劳。与航运业有关的社团等组织甚多，通常都欢迎航运公司成员参加，但各公司因许多社团会议既无主题又无结果，多不愿浪费时间派高阶人员甚至派员参加，至于几个大的社团如“全国船联会”、海联总处等，因对其本身利益有连带关系，故几个大航运公司的董事长、总经理都会参加，同时各高阶人员相遇，对市场动态亦可交换意见，因此只有这几个主要社团聚会时，各公司出席才比较踊跃。

我接任阳明董事长后，也接任了美国阳明国际船务行董事长，该行对内完全属于阳明公司的一个分行，其总经理常驻纽约，业务除由该总经理统管外，并受台北阳明经理部门的遥控，我每年赴美或在台举行董事会一或二次，该行总经理都必须出席。另接任曹董事长所遗海外航务联营总处理事主席（一九八四年改为“中华民国海运联营总处”）。此外在台湾航业公司及阳明总经理任内时，也参加各单位担任主任委员、常务理事或常务董事等任务（如附表）。

※ 阳明国际船务行董事长

※“中华民国海运联营总处”理事主席

※“全国船联会”理事长

※“中国验船中心”常务董事、船级委员会主任委员

◎“交通部”船员训练委员会委员

“中华民国海线交通安全研究会”委员

全洋海运公司总经理、董事（属阳明海运公司之子公司——备用）

招商局顾问（辞兼招商局董事长暨总经理后）
◎ 中华海员服务中心常务董事
◎“中华民国海运研究发展协会”常务理事
◎“中华民国航运学会”常务理事
◎ 中华航业人员训练中心董事
◎ 中华高级海事专校董事
“中国工程师学会”财务委员会委员、出版委员会顾问指导委员
◎“中”美经济合作策进会理事
◎“中”韩经济协进委员会委员
交通部船舶总队总队长
军管区中少将备役军官小组第八小组长
◎ 航运事业党部委员
航运事业党部台北党支部主任委员
◎ A. B. S. Board of Managers
◎ ABS, ROC Technical Committee Member
◎ Britannia Steamship lnsurance Association（P & I）Director
◎“中华民国海洋事业协会”常务理事
◎“中华民国港埠协会”理事
◎“中欧贸易促进会”理事
※ 国际商会“中华民国委员会”海运委员会召集人
“中华民国商务仲裁协会”名誉理事
※ 中华海员服务中心董事长
◎ 台北市轮船公会常务监事
◎“中国货柜运输公司”常务董事
◎“中华民国外销企业协进会”监事
◎“中斐经济协会”（第三届）理事
◎“中华民国工商协进会”理事
◎ 太平洋经济合作会议“中华民国委员会”“运输、通信暨观光”小

组指导委员。

附记：※ 记号表示需经常出席主持会议

◎记号表示需参加理监事会议

这三十五个兼职在我届龄退休之前，均一一渐次辞退。在所兼的诸多职务中，大部分均系每月或每隔一段时间开会一次。其中有几个比较重要的单位，为我准备了专用办公桌，以便我去处理有关案件之用，兹简述如下：

（一）“中华民国”海运联营总处（简称海联总处）

海联总处的前身是海外航务联营总处（简称海外联营处），向由招商局董事长曹公担任理事主席，曹公退休后由我接任，秘书长仍由郭洪威先生兼任。海外联营处成立迄一九八四年年底，已有三十多年的历史，在此期间，由于“我国”经济建设的快速成长，总处内部虽曾先后增设若干单位，但始终未能配合外贸和大宗物资运输的需要，发挥积极的功能。

此外另有近海轮船联营处，经营香港、韩国、琉球航线，也有二十余年历史，这两个机构多年来陆续为我工商业界奉献不少心力，然而外界视之，对我“国轮”的联营机构，却不免有多头机构、整合无力之感。“政府”为配合经济新形势的发展，及联合国实施定期船同盟规则，以便适应对策，指示应将联营机构功能予以强化，统一组织一个有代表性的海运联营机构，以符大众期望。海外航务联营总处奉命后，随即积极筹划，广征意见，然后反复商讨、再三协调，同业均本开诚布公，和衷共济之精神，一致支持，终将海外联营处及近海轮船联营处合并完成统一的新机构——海运联营总处，各业务组的负责人亦顺利选出。

此一新机构于一九八四年九月十一日宣告成立。并于九月二十一日召开第一次常务理事会，推举本人为首任理事主席，陈庭辉先生为秘书长，娄忆深先生、陈光华教授为副秘书长。会后立即展开工作，当时海运市场极度艰困，适时成立新总处，实具有非凡的意义。我深信，只要海运界同业抱着团结和谐、互信互助的共识，一本公正无私的初衷，在“政府”的正确领导下，塑造我们的新形象，必能获得托运人与有关单位的大力支持，由振衰起弊进而大展宏图。

我在两任理事主席任期届满时，确已证实当年的愿望与理念都已实现。这种成就自然要归功于总处全体同人之努力，不管老手或新进职员，他们的年轻朝气，使总处顿然变成有活力、有生气的活泼机构。陈副秘书长每天均抽出时间为甫进总处的年轻职员上课，讲述航运常识与本处应办事项，以及其他有关规章条例等。总处并迁至一栋新建大楼，略加布置使各会员公司亦乐于前来。不久，总处在大家共同努力下，已经符合“政府”所需求的目标。与此同时，总处新进人员在陈副秘书长积极指导下，致力订定各项规章，建立各种制度，并外出实际协调业务工作，俾作为联营业务推展的依据。

一九八五年二月总处企划组为建立小型资料处理中心，购置诠脑电子公司容量 256K 个人电脑系统一套，开发会员轮船舶动态资料档、国轮运量统计及表报系统、国轮运费收入预估、统计及表报系统三套电脑软体系统。并自该年四月起，每季及每半年，分别实施各联营业务组及各会员公司会员轮船舶资料电脑化校正作业。

海运联营总处的组织是以理事会为最高权力机构，由参加联营之会员公司依其持有船舶之载重吨位推派理事组成，负责核定联营方针与计划事项。常务理事会由全体理事中推选二十五名组成，负责审查会员资格，并监督联营业务推展；常务理事会设财务委员会，由常务理事会中互选五名组成，负责审核经费收支事项。总处设理事主席由常务理事会推选，综理一切联营业务，另设副秘书长二人，协助处理经常业务；下设秘书组，处理一般行政事务；企划组，策划联营业务之开拓与推展。多年来，这两组业务都由两位副秘书长兼理，秘书组由娄忆深先生负责，企划组则由陈教授负责，新进干部在他们的指导之下，也干劲十足，办公室朝气蓬勃，甚获好评。

当年联营业务由十一个业务组负责，各组主任委员由各理事推选，当时组别与人选如下：

1. 大宗物资组：陈纯熙（阳明海运副总经理）

2. 东北亚航线组：陈清治（万海航运总经理）

3. 原棉组：吴荣春（阳明海运经理）

4. 北美航线组：王靖宇（“中国航运”副总经理）

5. 欧洲航线组：许瑞源（长荣海运副总经理）

6. 非洲航线组：杨璟璇（南泰海运董事长）

7. 木材船组：陈重光（协荣航业董事长）

8. 东南亚航线组：陈颂平（锦洋航运顾问）

9. 中东航线组：陈飞（台湾航业经理）

10. 冷船组：陈查某（大洋航业董事长）

11. 台港航线组：王俊人（永生轮船总经理）

在第一届第一次常务理事会议中，曾通过实施“国轮自律运动”，要求会员团结和谐，互信互助，开诚布公，负责运输，信誉第一，不恶性竞争，不牺牲同业，困难自行理处，绝不连累货主，以建立海运服务信誉。一九八五年间，虽曾发生三个航业公司出现财务困难问题，但各会员公司均能严守联营纪律，自行负责处理，而会员公司间亦能协助转运，均完成运务，未有连累货主之事件发生，树立国轮服务信誉及负责运输之新形象。

海运联营总处于一九八五年共刊行十二期“简讯”，报导联营业务消息、世界海运要闻，及英国劳氏海运市场统计资料，供政府机构、全体会员公司、各友好国家船东协会组织、学术教育研究机构及社会各界参阅。迄今仍按期发刊。此外又完成五项市场研究报告及九篇行销专题，供同业参考。

一九八九年三月二十四日，我在海联总处的两任四年理事主席任期已超过很久，在我催促下，乃于当日上午召开理事大会，改选常务理事及理事长，交通部长郭南宏先生莅临颁奖及训示。他对本会四年前成立迄今，对内不断加强组织革新，建立各项制度规范，对外同心协力共同行销，提升联营服务品质，并继续充当“政府”与业界间沟通的桥梁，使“政府”与业界能结合一体，共同建设现代化航业，迈向“海运大国”的政策目标表示嘉许。本处配合“政府”拓展对外关系，与友好国际海事组织或各国船东协会建立正式沟通管道或签订合作协定，配合交通部交办预测“我国”航业长期发展所需船吨规模的工作，同时对世界各国海商贸易政策从事评估研究，并结合其他船运有关团体，共同推展联合宣传，均有相当成果。因此本处在增进国轮营运绩效及拓展联营服务行销，对货源作全盘性规划共同争取揽货及协调配船作业，及加强船货双方沟通，增进国轮营运绩效，以弥补“我国”航运业多数公司船吨较少及经营规模不足等机能上，确已发挥功能。

（二）“全国船联会”

一九八五年三月二十二日当选为“中华民国轮船商业同业公会全国联合会”（简称“全国船联会”）理事长。我当选之前已是“全国船联会”的常务理事，因为公营船公司如阳明及台航的总经理或董事长，一定会被选为船联会的理事或常务理事，但由于部分民营公司的排挤，一直未被选为理事长，此次我能高票当选，大概是由于过去几年来，我主持海外航务联营总处及扩大后之海运联营总处，均本公平合理，积极推展的态度，并与航运业同人打成一片的缘故。同时船联会的理事及大部分职员们期望整顿心切，因为该会秘书长多年来均由一位年事已高的民意代表占据，在管理上为所欲为，同工不同酬，致多数职员怨声载道，已届龄退休者，尚有六七位之多，办公室内暮气沉沉，焉能要求工作效率？故亟须大刀阔斧地改组。

我到任后，先向海运联营总处（我仍为理事主席）借调副秘书长陈光华教授，暂兼本会副秘书长，帮我在短期间建立制度规章及订定薪资给与表，承其爽朗应允，替我兼理会中琐碎事务。由于陈教授亦痛恨单位的腐化，故勇于任事，无所疑惧。

“全国船联”会址与阳明海运公司近在咫尺，初期我每天必到会一两次，与陈教授商谈革新规章等问题，并观察会内人员之素质及勤惰等情况，同时与每位职员个别谈话，以了解其意见。当陈教授每完成一项准则或办法，即邀请有关理事集会研讨，修正后送由常务理事会商讨，并向交通部报备，付诸实施。陈教授学验丰富，文思敏捷，三个月后，应有之规章、细则、办法等，皆已备齐报请实施，我乃责成秘书长，嗣后处理会务，均需依照规章细则办法等施行，如有重要事件，则需由本人亲自处理。

至于员工待遇之重新检讨，先将秘书长之私人秘书调回办公室办理公务，原私发的高薪，亦需拉平与一般职员按学经历重新叙薪，其余职员按个人学能，重新分配职务，或仍就原有之职务。原办公室亦重新整顿，使之整洁明亮，并将会议室粉刷，配置灯光，以便开会时能提振精神。

在此期间，我对人事整顿做得相当坚决而妥善，六位已逾退休年龄的老职员，部分占缺“全国船联会”，部分占缺台北市轮船公会。当时市轮公会理事长是徐人寿先生（曾任基隆港务局局长，“中国航运公司”董事长，是位老好人），船联会前理事长为赵璋先生，他们因为两会业务相似，公文有时两会并行办理，经费亦合并开支，因此当时船联会整顿会务，台北市轮公会亦乐于配合。我乃苦口婆心劝说六位老同人依法退休，优予给付退休金，经数次软硬晤谈，终达成流通人事的目标。六员退休后，船联会与市轮公会之人事大感轻松，其他优秀职员亦可依法晋升，可谓皆大欢喜。

未久台北市轮船公会理事长改选，由南泰海运公司董事长杨璟璇先生担任，为节省人力、物力，两会仍合并办公一段时间，性质不同之事物，则个别处理。杨理事长为人亲和细心，亦主张革新会务，因此我们合作良好。平时我可自由邀请该会总干事刘小华先生（后兼船联会副秘书长及专任秘书长职务）办理船联会之事务，因此关于整顿“全国船联会”之进行亦颇为顺利。过去长荣董事长张荣发先生，对各种会议多不参与，自从本人主持船联会后，张董事长均亲自莅临，并对我说：“您主持的会，我一定参加。”会务也逐渐活络起来，

一九八五年春，“交通部长”连战先生（左三）参加海运业所办盛会，与长荣海运公司董事长张荣发先生（右二），总经理林省三先生（左一），南泰海运公司董事长杨璟璇先生（右一），以及本人合影。

由于海联总处陈教授的经常支援，本会也展开国际间的联系活动。某次英国《劳埃氏日报》记者来访，询及“我国”航运公司甚多，但却看不出显著的表面竞争现象，尤其阳明与长荣两大公司更是如此。我答复道：“我们都是友善的竞争者（We are friendly competitors.），各凭自己的智慧、能力与耐心，去争取自己的货载，从不攻击其他航运公司。”又询及我“全国船联会”与海联总处两单位功能不同之处，我答以：“在功能上，全国船联会是公会组织，负责政策与航政法令的研究与执行，充分反映会员意见，担任政府与业界的桥梁；海运联营总处则是各船东组成的联营机构，从事共同运销与国际关系拓展，以联营方式共同提升海运界的服务品质，并加强社会对海运界的认识与支持。”

“全国船联会”的组织是以会员代表大会为最高权力机关，大会闭会期间，由理、监事会代行其职权。理事会设理事三十一人，就理事中选常务理事九人，再从中推选理事长一人。监事会设监事九人，从中选常务监事三人，再互推一人为监事会召集人。理监事任期均为三年。另外设秘书长一人，及其他会务工作人员若干人，均由理事长提报理事会通过聘任之，并报请主管机关核备，必要时得分组办事。本会得因会务需要，经理事会通过，设置各种专业委员会，其组织简则亦应先报请主管机关核备；在记忆中，当时曾设有港埠业务、国际关系、船员、财税、行政及技术等六个委员会，委员均以本会理监事的专长义务担任，各委员会设正副召集人各一人，及委员若干人，由理事长遴选聘任之。各委员会之决议应提理监事会讨论通过后执行，如遇有时间性或突发性案件，得先经理事长裁决处理，再补提理监事会追认，各委员会事务之处理则由本会调派会务工作人员兼办之。此种专业委员会之设置效率颇佳，至今仍保留此项制度。

自一九八五年三月当选为“全国船联会”理事长，迄一九八八年九月任满改选，在这三年多的期间，除蒙两任交通部长连战先生及郭南宏先生对本会的关注与肯定外，连部长并于一九八六年十月十一日的第三十二届航海节庆祝大会上表示：多年以来“我国”经济建设与对外贸易发展迅速，而国轮船队的密切配合支援，实提供了莫大的贡献。无论进出口物资，都能获得稳定而价廉的海上运输服务，二者相辅相成，航运业本身也获得发展的机会。由于“政府”与民间业者共同的勤勉奋发，航港建设在质与量的方面，都有蓬勃的成长和进步，并达到国际水准。国轮船队也从四十万吨增加到六百八十余万载重吨。尤其定期货柜船队，在竞争极为剧烈的“中”美、“中”欧航线上，不但领先开发中各国，且与航运先进国家的船队并驾齐驱。他强调展望未来，经济活动层次愈高，对海运服务的需求也愈为迫切，加以台湾的地理环境位居欧亚交通要冲，有其海运上优越的天然形势，“我国”航运事业远景，必定十分光明。“政府”将继续加强港埠建设，改进服务设施，简化作业程序，创造更高水准的航运环境。

郭部长则于一九八七年第三十三届航海节庆祝大会（仍由本人主持）上表示，台湾的地理环境为世界主要海运航线的枢纽，展望未来“我国”

经济建设活动层次将进一步提高，对海运服务需求也愈为迫切，除在已有的基础上不断加强研究发展，并将促进航、港各界与学术团体建教合作，为航运及港埠建设与发展，开创新的局面。尤其“政府”自一九五五年核定以明成祖永乐三年（1405 年）郑和下西洋首航的七月十一日订为航海节以来，在“政府”与航港各界同仁的勤勉奋发，以航港建设的质与量，均有显著进步，并达到国际一流水准。而国轮船队的扩充与发展，已可与世界海运先进国家的商船队并驾齐驱，密切配合经济建设与对外贸易的发展，因此“政府”每年均利用航海节当天表扬绩优的航运公司和模范的从业同仁，希望藉由媒体传播给社会各界，同时也藉以建立航运与贸易共存共荣的共识。

自第二次能源危机迄一九八七年止，国际海运市场长期低迷已达七年之久，而一九八六年尤具挑战性，国际海运异变迭起，散装运价跌幅达一倍以上，不敷最低成本价三十六元远甚，因此导致世界最大的散装轮公司——日本的三光汽船会社——于是年八月中旬宣告破产，连带波及香港董氏船团于九月初进行财务重整。至一九八七年初，香港华光船团亦一度出现财务危机，使海运市场长期萧条状况依旧，发展前途难卜，尤以船吨过剩的散装船市场最为严重，运价下跌，入不敷出，短期之内仍无好转的迹象，我散装船队亦处此一艰困情况之中。虽则国际海运市场低迷，航港从业同人仍能奋发有为，克服万难，尤以货柜化运输仍然一枝独秀。据英国“国际货柜运输”统计，一九八六年初，“我国”货柜船队已居世界排名第五（若以公司论，则长荣排名第一），而高雄港的货柜运输量更突破一百九十万个 TEU，可望名列世界第四大货柜港，基隆港亦排列第七，这些都是“全国”航港从业同人努力的成果。

连、郭两位交通部长任内，对航运的支持与鼓励最大，任期也最久，对“我国”航运业的发展，有很大贡献。郭部长是学者出身，对航运的研究发展工作非常重视，因此我自阳明退休后又奉命专任海运研究发展协会的理事长。

此外于一九九七年六月十九日忽接现任船联会理事长（长荣海运董事

长）林省三先生邀请函，以本年七月三日适逢船联会创立五十周年，将举行庆祝酒会，届时交通部长蔡兆阳先生将颁给本人感谢牌一座，以谢本人主持该会期间之贡献。当年我接任理事长时，林先生是长荣海运公司总经理（兼本会常务理事），相隔十二年，尚不相忘，实感到无限温馨。

（三）美国验船协会执行理事

美国验船协会（American Bureau of Shipping，简称 ABS）与各国验船协会以及“我国”验船中心性质大致相同，但他们的历史久远，在西元一八六二年即开始建立，并随世界潮流科技之进步发展而扩大精进，至今分支机构已遍布全球各地区。每个大地区如美洲（纽约）、欧洲（伦敦）、太平洋（东京）都设有总部以统筹管辖各该区域各国的分支机构，例如巴西、德国、希腊、印度、日本、韩国、台湾、意大利、荷兰、菲律宾、西班牙等船舶多的地区，都设有美国验船协会的分部，以便在该协会登记之船东们的新船入级，或在其他地区入级的船行驶到该区时，万一机件发生故障，都可代为检验，至为方便。

各地区分部均设有当地的技术委员会（Technical Committee）邀请该地造船厂厂长、船东或代表，以及专家所组成之（台湾）地区技术委员会，每季或不定时开会一次，开会期间，总部及分部主持人或高级代表五六人，均来参加酒会，以示对船东们的谢意。而在闲谈中，可了解各委员们的意见，但并不介入会议，不过开会时的意见，本地分部将汇报送往总部。会议由分部人员筹备，当地技术委员会主任委员主持。台湾技术委员会主任委员经常选“中国造船公司”董事长担任，副主任委员一直由技术专家——留英造船博士厉汝尚先生担任，委员则由各船公司董事长、总经理或代表、专家参与。我于进入台航公司的第二年（一九七七年）受邀参加，直至一九八八年在阳明公司届龄退休为止。

一九八一年四月廿一日，我受美国验船协会（ABS）之邀，被选为该会会员（member），并发给证书，以示慎重。在台受邀成为该会会员者不多，据我所知，厉汝尚博士亦为该会会员。ABS 会员可说是该会给予专家或资深船公司老板的一种荣誉衔，并不涉及该会事务，当时也无任期，迨至一九八八年四月，新任会长兼总经理梭波（Mr. Soper）先生建议，此后所有会员均应有任期，以五年为一任，可连选连任，并希望各会员能参与 ABS 之事务，提供协会改进之参考，经提执行理事会（Board of Managers）通过后实行。当时我在阳明公司即将届龄退休，因而未再续任。一九八五年四月廿三日我又被选为该会执行理事会理事，任期三年，每年均赴纽约开会一两次，以了解 ABS 之全盘状况，依规定，理事人数最多不得超过 24 人，含 ABS 的职员在内，最少也不得少于 18 人（过去曾一度超过 60 人）。被选出的理事都应积极参与会务，并出席理事会议，但有极少数理事从远道而来，不参与其内部事务，仅为顾问性质，而不一定都要参加每次会议，如有特别事项或活动，则由董事长以函件告知。在阳明这些年来，新造船舶工务部门均建议由 ABS 入级，故双方合作甚为圆满，ABS 总部高级人员对我亦颇为礼遇。

（四）英国不列颠船东责任互保协会

英国不列颠船东责任互保协会（The Britannia Steam Ship lnsurance Association Limited）简称不列颠协会（Britannia），是仅次于劳埃斯（Lloyd's）船东责任互保协会的第二大互保协会。由于轮船业船东责任互保业务始于英国，历史悠久，因此声名卓著。不列颠协会的客户遍及各国，在一九八二年全球参加该协会的船舶有 2，279 艘，总吨位 36,116,734 吨，台湾有 93 艘 1,748,938 吨，在比例上只占其中 4. 84%，参加者为中油、台航、阳明等共十四家船公司，并不含长荣及大部分的航运公司。

因为欧美、日本各国轮船业互保协会甚多，也都不错，故其他航运公司都各选所好参与互保。选择因素很多，保费之高低、信誉的好坏皆属之。阳明海运参加不列颠互保协会在招商局时代即已开始，当时并无多少船，及至阳明连续造船时期，世界各大互保协会均争相前来邀保，经工务部门评估后，仍以不列颠协会公平负责合理，乃将大部分新造船舶交由该协会承保。

不列颠协会设理事（director）二十人，均由各参保公司中能说英语之董事长、总经理或高阶职员，经该会理事或经理推荐，并经理事会通过后选出，换言之，理事会即该协会的权力机构，经理部门之重要措施如增加保险费或船难赔偿费等，都需经由理事会通过。经理部门（Tindall，Riley and Co.）只不过是替船东们经营服务而已。早年他们是由两位好友 Tindall 与 Riley 所组成，之后 Tindall 家族因故退出，仅余 Riley 家族独资经营。后来又有数位好友参与创业，因彼此合作和谐，处事热诚公正，故此一互保协会一直很受老主顾的欢迎而扩大。

我之受邀参与该协会的理事，是因理事会出缺，应纽约 Expedo 油轮公司董事长——华侨侨领徐邦友先生之推荐，并经该协会经理之查证，再由协会理事长 Mr. Desmond Pelly（英人）向理事会各理事分函介绍，于一九八三年七月廿一日之理事会通过而产生。

该理事会每年开会六次，其中七月份及十月份为重要会议，各理事均需参加，以讨论重要事项。如会员公司之海事案件赔偿问题是否合理，理事均可表示意见，众理事如认为合理即通过，若认为不合理，仍可研拟一个合理的数字再讨论。各地区所选出之理事多能为该地区承保之船公司说公道话，甚为民主公开。这两次理事会议均由协会发给足额头等舱飞机票及三天旅馆费，每年的十月份，各理事多携眷轮流到理事国家的首都去开会及观光，当地理事则负责安排及开酒会欢迎，所费亦由协会出资。七月之会议则到英国各名胜召开。一九八三年十月，协会经理们曾安排理事夫妇们到西班牙首都马德里（Madrid）开会，一九八四年在英国本土名胜，一九八五年则由徐邦友先生及本人邀请来台开会。会中请交通部长连战先生致词，他讲话不备底稿，英语流利，甚受与会理事及经理们的欢迎。

我每年出国开会，连同美国验船协会的年度会议，加起来总有三四次，每次开会之后都顺便转到各代理行视察访问，无形中替公司节省不少开销。

这种船东责任互保协会是由各航运公司以互保方式联营，其中一家公司船舶受损，其他各家公司就出资理赔。但台湾大公司很少，彼此不愿互保，以前我曾呼吁，想将这种利益由国人自行吸收，但不成功。Tindall 家族这个公司，就是在英国由少数几家公司互保，慢慢积少成多，而变成一个国际性的机构。虽然参加互保的公司愈多愈好，保险公司也会依欲加入公司的信誉来挑选。所以他们会派人到世界各国邀保，若参加保险的公司都不常发生海事问题，保险公司就赚钱了，同时保费也相对地减少。世界各主要国家都有这种海事保险公司，如中共、荷兰、日本、美国、法国、德国均有，为竞争庞大的市场，就得各凭本事，信誉好的话，自然会有许多航运公司加保。保费之计算依受保船体机件之新旧状况和吨数来收取。

届龄退休

在阳明海运服务多年之后，虽则公司绩效不错，但内心总有恋栈之嫌。为鼓励士气，我实在应当提前退休，使后起之秀得以向上晋升。一九八六年十二月，我曾晋见交通部长连战先生，口头请求提前退休，然未蒙邀准，反受嘉勉一番。一九八七年九月求退之心更切，而且内子也促我早退，我乃拟一签呈再递呈郭部长，仍未获准，遂做至限龄退休为止。

回想初入航运界，一切从头学起，在台湾航业公司任内，曾企图发展货柜运输，也进行培训工作，但由于时间与预算而无法开展。调任阳明之日，公司正在发展货柜运输，这正是我的理想，也是一个新的挑战，于是我又以一个新人的身份，从头学起。从总经理到董事长，以迄退休，时间将近十一年之久，在此期间顺利执行三期造船计划，先后建造新船 26 艘，改装全货柜船 3 艘，计达 29 艘。业务经营则由传统杂货船迈入货柜运输，并相继开辟“中”美、“中”欧、“中”澳货柜定期运输航线，奠立公司业务基础，且能持续稳定成长。任内也奉命举办两次特种考试进用新人，使公司人事制度日臻健全。我退休时，公司管理人员中，大专毕业和研究所以上程度占 90%，平均年龄仅 36 岁，公司充满蓬勃朝气及团结进取精神，虽处国际航运长期不景气之逆境，除一九八一及一九八三年度营业略有亏损外，其余年度均获相当盈余。这些均拜同人同心协力之赐。为了确立人事制度，促进新陈代谢，我依法请准退休，对公司现职的各级人员亦有鼓励作用。而阳明公司在新任董事长欧阳位先生及总经理陈庭辉先生的带领下，定能使阳明公司一直站在世界海运业的前端。

十四、海运研究发展协会

改组“中国验船协会”

本协会前身为“中国验船协会”，兼办验船实务工作及海运学术研究工作。一九七八年七月一日依照验船机构监督办法，另外成立“验船中心”，由各航商集资组成，专事实际验船工作，阳明公司亦为发起人之一。我被选为常务董事，后又兼任船级委员会主任委员，阳明前董事长曹仲周先生当选为首任专职董事长。至于海运学术研究方面则仍由验船协会负责，理事长则于同年八月八日第十二届理监事会第一次会议时改选，由交通部政务次长陈树曦先生兼任。

我在该次会员大会，以本协会之名称（验船）与实际任务（海运研究）名不符实，使会员与外界对此两单位之名称有无所适从之困扰，乃提案建议将“中国验船协会”正名为“中华民国海运研究发展协会”，经大会一致通过，呈奉内政部核准，于一九八五年一月一日起正式更名，从此即与“海运研究发展”名实相符。不久陈理事长自交通部届龄退休，专任本会理事长，但因其儿女均在美国，屡邀其前往长住，陈公不得已乃偕夫人于一九八六、八七年间赴美长住，海研会理事长一职则请我兼代。我因除阳明海运之外，还兼海联总处及“全国船联会”两个单位，如再兼代海研会就很难兼顾了，经陈公再三请托，他又是我的老长官，未便再予推辞，遂兼代了一段时间。

一九八七年十月二十三日陈公在海研会即将任满，特由美赶回主持本协会第十三届第一次会员大会，同时改选理监事。十一月五日在第十三届理监事会第一次联席会议时，陈公受邀担任召集人，选出常务理事五人，理事长及常务监事各一人，我当选为第十三届理事长，并于选后当场办理移交，由新任常务监事唐化干先生监交。本人继续担任主席，代表本会颁赠陈公名誉理事长聘书乙纸，以感念他三年来对本会之辛劳。随后开会讨论本人所提三个议案：

第一案为本会秘书长侯秉宗先生将于一九八八年二月二十四日届满七十岁，且身体不佳，依规定请准届龄退休。另有副秘书长顾民岩先生将携眷赴美探亲，请准于一九八八年六月三十日退休（此后副秘书长一职即未再补）。

第二案是提名本会会员马天泽先生为新任秘书长。马天泽先生是国立政治大学毕业（大陆时期），曾任招商局副理、台北市船务代理业同业公会理事长、嘉联海运公司总经理，文笔思维快捷，对航运业务了如指掌，学术修养精湛，行政管理颇具专长，乃本会最理想之秘书长人才。他干劲十足，与各校教授都熟，为本会提供最佳的研究班底。

第三案则为提升本会研究发展功能，加强航运学术交流，交通部长郭南宏先生特推荐交通运输研究所所长张家祝理事兼任新组成之“研究发展委员会”主任委员；陈理事光华兼“学术出版委员会”主任委员。另遴聘海运专家或理事担任委员。张家祝先生乃美国普度大学博士，曾任交大运研所教授兼所长、交通部运研所所长，现任交通部次长；陈光华教授为美国犹他大学硕士及乔治·华盛顿大学硕士；两人均学有专长，为郭部长在交大校长任内之得力助手，今承其推聘，实属本会之幸。特别是陈教授，自一九八四年起即协助我策划海联总处、“全国船联会”及海研会事务，各处奔波，与海内外相关单位联系，对我及海运业的帮助极大。

改组后，首先将原设组织改为企划、行政、财务三组，此外并设海事问题专案研究组聘请学者专家担任委员，以增强会务运作。同时订立会务工作人员管理规则，确立本会人员管理制度，加强工作同人福利措施，使其生活获得保障，安心工作。为提升效率，改善工作环境，计将原有办公室隔间略予变动。过去室内凌乱、墙壁黝黑、灯光昏暗、空气不畅等缺失，经以最少花费，予以整理，并承阳明海运公司捐赠部分家具，使会所焕然一新，虽然会务工作人员仅有六人，一人身兼数职，然均毫无怨言，人力之节省，是我担任多年民间工作中所仅见。

为增强对航运业之服务，厚植本会基础，经广邀航业界有关业者加入本会为团体会员，仅一年来已增加二十五个，使原有团体会员自二十七个扩增为五十二个。由于业界之热烈参与，不但使本会阵容得以增强，同时亦得增加会费收入，鼓舞工作人员情绪，得以不断提供会员公司最新资料，接受谘询及顾问，提供会员最佳之服务。本会自一九八八年七月起，又接办航业界最具规模之《海运月刊》杂志，秉持该刊原有特色，一面加强刊物品质，一面撙节印刷费用，赖工作同人之努力，进行颇为顺利。发行人仍为本人，总编辑改为马天泽先生，他文笔亦极快捷，一如陈光华教授，特约主笔则仍为陈教授及吕联禧先生，其他学者专家投稿者亦颇为踊跃。另原有之《船舶与海运》，虽是不定期刊物，仍继续出刊未辍，全年计发行三十五次，内容以报导科技新知为主，以补《海运月刊》之不足，颇收红花绿叶之效。

最后想一提我们的高等顾问厉汝尚博士，他年龄虽长，但精力充沛，好学不倦，主持会议口齿清晰，声音洪量，海事学识渊博，又是造船专家，深受学者专家欢迎。我与他及马秘书长，经常在办公室中就某一事项或研究内容作长时间研议，我们笑称自己系作“脑力激荡”（brain storming），确实非常有用。马秘书长点子很多，经常会激出答案来。综计我们这一年来共召开理监事会议五次，常务理事会议两次，议决提案共三十六案，另召开大小型研究会议二十八次，其中有两次大型研究会，一次学术演讲会（连续三天），两次重要问题座谈会，估计与会者在八百人次左右。

一九八八年十二月十六日我从阳明公司正式退休，将所有兼职先后辞退，以便告老还家，但奉交通部部长郭南宏先生指示嘱我专任海研会理事长，以期专注该会研究工作，遂又继任海研会理事长两任任期。在此期间，每年之工作除另有特别安排者外，年度经常工作大同小异。我们经常作脑力激荡，尽量找事来做，或找问题来解决，在全体工作人员热心安排下，不使会务空闲，而会员们对参与会务活动也愈来愈踊跃。曾荣获内政部颁发之一九九〇年及一九九一年度全国性绩优社团奖。

任内参与较为重要而颇有成效的会议有以下两项：

赴大陆开会

自阳明海运退休，交通部郭部长和航运界朋友，即坚持要我出任海运研究发展协会理事长。所以我在海运协会担任二任六年的理事长，第二任之后，开始和大陆的对口单位来往。

由于以往我在一江山、头门等处作战的经历，故接任理事长一职，连续几年，大陆方面透过有关管道，要我偕同海运协会成员赴对岸做交流，但我一直未予理会，因我怕他们藉邀请访问之名，使我为难。后来很多同仁、教授劝我前去，他们认为我在航运界中地位较高，做人亦和谐圆融，前去无妨。一九九二年九月二十六日至二十八日，大陆航海学会等七个海事院校、团体，在厦门举办“海峡两岸海上通航学术研讨会”，邀请我航运界参加，几经考虑，乃于一九九二年向交通部备文、陆委会报备成行。

此行海运研究协会由我与马秘书长代表与会。会前并组成北京访问团，先于九月二十日出发，访问北京、上海，会见国务院副总理田纪云先生，对台办主任王兆国先生，交通部长黄镇东先生，副部长刘松金先生，以及有关海运界官方与学术团体主官等，以了解彼等对两岸通航之意向。我方人员还有陈光华教授，交通大学王传芳、陈武正、吴水威三位教授，海洋大学副教授李弥等七人，后船联会理事长杨璟璇先生亦以个人身份参加，身兼东吴大学副教授与“国家政策研究中心”大陆组张五岳先生亦随团前往，使我们整个访问团的阵容因而更整齐，代表性也更周延。

杨理事长之参与，使我解脱领队之困扰。他原系南泰海运公司董事长，我在阳明公司任内，曾兼任“全国船联会”理事长，理事长任满离职后，即推荐杨君接任。他既系“全国船联会”的现任理事长，正好名正言顺地代表全体航运界担任本访问团的团长，同时他又是私人航运公司董事长，并主动负担访问团礼品及回宴等费用，诚为一举两得。我因背景不同，深恐对方有所质疑，发生困扰，故以资深团员随行。然对方对我之背景知之甚详，只是假作不明，对我言行均极礼貌，随行人员并尊称我为“池公”或“池老”，照顾极为周到。

全体参加厦门学术访问团团员，计有航运界专家、学者共四十三名，其中航运界代表十人先到北京访问。抵北京时，初由中共交通部长黄镇东先生接见，并予招待。黄氏以前是葫芦岛港务局长直接跃升为交通部长。副部长刘松金则为航运公司的总经理升任，这两种升迁情形，在台湾均属异数。由于大家都是内行人，谈起航运事务，毫无困难。故两方就如何进行航运业务的合作和整合讨论，获得相当具体的结果。

之后往访王兆国先生，王氏亦邀我们午宴。副总理田纪云先生，也出面接见，与我们交谈。

因人在北京，我曾乘机通知住北京的某留英同学，他原任科学研究院副院长，当时已离休。托他联系七八位同学，原欲请他们聚餐。不巧，中午王兆国先生临时招待我们午餐，与同学的餐叙不得不取消。

由于赶着各处拜会，尽管我们就下榻在故宫旁边，亦无暇参观。某次访问结束，我利用半个小时，找人陪我到以前住的九条胡同看看，欲回忆幼时情景。然而我在胡同内走了一趟，觉得都不像以前的样子。原先住的房子有三进，但现在连大门都找不着，而大门边的石狮子也不见了。里面则分隔成好多户人家。

北京之行结束，我们继往上海，参观其招商局，及港口等建设。我乃藉机与同学会面，遂在下榻旅馆订了一桌酒席，宴请往年海校及留英同学共叙。席间几乎所有通知的同学全来了，大家见面分外热情，但也未能多谈。他们多已离休，年纪也在七八十岁之谱，甚至有九十余高龄的学长。因为此行时间太短，仅匀出一个下午，拨空到多年未见的侄女家看看，其他却无暇多顾。

在上海停留两天后，于九月二十六日抵厦门参加学术研讨会，仍以杨理事长为领队。此行通过双方之接触、交流，对两岸海上通航等问题，已增进彼此的了解与共识，具有积极的意义，并经大会建议，一九九三年在台举办学术研讨会，以赓续讨论两岸未来通航事宜。

从北京经上海到厦门沿途及在厦门期间，中共交通部对台办事处的主任和副主任，都一直陪我们，招待非常周到。

筹办海峡两岸海上通航学术研讨会

一九九三年在台续办“海峡两岸海上通航学术研讨会”，一九九二年十二月十二日即召开筹备会的预备会议，拟定筹办程序，组成工作小组，推定交通大学、海洋大学及本会为主办单位，预定研讨会于次年的九月十一日至十四日召开。一九九三年元月十四日召开筹备会议，我担任筹备委员会主任委员，马秘书长为执行秘书，并设定筹备处各工作组人员，全面展开筹备工作，另研提计划书申请同意筹办。除分函邀请各相关单位、专家、学者报名参加外，并召开会议拟订研讨会讨论子题，函请有关人士撰写论文。原预定召开之日期则延至十二月四至六日，假外贸协会台北国际会议中心举行。然后因代理申请大陆来台与会人士之入境手续，因规定问题而一波三折，不得不将开会日期再延至一九九四年元月二十四、二十五两日举行。

由于参加会议人士源源不断，增添工作人员不少负荷与压力，所幸筹备会工作小组均能分工合作，全力配合。如接待由陈光华理事安排，并由其全程陪同大陆与会人士南北访问。论文编印由交大陈武正教授及该校研究生负责；会议期间，由海洋大学林光教授指派该校航管研究所研究生八名，协助会议之进行及记录。其他秘书处工作，则由马秘书长运筹帷幄，率全体工作人员全力以赴，夜以继日，持续数日，会议终于如期召开。

此次会议共有178人参加，两天议程共发表27篇论文，57人次发言。会议纪录均经整理完成，并同论文集合订成册，送交各相关单位参考。该次会议为本会首次主办如此大型研讨会，深获航运业界支持与重视，虽然缺失难免，却带给会务工作人员不少心得与经验。

此次会议结束，也是我两任六年理事长任满之时，今后我的生活方式又将改变。由军事到企业，现在就要变成单纯的老百姓，自由自在地做我想做的事。忆及二十六年七月一日自海军官校毕业后开始服役，至一九九四年二月二十八日从海运研究协会退休，这五十六年又八个月的时间转眼即逝，在此期间真是五花八门，什么事都学过也做过，经历过生活中的酸甜苦辣和惊险，多彩多姿。我虽逞强，但也随和，尤其疾恶如仇，难免得罪人，不过我认为理直气壮，倒也心安理得，未予介意。只是在忙碌的生活中，毫无余暇照顾家务，全赖精明贤慧的老伴独力操持。无论儿

一九八七年十月与内人到美国探视儿女，摄于华府长女池琏家的全家福。

女管教、亲友照顾及客来送往，都由她在省吃俭用中辛劳经营。回想自与妻在抗战期间的游击区结婚后，即随我在各地移防，未及一年，我报考留英，将其送回福建老家，吃了不少苦头。前此岳父因系殷实大户，日本人来后全部扫地出门，故妻回家后也没法做什么事，岳父要妻再继续升学，毕业后，找工作帮忙家计。我自英接舰回国，也因戎马倥偬，无法立即接妻同住，她到上海堂哥家与我相聚一段短暂的时光，之后才相偕赴台。如今两人均老，幸儿女均能自立自强，各有所成，我们也无所挂怀。在往后的岁月中，我们将牵手相伴，互敬互助，度此余生。

十五、答问部分

海军派系问题

张（力）：我国海军过去由于历史因素，以致有马尾、青岛、黄埔、电雷四个系统的发展。派系之存在对一个团体的发展有利有弊，对于过去海军中之派系，您的看法如何？

池（孟彬）：我看不出一个团体的发展，如果有派系存在，会有利无弊，我认为只有弊而无利。过去海军中之派系，一方面是由于军阀割据，各自拥有自己的海军，各自坐大后，就不愿归附中央。另一方面则要归咎于陈绍宽将军手腕不够灵活，当时国民政府成立海军部时，他若能平均重用青岛、黄埔和马尾各路人才，这样三个海校的人心理才会平衡，不致产生其他各校被遗弃的感觉。但我并不了解陈绍宽将军那时的政治处境，他虽是部长，然而很多时候并不能做主。我曾看过一份资料，当国民政府北伐成功，蒋委员长要东北海军司令沈鸿烈将军与陈绍宽将军合作时，沈并不愿归附；因为以沈鸿烈将军个人的能力和资质，他当然不愿屈居于陈绍宽将军之下，这是非常复杂的事情。我个人非常讨厌分派系，在海军这么多年，从来没有分过派系，无论青岛、黄埔、电雷，凡是我的长官，我就是部属，没有忌妒或看不顺眼的心情，因此他们都对我很好。因为人家能当上长官，一定有他个人的因素；再往上层则要看政治关系，若他政治关系比你强，你再能干也毫无办法，分派系作对，只会造成国家的损失。

张：您本身没有派系观念，不过民国二三十年代的海军人士，有在清末或北洋时期接受海军教育者，而像您则是在国家统一之后，就读海军学校，这种接受不同时代海军教育的人，对海军的看法，有何本质上的差别？您是否感觉到海军中会有代沟问题？

池：我个人不觉得有代沟问题。我是在海军官校下训练出来，而官校的训练，正好是清末民初教育方法的延续，马尾学校是这种方法，青岛海校是这种方法，黄埔海校也是这种方法，大概都是仿照英国海军训练的制度。所以大家共事，没有感觉到做事有什么不同，大家的方法都是一样的，教育训练的内容也相同。这是我们在中校时期的感觉，到了上校时期，我底下的部属，也就是我的学弟，也还是民初的教育方法，没有什么不同。到了将官时期，过去担任海军官校的校长、教育长，也都是民初时候的军官，大家的训练方法都是一样的。比如马尾的高如峰、青岛的宋长志、曹仲周，然后是我，大家都是一样的，就看您个人的企图心如何，会不会把学生的教学和管理做得比过去更好，教出来的学生能真正为国家、为海军，那你就成功了，所以没什么两样。换句话说，慢慢的，过去所谓有派系观念的，没多久就退休了，剩下来较年轻的如我这一代，及下一代，都不会有派系，我们再退休，以后都是台湾招进来毕业的，过去四校的派系都没有了，看不见了。四校人员退休都拿一样的退休俸，大家还经常见面，如有聚会时，大家仍旧谈笑风生，互相问候。有丧事时，大家接到讣闻，这个时候见面，更觉特别亲切，不管某某人是哪个学校的，去世了，我们都会去追悼。去了之后，感觉人生也不过如此。来台湾在一起工作了那么久，都有情感。所以后来，在殡仪馆内想想看，还有什么好争的？哈哈，迟早的问题，大家都在另一个阶段排队，等待什么时候到天国去，还有什么好争的！

张：抗战期间，大约在民国廿九年、三十年的时候，曾讨论如何建设海军，当时白崇禧担任比较重要的领导人，有个海军整建委员会，白为主任委员，陈绍宽是副主任委员。不知您有没注意到这样情形？

池：那时我很年轻，学校刚毕业，就被派到前线布雷队工作，这个倒不大清楚。那时我们心里只希望海军能够强起来，大家能团结。

张：就中央来讲，抗战及抗战晚期时，军事委员会要控制海军，但站在陈绍宽的立场，他仍坚持要由海军总司令部，或者海军部来主揽，可能陈在这方面的企图心比较强。因为军事委员会基本上仍由陆军主之，到后来陈诚兼任海军处处长，然后桂永清成为海军总司令，还是陆军过来领导。

池：这个在我想，北伐时，军阀各据地盘，委员长为了统一伤透了脑筋，他也没办法相信任何一个军阀，会不会他把海军的几个高级将领也当做军阀一般看待，所以不敢信任，因为海军一变，整个态势就变了。这也难怪，委员长特别小心，是因为在海军他没有自己的人。

张：何应钦和马尾出身的海军人士关系似乎不深，他跟青岛的人关系是不是比较密切些？

池：这也不是跟青岛特别熟，或是跟马尾特别疏远，因为那时候青岛的人在军政部服务的比较多，所以他比较熟悉。何应钦这个人非常公正的，他不会偏袒哪一方。

张：您接海总人事署长时，“国防部”第一厅毛景彪厅长曾说海军人事很复杂，那时您是不是感觉很难处理？

池：那时大家主要是在抢位子，抢晋升。不过我并没有感受到压力，因为我是“总统”批任的，我一定要秉公处理。当时两位副总司令，分别毕业于电雷、青岛，梁总司令则是烟台海军学校驾驶班第十七届毕业（1925年），我在三人之间，协调得非常好。我当人事署长一事本来就很微妙，不过那时我年纪轻，有冲劲，并不怕得罪人。至于人事的升迁过程中，有关各人资历和训练的完整性分析，在人员分类时即做好了，什么时候该受训、该上舰都很清楚。不过有些名士派的人不愿意上舰或受训，一直在岸上做也无所谓；有些人则是妻子不愿意先生上船。

张：您在担任人事署长任内，拟选武官名单时，会注意四个学校毕业生的平衡，当时不管是您，或是您的前任长官，在处理人事问题上，是不是都会考虑到这个因素？

池：一般来讲，当时的人事安排，都会注意到四校的平衡。我的前任（许世钧）是个资格很老的前辈，也是我在训练处任职时的老长官，比马纪壮上将班次还要高的前辈，他人很豪爽，有时也会注意到这个平衡的问题。

赴英接舰

张：您在留英期间，与柳鹤图、夏新等人之交谊如何？

池：他们二人原在大学念造船，后来也回到皇家海军学院，课余大家在酒吧谈天喝酒，不过时间不长，不久大家都分开了。但因我们都是先后期同学，交谊都很好。

张：您在德国时，德国人看中华民国的海军军官，有何反应？

池：一般说来，他们对中国人都非常友善，我到德国时，因中国亦为战胜国，比方载我的司机，以及骑马的马师，对我都很友善。但这种友善不是对战胜国的感情，而是基于两国过去的深交。而且中德两国并未直接发生战争。

张：是时德国海军应该已是残破不堪了，是不是还有一些军舰残留？

池：没有，都被盟军瓜分了。俄国拿了不少。

张：对于德国海军的措施和规模，是否可以根据所见想象出来呢？

池：因为时间短暂，这点倒看不出来，不过我晓得他们的海军人才都保留着的。比如为我开车的司机，他告诉我他将来还是会回到海军的。他们的海军能在短时间内建立起来，也是因为贮备了人才。

张：我国在英接舰，何时定名为重庆和灵甫？

池：接舰官兵出国以前，军事委员会即定了这个名字。重庆号是英国赠予，我想可能因我国在重庆奋斗这么多年，为纪念其意义，故将巡洋舰命名为重庆号。至于灵甫号，是为纪念张灵甫将军在剿共时勇敢牺牲而定的。灵甫舰到南京时，张灵甫将军的夫人曾到舰上参观并献花。

张：一般巡洋舰上有多少炮手？

池：估算舰上人员，系依据其配备武器而定。通常一门炮十至十二人，鱼雷若干人；炮多、武器多，辅助的人也多。通常航空母舰或巡洋舰约一千多人，或数百人，视武器装备的多寡而定。

张：您派灵甫舰副长，心里有什么感觉？

池：当然很高兴了，因我自海军官校毕业，上船见习，碰到日机轰炸，一直都没有机会上船奉献所学，若有战争，我仍很愿意参与。而且依我的年龄和资历，也该担任驱逐舰副长了，所以获派为灵甫副长，非常高兴。

张：您以前认不认识邓兆祥？因重庆舰回国后，将是中国最大的一艘军舰，必须派一个地位比较重要的人来担任。您在英期间是否与他接触较多？

池：我与邓舰长不大熟，他是广东海军，抗战前留英的。年班比我高很多期，比郑天杰都高，大概与周宪章差不多。他在海军中的地位相当突出，学养深厚，做人也不错，很厚道。我想他不是主动叛变，可能是部属拱他。

张：据马幼垣教授的研究，谓灵甫舰回国后，经常发生故障。

池：没有呀。任何一条老船总会故障的，机件磨损后，经常会故障。我们每条船都有很多的配件，为什么士官和士兵要一个盯一个的训练和接收，就是要他们完全了解这条船机件的性能，假使发生小问题时，从其他地方拿来的配件都可换。通常小故障是有的，不过回国后我就离开灵甫舰，以后的状况我就不知道了。

张：灵甫舰自英抵达香港后，是否有一次大修？

池：没有，只是保养。大修是要进船坞的。

张：有人批评桂总司令不懂海军的规矩和仪节，他到灵甫舰视察时，您看他的表现如何？是不是有些海军觉得很奇怪的动作，或疏忽的礼节？

池：起初桂总司令是有些不懂，因为陆军怎么会懂海军呢？不过他来灵甫舰时，并没有出错。譬如说，他登舰时知道先向舰尾旗敬礼；在接受仪队致敬而答礼时，已懂得等到哨音结束，才放下手。他在灵甫舰上都做得很正确。以后我离开灵甫舰，有很长一段日子没上船，不晓得他在舰队上到底怎么样。

张： 您和郑天杰接灵甫舰回国，您就立刻调开了，他仍任舰长，且前后用了两位副长。他对于您的被调离，有无特别感受，或为您叫屈？

池： 他晓得我要调，因为我在英国时间太久了，即使不调岸上，也会调去其他舰当舰长。

张： 您调岸上，他有没觉得安排不妥？

池： 没有，派舰一个期间后也是要轮调的。

海军制度与舰艇武器装备

刘（素芬）： 您认为在二次大战末期时即有舰、炮不宜太大的想法，是否为当时世界各国海军的共同认知？因为二次大战后，日本海军检讨其发展，也认为花费巨资兴建巨舰大炮是错误的政策。

池： 二次大战期间，大舰巨炮的威力确实很大，但自从有航空母舰后，有飞机可以凌空，所以大舰巨炮一点用处都没有。飞弹发展出来时，只要有一个平台（platform）即可发射，所以轻巡洋舰或驱逐舰最好，舰首舰尾都有平台，既可以安装几门炮，又可装置飞弹装备，遇到敌方大舰，发射飞弹即可。

张： 您来台这么久，可知海军想过发展航空母舰吗？

池： 有，但不可能发展，因为“政府”没这个财力。有了航空母舰后，还得有其他的护航舰，否则徒有航母，被敌潜舰打沉就完了。海军作战非常复杂，何种舰应保护哪种舰；何种舰应配何种款式的武器，都有一定的规则。

刘： 是否传说美国欲售台湾航空母舰？

池： 没有，从来没有。因自我量力不可能维持。

张： 我们是否很早即想拥有潜水艇？

池： 是，但美国、欧洲（英国）都不卖，所以我们曾到意大利买两艘小潜水艇，但不合用，后来专做训练之用。以后“我国”经济慢慢发展，有足够的财力向外购进军备，荷兰才肯售予。我当太康舰长时，国家仍很穷，“三七五减租”才开始实施，经济发展刚刚起步。现在所购者都很好，飞弹亦可自制了。

刘：您对枪炮造诣甚深，俞大维先生是个有名的弹道专家。是否弹道学科对当时学理工者特别有吸引力？

池：俞大维先生是个弹道专家，但他没有运用在军事上面。现在弹道学已经落伍了，武器发展一个个阶段都在进步，现在是导向飞弹的时代，弹道学的原理仍是存在的。

张：陆、海军弹道的差异是否主在“移动”这个因素？

池：是，海上的风力、船上的移动力等（属外弹道的因素），这些都影响炮弹发射的效果。

张：根据您的经验，舰炮击中目标需要多少发炮弹？

池：在标准情形下，先要修正方向（correct line, line first），之后修正距离，能够修正二、三次命中就很好了。我在枪炮专科学校受训时，他们有一个机械式的弹着点教学仪，学员发炮射击，教官设定方向，叫我们修正，他故意调过一点，你再修正左右各多少，之后再调整距离而命中。这个训练很有用，我回国担任左营士兵学校教育处长，兼枪炮训练班主任，训练三十九、四十、四十一年班的枪炮时，我即运用所学，设计了两个仪器，得到第二届克难英雄奖。

张：美国的军舰有个 home port 制度，每艘船都有固定的停泊港湾，台湾当时有没有这种制度呢？

池：“民国”四十几年时并没有，主要原因是台湾太小，以往仅有基隆、高雄两个港，现在增加东部花莲一个港。我想现在应该有了这个制度，比如潜水艇即曾以花莲为 home port。当时太字号到处跑，没有 home port。

张：通常一任舰长的任期有多长？

池：在我那个时期舰长的任期差不多都是一年，过去因为船太少，大家都赶着轮。接我的许承功那时也是很资深的，担任“总统府”的侍从官之后，才上船任舰长。我能担任这一任舰长实在很庆幸，因为以后人一多就轮不上了。比如三十九年班，毕业一百几十人，怎么能够都轮得上呢？若在船上当某部门主官时，要表现得好，慢慢的才能担任舰长。现在当舰长都是经过挑选的。

张：有关 F5E 合作生产的整个计划如何？台湾与美国如何配合？

池：整个计划我不太清楚，由航发中心负责与美国协调、计划。

张：那么在合作生产 F5E 的同一时间，是否有海军的扩充计划？

池：那时"总统"非常希望海军应拥有潜水艇，"国防部"、参谋本部也在努力争取潜艇。当时"我国"造船厂曾同美国合作生产过小型潜艇，但是造出来不实用，没办法，之后乃继续与法国、荷兰、英国、意大利等国洽购潜艇，但此种计划可能也受到中共的阻扰。最后荷兰的造船厂可能因营运不佳，有倒闭之虞，乃不顾中共反对，答应替我造海龙、海虎两艘潜艇。

张：当时"总统"为什么想要潜艇，是他本人的意思，或是有人向他建议？

池：应该是有人向他建议吧，他也体会到将来万一中共封锁台湾时，我们的水面舰艇没办法突破时，潜艇可潜到台湾海域附近或中共沿海作战。

张：当初目标希望拥有多少艘潜艇？

池：这倒没有一个数字，当然是多多益善，但也要看我们的经费和预算。

张：海军中有没有人排斥潜艇？

池：没有，在海军中潜艇是绝对需要的。

张：海面舰艇的需求上是否有优先顺序的讨论？

池：海军总部都会就此召开研讨会，主管的作战署和计划署自有评估，之后再送呈总司令核定。而这得视"国防部"分配给海军的预算多寡而定造舰种类。

张：计划并不是很好订吧，这一任订的和下一任的意见可能相左？

池：当然，个人有个人的意见。但凡是受过海军官校和指参教育者都会了解，购造哪种舰艇都有计划根据，这在海军绝对没有争议。比如我们这些退休的将领都没有批评。除非有人把所有经费都拿去造一艘航空母舰，那我们当然要讲话了。海军并不那么复杂。

张：海军的武器都是联勤生产的吗？如鱼雷、水雷。

池：水雷是由联勤造的。刚才我提到中山科学研究院，我去访问时，他们正在研制舰艇用的雷达天线，使其效率较美国售我者为佳。

张：这个时间正好是将舰上的枪炮改成飞弹的时候，学校的教育是否有什么改变？

池：绝对改变，现在官校的教育和我那时是下同了。关于兵器的转变更大。我在英国毕业后，二次大战时大家的观念都改变，巨炮武力慢慢没落了，因为巨炮需要巨舰，巨舰的成本非常高，飞弹可以用电脑管制飞行，后来飞弹又变成弹道导引飞弹，可用无线电导引，其距离比十六吋大炮还远，可达二三十海里，甚至更远，而且准确。发射弹道飞弹的平台又不需大舰，只要是驱逐舰或飞弹快艇都可以发射。所以以前的理论都改变了。

曾（金兰）：荷兰建造的海龙、海虎和美国建造的海狮、海豹，在潜艇内部的装备是不是有很大的不同，其人员配置有什么差别？

池：海军人员的编制是非常科学的，每艘船的人员数额根据她的武器装备，多一门炮，比如要五个人，就加编五人；鱼雷发射程序要多少人，这是一定的。至于鱼雷，美国和荷兰在建造样式上，舱内鱼雷位置的摆设和住处的设计当然有所不同，有个别考虑，但大原则不会相差太多。

曾：是否其大小亦根据其续航力的长短而有所区别？在二次大战期间，日本偷袭珍珠港时，曾利用一种小型的两人潜水艇侦察，这型潜艇目前还生产吗？

池：对。我想这种小潜艇还是有的，从事间谍或救人、侦察等任务。

张：目前声呐和雷达的技术已经可以取代这种小间谍艇，她的功能就比较少了。

曾：一般而言，潜艇的人员大约是多少人？

池：大概几十人或一百多人左右，这也要看潜艇的大小和武器装备的多寡而定。

台海风云

张：自您接灵甫舰回国，到派任太康舰长，期间共五六年的时间未上舰（1948–1954），除了您办教育训练特别好之外，您是否怀疑过有人故意不让您上舰？特别在桂永清任内？因为您本身资历相当完整，且自英接舰即居副长之职，又留学了那么久，我想这背后可能有些特殊原因。

池：这个我就不知道了。

张：您担任太康舰长时期，同一时期担任一级舰长者当中，除了您是马尾海校出身外，是否还有其他同学？

池：有曾耀华一位，其他我就记不起了，有的同学如邱仲明、林鸿炳等，在我之前即已当过一级舰舰长了。我这个人个性非常平和，也很乐天派，上级派我做什么职务就做什么，从来不会要求升官或做哪个职务，我认为上级派我任职，自有他们的考量，我也不去争。但我总觉得，当海军不当舰长的确是个遗憾，其他我就不在乎了。

张：太平舰遇袭沉没后，海军有没有做一个检讨？

池：我不知道。这条线是我们经常巡弋的路线，太平舰应该很熟悉。我私底下批评，上级不应该一条线划下来，一直要我们遵守，应该要经常改变。

张：这对海军的士气打击很大，一级舰被打沉了。

池：是。

张：大陈撤退时，难民有无坐美方的船？

池：都是坐我们的船。

张：当时是否考虑到，万一中共发动攻击，美军与我军的任务如何编组？有没有做过事先演练？

池：有，《刘广凯将军报国忆往》一书中写得很清楚。我只是舰长，不可能全盘了解各种任务。我仅就我舰长所了解的范围叙述，其他就不便涉及。

张：是不是有美军人员到太康舰上？

池：没有，因为我们有两艘驱逐舰，四艘护航驱逐舰，这是我们的主力，由崔之道将军指挥。他接受总指挥官的指示，指挥各舰，所以舰长的权责较单纯。

张：您有没有上过大陈岛？

池：没有时间常上去，我只跟过特遣舰队指挥官刘广凯将军，在时局不那么紧张的时期，同时另外一条太字号也在的时候，曾上去过。上去也是到指挥部，及一个主要师的师部，师部的师长胡炘少将是我在革命实践研究院的同学，我去看他，聊一聊后我又马上返舰，所以大陈的街道、民房，我都没有充裕时间去观赏。

张：海军在岛上有单位吗？

池：很早就有巡防处了。处长名字我忘掉了，我们很少和其联系。因为巡防处是照顾当地小船的，大船直接由舰队司令命令。一般巡防处长的阶级都是上校。

张：海军从何时开始感到中共的海军实力增强？

池：就在我们太平舰被击沉前后，在此之前，我们打了一次鲠门海战，那时即感觉中共军舰渐往南移，其目的即在拿下大陈。俞部长头脑反应敏捷，他到大陈巡视，一看当地情势，即了解中共意图，回台即向“总统”报告。还有一事，俞部长视察一江山之后，即预估一江山将失守，打算将大陈及附近诸岛屿上的我军民撤运出来，因为飞机航程既无法到达，就无法掩护海军，海权也相对不保。那时中共自北方陆续南驶许多舰只，甚至有五吋炮的驱逐舰，我们的太字号无法与其对抗。所以俞部长一接部长职，前来大陈巡视后，即向“总统”蒋公报告应撤退大陈，“总统”同意，因虑及我方兵力不足以撤运，及抵抗共军之袭击，即由俞部长向美军顾问团接洽，顾问团向华盛顿请示，华盛顿的军令部同意，后来才有大陈撤运一事。

美军派遣协助撤运的兵力，一共四艘航空母舰、三艘巡洋舰，还有其他辅助舰等，这种兵力是很不得了的。

张：台山列岛海战中，太康舰是否击沉共军舰艇？

池：我不清楚，因为在雾中作战，四艘船都集中向目标射击。事实上当时在台山列岛的共军舰艇都是小船，根本没有大船。我觉得我没有打到船。前几天（1985 年 3 月）我同太湖舰长曾耀华通电话，因他是旗舰，乃问他当时的情形，才有了新的了解。我问他是否在机舱上中了一弹。他说："哪里是，是机舱上的烟囱，被小炮打了一个洞。"

曾：战事进行中，雾一直弥漫着，未曾散去吗？

池：是的，我们只能看见我舰的队形，再前面就看不见了。

张：所以是看不到目标了？

池：对，炮击由旗舰指示方向、距离。不过若未击中船舰，对其岸上也有吓阻作用。

曾：您曾说过，真正作战时间只有几分钟的时间，此役却打了一个多小时，是否在时间上耗费多一点？

池：这得看指挥官的意图了，因他欲在附近搜索，同时也对岸上的武装攻击，所以较久。

张：黎先生本人指挥？

池：是，指挥官的命令，舰长必须服从。战事真正激烈的话，不要几分钟就结束了，若败也是在几分钟内就被消灭了。真正的舰对舰，也是几分钟就消灭。

张：有雷达可侦测敌舰行踪？

池：对，但在岛屿旁边测不出来。因为舰不如岛屿高的话，电波无法侦知船的存在，故船在岛旁有掩护的作用。这就是我们无法侦测到中共鱼雷快艇，他们却可以知道我们位置的缘故。

张：通常海战结束后，战报要怎么呈报？

池：假使舰上没有司令的话，由舰长呈报。若有指挥官和司令，由司令报。

张：据您所知，其他海战在海军战史中说法的可信度如何？

池：其他战役都凭自己呈报，但像我们这种舰长，若司令在舰上的话，那一定是确确实实的，因为乱报司令也会知道。比如梁天价那一段，战果都是确确实实的，因为我是旗舰，他们的指挥、作战过程我都清楚。刘广凯先生的《刘广凯将军报国忆往》一书讲得很详细，这个足以代表。不过我在布雷队时有些战果就没报。我们海军就是这样子，我的大队长郑天杰就这样。我二次下长江布雷他都没给我报，因他认为海军人下水根本不算什么。我在布雷队布了一百多个雷，只拿到一个奖章，因为郑队长认为这是本份，他自己也没拿到多少奖章。

张：“国防部”会不会做个审查？因为一场战役结束，论功行赏时，“国防部”是不是会做个详细的调查？

池：他们系根据各总部报上来的资料核发奖励。

张：若总部做假，他们也不管了。

池：总部不会做假，根据作战指挥官的报告，有时候过分的话，他们会晓得。

张：台山列岛一役您是怎么报告的？

池：我没报，都由指挥官报告，我最近看了黎先生的书，才知道他是这样写的。

张：当时报纸的报导您看了吗？有什么看法？

池：我没看到，那时我太忙了，打了几次海战，回来就交接。不过台山列岛一役，太湖、太昭二条舰的确打了仗，他们快打完了，我们才参加。

张：太字号若全速前进其速率如何？

池：二十一海里／时。

张：二十一节。那平时呢？

池：平时我们以十三节到十五节的经济速度航行。

张：从基隆开到大陈需时多久？

池：若以二十一节航进，只要十个钟头就到了。所以海军说什么时候可以到上海或香港，即视船速而定，速度慢当然久了。一般商船都开十节或十二节的经济速度。

张： 乌坵和东引有没有办法靠岸？

池： 乌蚯 L. S. M. 可以靠，太字号则没办法靠岸。金门、大陈现在都有码头可以靠泊了，我们以前都不能靠的。

张： 大陈撤退前后，您主要防卫的还是靠近大陈地区。金门、马祖地区有没有特别加以防卫？

池： 有其他的舰艇负责该两地区的防卫。

张： 您在连络局长任内的时候，海军最大的事情就是一九六五年的八六海战，刘广凯先生在其《刘广凯将军报国忆往》一书中，提出了很多问题。

池： 那时我没有接触这个事情，印象很模糊。

张： 美国顾问团对这样的海战，会不会有意见？

池： 海军组会有意见。

张： 所以变成海军组会和我们的海军总部直接联系，没有透过您？

池： 没有。不过海军组必要的时候会向团长报告，他们无权干涉我们的作战。

张： 像这样的任务我们不需要知会他们吗？

池： 要知会协防司令部。

张： 八六海战被击沉的正好是您参与接舰的章江、剑门号二艘舰，美国人对这个会不会表示意见？会不会影响以后的接舰？

池： 不会，马上就补了。我之前在美接舰，就是补充类似这种损失。作战的发生有时是没办法预知的。二次大战时，德国最优秀的战舰，刚造好没多久就被英国舰围剿了。

张： 美国会不会说这个仗不该打？

池： 没有，他不可能讲，这是我们的主权。那时候连协防司令都没讲什么话。他们不够资格讲，不会讲。

张： 剑门号舰长是王韫山。

池： 对，他非常优秀，官校三十九年班第二名毕业。现在在美国。

张：《刘广凯将军报国忆往》一书中指出，“如此重要之作战计划，竟由作战助理参谋长许承功少将代为判行”，而他不能同意此一计划，其中似有颇多问题？

池：许承功那时是作战署署长。他这个批得太快，许承功没有作战经验，这个非常重要，刘广凯骂许承功骂得不得了，这么大的事情他怎么能代批？没有给总司令看是不可以的。作战的事情不是小事，刘广凯总司令一职丢了，就是因为许承功这件事情，不然刘广凯是一个非常好的指挥官。一九五五年大陈顺利撤守，“总统”蒋公对他很是欣赏。一方面是他的运气好，但主要还是在他的企图心，刘总司令做事情非常有计划，是个很好的将领。但在总司令任内，碰上运气不好，几艘船被打沉，他因此而辞职，心里面很不甘愿，认为有人害他。他做人非常坦白。对于部属，若他欢喜一个人，就极力支持他，若不欢喜的话，硬是排斥。但是大部分的官兵都欣赏他。他对我也很好。

张：在台海作战时期，军舰的粮食问题怎么样？

池：军舰上都有粮食库，可以维持一两个月，甚至更久。当然在海上我们都吃得很简单，罐头类特别多。如肉类、青菜等，青菜较难保持，但我们有冻箱可贮放。

张：军舰里吃馒头的机会多不多？对南方人来讲有没有什么困难？

池：吃馒头的机会多，对南方人而言并没有什么两样，像我太太经常都自己做。

曾：面粉是不是也是美援的？我记得小时候教会常会发面粉，我母亲就曾去领来做馒头。

池：好像是美援的，那个时候我们国家穷，工业尚未发达，正在起步，美援还是有，比较便宜。

曾：像阳字号那样的军舰，淡水的携载量一次可使用多久？

池：看怎么使用了，用得省的话，一两个月是没问题的。若你要洗澡的话，那就没办法了。所以我们在舰上有任务时，通常都不洗澡，或限制用水。

海军军官养成教育

张：战后青岛的海军军官学校的军官班和官校正期生有何不同？

池：接舰回来的士兵，程度好，年纪稍轻的，很多人再去考官校。有的年纪大一点，不太适合从头念起，乃另外开班，设一个军官班。

张：第一批到英、美接舰的士兵中，大专学生很多，这样是不是相对的，海军学兵和士兵出身的机会就少多了？他们会不会有什么反应没有？

池：没有，接舰士兵中较差的，自己就离开海军做生意，另求发展。军官班好的如梁天价、邓权昌、戴勤、袁昌炎、沈铎、高公鲁、刘文光等都留下来，他们比学生班更会发展。因为他们对社会、政治方面的概念，均较学生班成熟。

张：按军事委员会第一次考选的条件，是说都要考海军军士队出身的，但到真正录取的时候，还是取了很多高中生、大专生。

池：那时考试是很公平的，若对这些青年军的学生不公平的话，他们要吵翻了。我想那时也因需求的问题，所以录取这么多青年学生。

问：您担任官校校长时，学生违规情形如何？

答：我在任时，学生都没出什么问题，只有几个学生后来发现身体不合规定，这也没什么道理，就是他们的脚是扁平足，这在军人条例里是不符资格的，怕他们跑不快。但海军在船上，这种扁平足并不影响勤务。风纪问题则不严重，被淘汰的学生大部分是学科不及格，我也不讲人情。作弊也要开除，但极少数。我觉得名次并不重要，要看他的资质如何。若他资质好的话，虽然在校不用功考不到前几名，只在中间或中下，但他的 IQ 高，将来还是可以发展，跑到人家前头。

张：您觉得美国海军官校那一套拿到我国来实行，困难在哪里？您有没有设法推动？

池：有些课目我觉得没什么意义。比如海军官校学艺术、音乐，意义不大。这只是某一任的校长加上去的。

张：其他有没有什么值得借镜的？

池：他们原来是高年班的学生管入伍生，一班管一班。入伍生原来必须替高年班的学生擦皮鞋，做服务的工作，高年班也对他们非常凶。假如你走路姿势不对，他们就大声地喝斥，罚他们体操。这是我当"武官"时的情形，后来我陪同宋总司令赴美，独自访问官校，发现这个制度已经改变了，高年班必须照顾低年班，还要负责低年班的课业辅导，这非常好。我任官校校长时，即是如此。官校在某一个时期，不晓得哪一位校长任内，也是非常严格，低年班要替高年班服务，后来慢慢改过来。

曾：有没有这种可能，就是制度已经这样改，但私底下高年班对低年班还是很严格？比如看低年班不太对或不顺眼就整他，有没有这种情形？

池：有这种情形，所以渐渐觉得这种制度不好，有时候他们故意整人。我看《海军官校四十年》这本书的时候，看到学生写的，说他们被整得一塌糊涂。

张：担任敦睦远航支队的指挥官，对其个人将来升迁是否有正面影响？

池：很难讲，好多优秀的指挥官并没升上来。不过其中刘和谦、庄铭耀、顾崇廉等三位后来升任总司令。

张：在海军中，几位台籍的人士，如庄铭耀、郭宗清，"政府"当时有没有特别提拔？因为他们是第一批，比较早的台籍军官。

池：这我倒不大清楚，不过他们两位都很优秀，各种条件也够。他们两人日文都不错，所以郭宗清到日本当"武官"时就能以日文交际，他的夫人也能讲。庄铭耀的夫人则是日本华侨，因此两对夫妇都会讲日文。庄铭耀上将当完总司令后，又派任驻日代表，为国家贡献良多。

张：敦睦舰队远航时，船上这么多人，怎么安排睡铺？因为原来船上就已有军官、水兵，再加上那么多学生和仪队，怎么住得下？

池：住得下，他们都住舰后部的士兵舱，士兵则挤到其他的士兵舱去。

舱内都可挂两到四层的吊铺，两艘舰是足够分配的。

张： 乐队都是四年级学生吗？或是其他年级？

池： 不，分两种。军乐队是海军的军乐队，学生鼓号乐队是毕业年班学生挑出来的，他们的演奏和军乐队不同，也很好听。

张： 官校的教育经费是怎么样的分配，是三个军官学校和其他学校分配呢？还是海军总部拨下？

池： 若海军官校要争取款项，由海军官校呈文送到海军总部，海总看整个经费的运用情形再分配。

张： 所以是在海军的整个预算下分配给官校了，不是和其他几个军事学校合在一起，这个没有关系吗？

池： 没有关系。海军要的预算送到“国防部”，“国防部”要审核各总部分配的预算合不合理，再根据“国家”的“国防”预算分配，对三军官校的经费也会作一更合理的比较。

张： 在官校时，人事费的负担会不会比较重一点？还是一般设备费？

池： 人事费比较重，一般设备费也不少，主要是添购仪器。我在任时添购不少仪器。那时仪器相当贵，而添购仪器的经费却很有限。比如我曾为设立视听室，买了二三十副耳机，这已经是相当了不起了，还有航海仪器等。

张： 您在官校任内时，认为官校的师资如何，会不会有哪一方面特别缺少的情形？

池： 我离开官校之后，“政府”经费比较充裕，他们经常送教官出去留学，当然愈来愈好。因为新的科学，新的资讯，教官必须跟得上脚步，博士愈来愈多，师资也愈来愈好。

张： 后来中正理工学院出来的还是比较多是不是？

池： 中正理工毕业的是多一点，但是海军官校好像不会用到那么专精的科学人才，可能他们优秀的人就到中山科学院去了，一部分可能到海官校吧，我不太清楚。如果我仍在任的话，我也会聘请他们。

张： 当初设立“中正国防干部预备学校”，应该是基于考虑以后学生来源的问题，另外就是培养他们的熟悉度与感情，以后三军联合作战时较有默契。

池：这是一个好处，在三军联合作战，低阶和中阶军官都是同学。但是我感觉人数太多，三军的同学在短期内不一定都能认识。海军和陆军，陆军和空军不一定都会分发在同一班。

张：陆、海军军官要成为陆战队军官，是在官校毕业时就分发的吗?

池：陆军我不清楚，海军是在官校训练期间，约第三年时，就请他们志愿分科，但选填陆战队的学生，仍在官校学习海军课程，并未加上陆战队课程。不过这些志愿学生的名单会先交给陆战队，该队部会不时派人来官校为这些同学讲解陆战队情况，同时陆战队司令有时还会请他们吃饭，以资鼓励。

张：是否有人选了陆战队后又想回海军的?

池：没有，他们欢喜待在陆战队，至少在我任内没有改变心意者。

张：在三年级时的分科，除了陆战科外还有其他科吗?

池：还有补给，但人很少。他们怕上舰晕船，所以志愿做补给。

曾：志愿选陆战队者，在学科上是否设定标准，必须达到标准才能选科?

池：体格要合格。

张：通常有多少人愿意去，或他们给多少名额?

池：六十年班只有十几个。

张：此数是否为固定的名额或比例?

池：没有，全是志愿，我们也鼓励海官校毕业的学生多到陆战队去，这样彼此能保持良好的关系。

曾：陆战队方面难道不会设定固定的名额吗?比方说他们只需要多少员额的军官。

池：不太容易设定名额，名额设定了，不一定有足额人来，当然在陆战队方面必须说服陆军军官。这也要看陆战队司令，有些司令本身是陆军，也不会多收海军。不过他们在陆战队久了，也逐渐晓得美国陆战队军官大多是来自海军官校，所以这种影响他们也了解，将来与海军舰队协调作战时，彼此合作得比较好。陆战队军官从陆、海军官校毕业后，均要到陆战队接受为期不短的训练（忘记多久了，大概有半年），从地狱训练开始，很吃苦。不过很多受过地狱训练的人，后来身体都好的不得了，他们也觉得很值得。

张：您担任官校校长时的学生，现在大概有不少升了将官吧？

池：是的。今年（一九九六年）我生日，我担任海军官校校长任内的六十年班学生，给我做八十岁生日，他们唱校歌及其他军歌，很热闹，我非常感动，深觉校长没白当。现在他们已有九个人升少将，其中五个是陆战队。那时我鼓励他们到陆战队，有十几个同学到陆战队去。现在他们升少将没那么容易了，每年都有人毕业，一毕业就是八九十,一百的，若这年班都升少将，下年班就没机会了。

“中”美海军关系

张：协防司令部和顾问团设在何处？

池：协防司令部原来在圆山儿童乐园对面，快过桥的右边，一栋自建的房舍，人不多，约三四十人。顾问团人多，一部分在足球场的旧址那边，一部分在今美国在台协会那里。海军组连络室约二三十人，也有陆战队，连络非常方便。总部在左营时，在海军幼校边的桃子园是他们的眷属宿舍，后来总部北迁台北，眷属也北上。

张：美军人员如果到部队里面，是到哪一个层次？是不是有人在陆战队司令部里面，或是舰令部里面？

池：陆战队司令部里面有，部队里也有，一两个，都是武器装备部门，教他们如何使用。海军舰上没有，舰令部及底下都没有。后勤司令部里面有，叫外籍顾问室，不过也是一两个派在关于装备方面的单位。

张：当时协防司令部有一定的武装力量，如在台中清泉岗，驻有美国空军，那海军人员呢？是不是倚靠第七舰队的力量？

池：没有，清泉岗因为美军的飞机经常飞来，所以驻有他们的人，负责保养工作。他们的军舰来靠岸，大部分是驱逐舰，假使有什么需要保养的话，我们的造船厂可以替他们办。

张：船舰的保养需不需要透过连络局？还是直接和海军总部联系？

池：直接和海军总部联络，他们的船上也都有保养人员。

张：第七舰队来台湾时，能不能到左营，我们有没有限制他们？

池：没有限制。不过通常都到高雄，因为士兵可以上岸，有酒吧及休闲的地方。到左营没地方玩，不方便。

张：美军顾问参加军事会议时，会不会提问题？

池：不会，协防司令报告完，协防司令就走，他们也跟着走。顾问团团长在我任内好像没有报告过。因为是我们要求顾问团考虑支援我方何种项目，他们不会有一套支援计划或整补计划向我们报告。我们缺什么，且还要避免是攻击性的武器，完全防守的东西，他们认为我们需要什么，然后才同我们开会商量，经过双方认可，他们就支援。

张：这会不会引很大的争论？因为就我们的立场，我们需要更好的武器，或是具有攻击性的，可是美国一直防着，这样在开会时是不是会有争论？

池：会有争论，我们也晓得，他们不给就是不给，我们争红了脸也没用。不过“中”美在军援方面大家都协调得很好。

张：就您的感觉，美国人会不会有高高在上的感觉？

池：没有。

张：他们派到部队里的校级军官会不会和我们的军官或士官兵起冲突？

池：不会，如果他们欺负我们的士官兵，我们的士官兵会报告上来，我们会同他长宫讲。我还没听说有发生过，大家合作得都很好。

张：您那时陪同赖特大使到兰屿，当时开放没有，有没有游客？

池：好像没有，那时很原始，当地人都住在地下挖的洞里面，屋檐好低。

张：您参加过很多次军事会议，觉得效果怎么样？

池：很有效，尤其是“总统”谈话、指示的各种方针，非常坚定。

张：如果这些顾问团团长或协防司令，真要和“总统”谈什么的话，由钱复翻译，您就不参与了吗？

池：我要陪同去，但不参与。

张：如果和经国先生谈细节问题，谁翻译？

池：有时候我翻，有时候是钱复先生，以后我的副局长温哈熊将军调升部长办公室主任后，就由他翻。

张：那时经常担任翻译的有哪些人？

池：就是钱复先生。有时钱复先生不在，我就翻译。有一次在涵碧楼，我跟戚烈拉上去，钱复不在，我也跟进去翻译，翻得也蛮好的。其实当初我也太小心了，“总统”怎么会讲各军种特别装备的事情？

张：我想问题比较大的就是浙江国语。

池：不，浙江国语有时候比较难懂，但大体上都听得懂。

曾：“总统”有时会不会用典故，比较难翻译的？

池：那倒没有。他同顾问团团长及协防司令讲话，都是直截了当，不会用典故。我记得有一次“总统”问我“贵庚”，我没有听懂，我啊了一声说：“报告总统”，他就晓得我没听懂他的话，“总统”很和善地改口说：“你几多岁了？”其实“总统”是很慈祥的，只要你不慌张，他还是很亲切的。我这个人就是有个好处，从来不怯场，看到“总统”还是很亲切。

张：一般来讲，若驻美大使分量够，如顾维钧或叶公超，因个人资望，在管理上可以管理得很好；如果大使资望不够，底下人会不会有不服的情形？

池：服还是要服，事关国家体面，只要大使为人公平公正，做事合情合理，其本人学识也好，我想还是会管理得好。例如钱复先生在“大使”任内就很孚众望。

张：使馆人员来自不同单位，恐怕各有各的联系管道。

池：对，经济部派有经济参事，教育部有文化参事。那时也有军事采购团。照道理也属于大使管辖，因大使为驻在国的最高长官。军事采购团同武官在业务上也有点关联，但在职务方面没有连带关系，互不统辖，他们是独立的。

张：您觉得叶公超和蒋廷黻两位“大使”，是不是有风格上的差异？

池：叶“大使”他可以说是一个很好的“外交官”，并且是很活跃的“外交官”。英文说写均佳。除此外，他的兴趣是广泛的，同时又是艺术家，书画造诣很高，对任何一种艺术都喜好，所交的朋友不光是外交界的朋友，美国军方陆海空高级将领都有。有时候他经常请这些高级将领到双橡园“大使馆”吃饭谈天；有时他们则回请。甚至美国高级将领请叶“大使”坐游艇出海钓鱼，叶“大使”也去。他的生活层面很广泛，完全是个“外交”人才。人也和气，很受华府一般人士欢迎。蒋“大使”，我和他在一起没有多久的时间，不过蒋“大使”在联合国已经很有名望了。我们也是听在联合国服务的同仁讲的。蒋“大使”英文、学识各方面都好，也是一位很好的“外交”人才，但他的方式与叶“大使”不同，他比较严肃，很少同我们闲聊。但我在回国时反而与蒋“大使”照了两张团体照，和叶“大使”一张都没有。叶“大使”不讲究这些，他不愿留照或给人家照片，他是非常潇洒的人。我对他们两位“大使”都非常钦佩。

张：通常向美租购军舰的第一优先是什么？

池：驱逐舰，这是最好用的。适用于风浪大、远航、水浅各种状况，二次大战中运用很广。

刘：二次大战后，许多开发中的国家，为了证明自己很进步或向别人表示自己的进步，是否在军事装备上，因为民族的虚荣心，而有超出己国需求的现象？

池：那倒没有，不会那么傻的，也不可能。

张：老“总统”是否有这个想法？您担任“驻美武官”时期，多少也参与一些军购，向美方接洽时，要求都蛮合理的，是不？

池：非常合理，老“总统”绝对不干涉这种事情，参谋总长可能会干涉，但老“总统”并不管。比如海军想买潜舰，因经费浩巨，参谋总长衡量三军经费后，会酌核予能负担的款项购买，过分的装备不可能会购买。

张：若我们要的武器自觉甚为有用，但美方是否对攻击性武器有所保留？

池：攻击性的武器都不给，如攻击性的飞机即不给。军舰如潜舰因属攻击性，亦不给。我们转向意、荷购买即为此故。

张：海狮、海豹是美国给的？

池：是美国制的，但非攻击性，他们连鱼雷都没有配备。不过阳字号的配备都很齐全。所以，驱逐舰最有用处，可担任任何任务。

张：一九七一年前后，美方给舰最多，从华阳、鄱阳等“9”字开头的舰，在此之前，我们多用丹阳、洛阳等十几号的船，是否是换装计划？

池：并不是换装计划。丹阳是日本舰，很不好，日本人移交之前，将铁砂放到轮机轴内，我方修理了好久。

张：接舰官兵在美国都待了很长一段时间？

池：不到一年，通常二三个月。他们先在国内受训，受训完后来美国受短期的成军训练（shake-down trainning），约两三个礼拜，或三四个礼拜，就驶舰回国了。

张：年轻的军官、士兵会不会发生闹事打架情事？

池：没有，我们士兵、军官都非常规矩，都是经过特别挑选的，很好。

张：武官到美国要搜集情报，在您出国前，政府是否特别叮咛，不要让人家来探听、搜集我们的情报？

池：没有，我们没有什么情报好被探听的。不过我们出国前，“国防部”情报次长室都给我们一个短期的训练，讲些追索情报的诀窍，与情报部门有关事项。同时还学译电，有些机密情报必须由武官自己拍发。

张：这里说的情报实际上等于资讯了。

池：情报的范围非常广，有许多真正做情报的，他们还有外围的人，这些人是我们看不见的，也不晓得是谁。

张：对，还有情报系统派出去的人。您在读他们的报纸、杂志时，会不会发现很多东西是公开的，不像国内？

池：对，都公开的，很容易见到。如某条船航向何处，某舰成军了，这些都是公开的秘密，但是那些核子舰艇或武器设计的资料却不一样了。

曾：海军“武官”任务之一系接受赠舰，舰上的后勤补给由哪个单位负责？军事采购团吗？

池：我们接收舰艇之前，“武官”应保证此船在短期间内后勤配备完整，每个仪器都可正常运作。假使某船雷达或测深仪坏了，“武官”就必须找事先整修的造船厂，要他们重新更换、补充。我和五角大厦的人很熟，就占了些便宜。有一次接收一条 PCE（护航巡逻舰），有个雷达坏了，造船厂拼命修都修不好，而造船厂也没有这一型的雷达可以换上去。这件事后来就到我这边来，那时我与五角大厦后勤补给处的人员很熟，遂直接到后勤处把情况告诉他们。主管的上校与我为熟朋友，一方面同我讲笑话，一方面找其部属，要他到其他封存的船上看有无此型雷达，假使有的话，把它拆下来，换到欲移交“中华民国”的船上。就这一句话就解决了，我们省了不少钱，就换了个可用的雷达。

曾：您是说，只要是您接的舰，有什么问题都是透过您交涉？

池：未接收之前是，接收后他们就开走了，由国内的顾问团负责。

张：“国防部”是否会来函指示争取哪种舰？

池：争取由国内争取，我们不负责。

张：您们是否会主动提意见争取哪种舰型？

池：如果我们晓得美国有哪些舰过剩，而且是我们需要的，或其他国家曾接收过这种舰，我们就打电报回国报告。

张：这也是种情报了。

池：对。我这六年任内很有意思，因为我对各方面都有联络，做什么事情都很顺畅。叶“大使”很支持我，对我非常好。有总司令、副总司令来访问，欲见“大使”，我和“大使秘书”联络，请他请示“大使”要不要办酒会或宴会，假使“大使”办，我就省钱了，因为“大使馆”经费比较充裕些。

张：国内高级将领到华府，他们的会谈您参不参与？若参与的话，通常他们是否都谈到军援问题？

池：他们的会谈我有时候参与，有时候不参与。大部分都谈军援问题，多由俞部长和他们谈。国内高级将领有时候在特别需要时才来，不过不多。他们先与国内的军事顾问团谈，到华府访问时，顺便向军令部有关部门提一提，因为美军顾问团会报上来，军令部有关部门内部都有底。若总长或总司令去访问时，则会向军令部长提出。

张：据您的了解，那时候我们需要什么？

池：需要潜艇、驱逐舰和直升飞机。不过潜艇一直没给，这是他们的政策，一直没有答应。

张：您参观美国海军基地时，对于美国海军的训练，以及与美国海军军官的交往经验，您怎么看他们与英国军官的差异？

池：英国军官一举一动都很制式化，都是站得规规矩矩的，和人讲话也都正经八百。美国军官比较活泼一点，没那么死板，这是二者表面上看起来最大的区别。

张：思考问题的方式呢？

池：英国军官真正思考完后才说，美国军官比较爽朗一点，脑中想什么就答复什么，当然有些机密的事也不会讲。

张：当时国内派遣赴美受训的海军官兵，有没有反映过他们的困难在哪里，比方在生活或学习上的？

池：好像没有。

张：那时正好是艾森豪任满，肯尼迪上台之际，有承认二个中国的意思。有一阵子，特别在一九六二、六三年的时候，我们这边计划对中国大陆采取军事行动，台海战云密布，您知道这个事情吗？或是曾听过提到这个事情？

池：我没注意，一九六二、六三年，我在美国当“武官”，金门发生战事我晓得。那时我们这个阶层并不知道要打仗。

张：您提到向美国学计划预算制度只取其精神，没办法全盘引用的困难在哪里？

池：首先财源就不一样，各种资源和科学发展都太不一样了。不过我们利用他们制度的精神，也就是取其逻辑。

其　他

张："国防大学"是否延请美籍教官来教？

池：没有，但当几位特别有名的美国将领来台访问时，曾请他们来校演讲。有的时候也请日籍教官讲授战术、战史。

张：这个训练有没有特别的目的？是例行性的，还是准备要升将官的人才参加？

池：过去军校都没有太严格的讲解战略、战史和战役胜败得失的分析，仅圆山、草山军官训练团的日籍教官有讲，大部分讲二次大战期间，日美作战的战史和战役，偶尔提及欧战战史。经过一波波的研究，我们的印象就深刻了。我认为这种班最大的好处，除了培植这些将领、将官的经验、学识外，最好的就是三军将领彼此了解、认识，将来派任共事，或战场作战，在团结合作上发挥很大的作用。

张：是否讲授戡乱期间的战史？

池：有，并做检讨、批评。有时候对陆军批评得很彻底，对我们海空军虽然较少批评，但整体并不能扭转整个局面，没有办法。

张：这些都比较偏向军事，在政治方面呢？

池：政治方面也讲，但较少，由政治教官主持，多批评汪精卫政权等。

张：当时因"政府"准备反攻大陆，故维持很强大的陆军。在这种情况下，海军有无争取员额？

池：那时海军虽一直争取员额，但争取的数目也有限。因为海军编制系根据船舰数目，每一艘船又依据武器装备而配一定的员额，所以海军舰队里面并没有闲人。

曾：海军人员检核通过后上商船，领港员包不包括在里面？

池：不包括。领港属于港务局，商船和大军舰要进港前，都要找他们上船，由他们领港进港靠码头。领港员的报考资格必须是资深的船长，通过考试，才能成为领港员。军港也有领港员，以往左营军港有一个领港员，不晓得现在有没有。不过我们都不用领港，除非是新舰长，头两三次不熟时需要。我从来没有用过领港员，因为军舰比较灵活，懂得窍门，一下子就靠上去了。但这需要有点领悟能力，有的人不行，怎么也靠不上去。

张：欧阳晋、陈景文二人后来在大陆上的发展如何？

池：欧阳晋发展比较好，听说升到将官。陈景文比较差，而且身体不太好。我和他们都是前几年赴大陆开航运会议时联系上的，我在上海宴请他们，欧阳晋即自南京赶来看我，其他同学则自杭州等其他地方赶来。他们来上海也是匆匆忙忙的，我们没有时间聊，只吃了一顿饭。

张：在董浩云航运公司所属船只中，海军转过去的多不多？

池：多。

张：他的基地在香港。

池：起初曾在台湾驻足过一段时期，叫"中国航运"。现在"中国航运"变成他女婿彭荫刚先生的，和以前的"中国航运"没有关系。以前的"中国航运"变成 OOCL 了。

张：政绩考察是怎样的一种管道，视察完后有没有开会讨论视察结果？作业程序如何？

池：视察完要开会讨论，作成报告，然后送给总部。

张：如果考察结果和实际情况有点差距，他们会不会答辩呢？

池：我不记得有差距的情况，因为我们开会检讨时就在考察单位召开，他们也有人来参加，也会解释，不过对大部分批评都承认。

张：所以这种考察结果对他们主官的前途影响蛮大的？

池：也不见得。比如我官校校长做得很好，调迁参谋本部联参次长，这算是平升。假使我调其他职务，那就是平调了。何恩廷调动时，因为上阶没缺，后来可能经过一个职务，才调安全局副局长。

张：蒋夫人建莒光新村时，是经过海军还是由联勤兴建？

池：妇联会可能直接与联勤接触，或请我们的建筑部门主持，由他们监工。

张：地是谁的，军方或地方政府？

池：地是军方的，不然很麻烦。当时军方的地还不少，不过在凤山大概不是海军的地，可能借空军的地，由妇联会处理。说不定海军的地也借给其他军种。

张：军区司令的重要职掌有哪些？

池：主要管理行政事务，如整个军区内的工作调配、情报防谍、清洁卫生，以及中山堂、与民间来往等都是其职务范围，外宾来访则需作陪，有些码头的杂务亦在其权责范围内（左营港另有一个港区宫），但与作战无关。算是一级单位主管，中将缺。基隆和马公军区司令则是少将。

张：当时官兵比较注重哪一方面的福利？

池：福利品要价廉物美，同时官兵需要的日用品他们都必须要有才可以。又如理发、裁缝都属于福利项目，官兵都很重视。

张：当时左营的几个文康中心，以四海一家为最好的？

池：应当是最好的。

张：中山堂算是比较早的文康中心了。

池：这是好早的，桂永清将军手上就设的，由一位荷兰人在管。

张：您知道这位荷兰人的来历吗？我从小就对他很好奇。

池：他本来是在电台服务的技术员，很认真，负责，大概是桂先生不晓得怎么认识他，所以把他留下来当电台台长。做得很好，也很会逢迎上级，所以久任此职。他也爱管闲事，爱打抱不平，是蛮有趣的一个人。他个子又高，士兵都怕他。我不晓得他是不是做情报的。

附录一

池孟彬先生简历

1918. 11	生于福建省林森县
1926	母逝于吉林
1928	父逝于闽
1930	考入上海南洋中学
1931. 7	考取马尾海军学校第六期航海班
1936. 7	派通济、平海各舰学习舰课一年
1937. 7	派海军练营学习枪炮、及南京水鱼雷营学习水鱼雷各半年
1938. 6	马尾海校毕业
1938. 7. 4–10. 28	永绩舰见习枪炮副
1938. 11. 20–1939. 2. 11	楚谦舰见习
1939. 2	克安运输舰代理航海副，升中尉
1939. 6	奉派宜昌海军第六分队布定雷
1940. 4	湖南辰溪海军水雷制造所中尉职员
1940. 6	派赴湖南沅江海军布雷第五分队
1940. 9	安徽省至德县经公桥长江中游布雷游击队第五分队服务，此后至 1942. 4. 22 共 19 个月期间，第五及第六两分队共在马当到东流长江东岸一

	带，布漂雷 557 个，出勤 31 次，池个人参与出勤 13 次，布漂雷 214 个
1942. 11. 11	与妻连怡生于皖南乡间结婚
1943. 秋	奉召赴渝参加海军赴英美接舰军官考试（1944. 10 始举行招考）
1944. 11	自重庆出发赴英
1945. 2. 15–1945. 8. 15	格林威治英国皇家海军学院（Royal Naval College）受训
1945. 9. 1–1945.11.	H. M. S. *Battler*（CV）实习
1946. 1. 1–1946. 3. 15	H. M. S. *Anthony*（DD）实习
1946. 3.15–1946. 3. 27	H. M. S. *Havelock*（AC）实习
1946. 3. 27–1946. 4. 17	朴茨茅斯皇家通信学校（H. M. Signal School）受训
1946. 4. 17–1946. 5. 23	朴茨茅斯皇家航海学校（H. M. S. Dryad）受训
1946. 5. 23–1946. 7. 27	柴塘皇家枪炮学校（R. N. Gunnery School）受训
1946. 7. 27–1946. 8. 31	朴茨茅斯皇家鱼雷学校（H. M. S. Vernon）受训
1946. 8. 31–1946. 9. 4	反潜和声呐训练
1946. 9. 9–1947. 5. 7	重回皇家枪炮学校接受八个月的枪炮专科训练
1947. 5. 14–1947. 9. 17	于 H. M. S. *Cowdray*（DD）学习副长职务
1947. 10. 6–1947. 10. 9	Damage Control School 受训四天
1947. 10–1948. 8. 31	任灵甫舰（H. M. S. *Mendip*）枪炮官兼副长，1948. 5. 19 接收后即驶舰回国
1948. 9. 1–1952. 3. 1	海军士兵学校教育处中校处长
1950. 9	奉调革命实践研究院军官训练团受训
1952. 2	奉调军官团高级班受训
1952. 11	奉调“总统府”任侍从参谋

1952. 12–1954. 2	选送石牌研究院党政军干部联战班受训
1952. 3. 1–1952. 12. 30	海军总司令部训练处中校处长
1953. 1. 1	晋升上校
1954. 2. 1–1955. 2. 19	海军太康军舰上校舰长
1954. 5. 16	大陈外围鲠门、头门海战，击伤敌舰二艘
1955. 2. 8	大陈撤防，奉命协同友舰及美第七舰队舰艇掩护友军部队转进，顺利达成任务
1955. 2. 18	参加浙江沿海台山列岛战役，会同友舰“围剿匪艇”，重创“匪”艇 11 艘
1955. 3. 15	“国防大学”受训六个月
1955. 11. 16	国防部第一厅副厅长
1956. 7	兼任海军总部人事署署长，同年底专任斯职
1958. 10. 28	奉调“驻美大使馆海军武官”
1962	晋升海军少将
1965. 5	奉调返国，接“国防部”连络局局长
1969. 6. 4	调任指挥参谋大学校长（同年 9 月 15 日改制三军大学海军指参学院，仍任院长）
1970. 1. 1	晋任海军中将
1970. 7–1972. 6	海军军官学校校长
1972. 6. 1	“国防部”参谋本部计划参谋次长
1973. 9. 11	海军总部军政副总司令，1974. 2. 1 起又兼军令副总司令职
1974. 3. 1	台湾航业公司总经理
1978. 3. 2	招商局及阳明海运公司总经理
1980. 4. 1	升任招商局及阳明海运公司董事长
1981. 7. 1	“国营”阳明海运公司董事长
1988. 12. 16	届龄退休，仍兼任海运发展协会理事长
1994. 3	正式退休

附录二

池孟彬先生战功

时　间	事　由	功　勋
1941. 8. 31	策应长江沿岸各会战，至敌后布漂雷，予敌重创	干城乙一奖章
1942.4.1	策应长沙三次会战，协同陆军布漂雷，予敌重创	记大功一次
1954.10.6	太康舰长任内，于鲠门头门海域击沉、击伤“匪”舰	六等宝鼎勋章
1955.6.20	太康舰长任内，参与台山列岛海战，奋力“剿匪”有功	五等宝鼎勋章
1956.9.20	太康舰长任内于台湾东海岸截捕资“匪”俄轮陶甫斯号	甲种陆海空军一等奖章
1955.9.9	太康舰长任内协助大陈撤防有功	记功两次

附记：其他海军行政与交通部、内政部、省政府对阳明海运公司及台湾航业公司所颁勋奖章、记功、奖状等奖励未列入。